JN115114

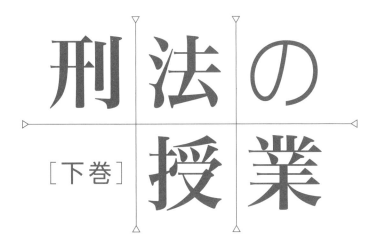

刑法の授業 [下巻]

髙橋直哉 著

成文堂

はしがき

　本書は，私がロースクールで行っている授業を，出来るだけリアリティを保ちながら紙上で再現するというコンセプトで書かれています。ですので，普段授業を受けるのと同じように予習→授業→復習という流れを意識して本書を利用していただければ，実際に授業を受けているような感覚で読み進めていただけるのではないかと思います。

　まず，予習として，各回の冒頭に掲げられている「基本事項」を各自の基本書で確認した上で，「課題判例」を読んで「チェック」項目について自分の考え方をまとめてみてください。私は，ロースクールの授業では，現実の具体的な問題に取り組むことの重要性を意識してもらいたいと思っています。現実の問題に興味・関心をもつということは，法律を学ぶ者にとって決定的に重要なマインドでしょう。そのような見地から，本書では，課題判例について全文を掲載することにこだわりました。一般の判例教材では，論点に関係する部分を抜粋して紹介しています。学修という観点からすれば，それが効率的であるかもしれませんが，判例教材では編者による内容の取捨選択がなされるため，そこで紹介されるものはどうしても二次資料的な性格を免れません。本当に判例を読もうとするのであれば，他人の目を介してではなく，まずは自分の目でその全文に目を通すことから始めるべきだと思います。自分の目で全文を読むことによって，思わぬ発見があるかもしれません。また，判例の言葉は，現実の難題に直面し，それと格闘しながら紡ぎだされたものです。そこには，机上での抽象的な思索にはない重みがあります。そのような文章に数多く触れることは，法曹にとって必要なセンスを磨くのに役立つでしょう。

　なお，判例の中には，場合によって不適切だと思われたり，不快に感じられたりする表現や描写が含まれていることがあるかもしれませんが，公刊物に掲載されているものについては原則としてそのままにしました。現実を見る／知るという観点から，いたずらに削除・修正をするべきではないと考えたものですので，ご了解ください。

　このような予習をして授業に臨みます。ロースクールの授業は法曹志望者を対象とするのですから，実務家になるために有用な内容のものでなければなりませ

ん。特に，判例・通説をきちんと説明することが重要です。司法試験においても，判例・通説の正確な理解は欠かせません。そのため，本書の「授業」も，判例・通説をベースにして進められています。

しかし，重要なのは判例・通説をただ覚えるということではなく，正確に理解した上で，それを用いて具体的な事案を解決する能力を身につけるということです。そのためには，判例・通説の根底にある考え方やその射程，更には問題点なども含めて検討し，判例・通説の内容や妥当性について自分の頭で考えるというプロセスを経ることが必要です。このプロセスを省略し，判例・通説のフレーズだけ覚えても，結局は使い物にならないことがほとんどです。

私は，授業において，この「考える」ということの重要性をメッセージとして伝えたいと思っています。そのため，自分自身が疑問に思っていることは率直に述べることにしています。それが本書では，「私も分からないんだけれども，皆さんはどう考えますか？」といった類の問いとして発せられています。リアルな授業であれば，このような問いをきっかけとして学生さんと議論するところですが，紙上ではそのようなやり取りをすることができません。ですので，本書を読まれる方は，その問いを自分で考え，必要があれば，友人と議論したり先生に尋ねたりしてみてほしいと思います。

ロースクールの授業では，司法試験のことを意識せざるを得ません。本書でも試験戦略的なことがところどころで語られています。授業でこのような話しをすることについて批判的な見方があるのは承知していますが，これまで司法試験に挑戦する多くの学生さんを相手に授業を行ってきた経験から，試験の際にどのような点に留意すべきかということについて何のサジェスチョンもしないのは不親切ではないかと感じています。学生は刑法だけを勉強するわけではありませんし，試験では時間も紙幅も限られているのですから，何が学修上優先順位の高い事柄なのかを見極め，それを試験の答案でどのように表現したらよいのかということに学生は大きな関心を寄せざるを得ないでしょう。そのような学生の立場に留意した授業が展開されなければ，授業から学ぼうとする学生のインセンティブが低下してしまいます。

しかし，他方で，試験対策のことばかり考えると，受験のためのスキルを向上させることにのみ汲々とし，将来法曹となったときに役立つ地力が十分に養われません。そうすると，法科大学院の授業は，司法試験のことを意識しつつも，法

曹となる者が身につけるべき能力の涵養に資するものでなければならないでしょう。試験対策に偏した教育は，短期的には試験において成果を上げるかもしれませんが，長期的には学生をスポイルしてしまう恐れがあるのではないでしょうか。本書は，そのような思いを抱きながら私なりに重ねてきた試行錯誤の一コマを表すものでもあります。

　ところで，授業には余談や脱線がつきものです。本書にもその類のことが結構含まれています。スタンダードな刑法理論を勉強しようとして授業に臨む者にとってはノイズのように感じられるかもしれませんが，これまで刑法を私なりに勉強してきた過程で抱いた様々な思いが表現されているところもあるので，おつきあいいただけると嬉しいです。

　最後に，復習として授業で学んだことを整理します。その際，余裕があったら「授業後の課題」に取り組んでみるのもよいでしょう。そこでは，授業で学んだことの理解を確認する問題や発展的な問題，あるいは，授業では取り扱うことができなかった問題などが取り上げられています。しっかり取り組めば，理解をより深めることに役立つでしょう。

　このように，本書はロースクールの授業に由来するものですが，学部の授業でもテキストや参考書としてお使いいただけると思います。更に，刑法総論・各論を一通り学んだ方であればどなたでも関心をもって読み進めていただくことができるでしょう。

　原稿段階で，只木誠氏（中央大学教授），原口伸夫氏（駒澤大学教授），箭野章五郎氏（桐蔭横浜大学准教授），秋山紘範氏（大東文化大学非常勤講師），谷井悟司氏（中央大学助教）に目を通していただき，多くの貴重なご助言をいただきました。ここに記して謝意を表します。

　成文堂には，出版事情厳しき折，本書の出版を快くお引き受けいただきました。阿部成一社長，並びに，編集の労に当たっていただいた篠崎雄彦氏に心より感謝申し上げます。

　それでは，「刑法の授業」の始まりです。皆さん，一緒に楽しく勉強しましょう。

　2021 年 10 月

　　　　　　　　　　　　　　　　　　　　　　　　高 橋 直 哉

目　　次

凡　例

[教科書等]

浅田・総論　浅田和茂『刑法総論〔第 2 版〕』(2019 年)

浅田・各論　浅田和茂『刑法各論』(2020 年)

井田・総論　井田良『講義刑法学・総論〔第 2 版〕』(2018 年)

井田・各論　井田良『講義刑法学・各論〔第 2 版〕』(2020 年)

伊東・総論　伊東研祐『刑法講義総論』(2010 年)

伊東・各論　伊東研祐『刑法講義各論』(2011 年)

伊藤ほか・総論〔執筆者〕　伊藤渉ほか『アクチュアル刑法総論』(2005 年)

伊藤ほか・各論〔執筆者〕　伊藤渉ほか『アクチュアル刑法各論』(2007 年)

今井ほか・総論〔執筆者〕　今井猛嘉ほか『刑法総論〔第 2 版〕』(2012 年)

今井ほか・各論〔執筆者〕　今井猛嘉ほか『刑法各論〔第 2 版〕』(2013)

大塚・総論　大塚仁『刑法概説（総論）〔第 4 版〕』(2008 年)

大塚・各論　大塚仁『刑法概説各論〔第 3 版〕』(1996 年)

大谷・総論　大谷實『刑法講義総論〔新版第 5 版〕』(2019 年)

大谷・各論　大谷實『刑法講義各論〔新版第 4 版補訂版〕』(2015 年)

川端・総論　川端博『刑法総論講義〔第 3 版〕』(2013 年)

川端・各論　川端博『刑法各論講義〔第 2 版〕』(2010 年)

小林・総論　小林憲太郎『刑法総論の理論と実務』(2018 年)

小林・各論　小林憲太郎『刑法各論の理論と実務』(2021 年)

斎藤・総論　斎藤信治『刑法総論〔第 6 版〕』(2008 年)

斎藤・各論　斎藤信治『刑法各論〔第 4 版〕』(2014 年)

佐伯・考え方　佐伯仁志『刑法総論の考え方・楽しみ方』(2013 年)

佐伯・法教　佐伯仁志「論点講座・刑法各論の考え方・楽しみ方〔第 1 回～第 18 回〕」法学教室 355 号（2010 年）～378 号（2012 年）

塩見・道しるべ　塩見淳『刑法の道しるべ』(2015 年)

曽根・総論　曽根威彦『刑法総論〔第 4 版〕』(2008 年)

曽根・各論　曽根威彦『刑法各論〔第 5 版〕』(2012 年)

高橋・総論　高橋則夫『刑法総論〔第 4 版〕』(2018 年)

高橋・各論　高橋則夫『刑法各論〔第 3 版〕』(2018 年)

団藤・総論　団藤重光『刑法綱要総論〔第 3 版〕』(1990 年)

団藤・各論　団藤重光『刑法綱要各論〔第 3 版〕』(1990 年)

内藤・総論　内藤謙『刑法講義総論』(上)(1983 年)(中)(1987 年)(下 I)(1991 年)(下 II)(2002 年)

中森・各論　中森喜彦『刑法各論〔第 4 版〕』(2015 年)

西田・総論　西田典之（橋爪隆補訂）『刑法総論〔第 3 版〕』（2019 年）

西田・各論　西田典之（橋爪隆補訂）『刑法各論〔第 7 版〕』（2018 年）

西原・総論　西原春夫『刑法総論改定版（上巻），改定準備版（下巻）』（1993 年）

橋爪・悩みどころ　橋爪隆『刑法総論の悩みどころ』（2020 年）

橋爪・法教　橋爪隆「論点講座・刑法各論の悩みどころ」法学教室 427 号（2016 年）～450 号（2018 年）

橋本・総論　橋本正博『刑法総論』（2015 年）

橋本・各論　橋本正博『刑法各論』（2017 年）

林・総論　林幹人『刑法総論〔第 2 版〕』（2008 年）

林・各論　林幹人『刑法各論〔第 2 版〕』（2007 年）

日高・総論　日高義博『刑法総論』（2015 年）

日高・各論　日高義博『刑法各論』（2020 年）

平川・各論　平川宗信『刑法各論』（1995 年）

平野・総論 I・II　平野龍一『刑法総論』I（1972 年）II（1975 年）

平野・概説　平野龍一『刑法概説』（1977 年）

藤木・総論　藤木英雄『刑法講義総論』（1975 年）

藤木・各論　藤木英雄『刑法講義各論』（1976 年）

堀内・総論　堀内捷三『刑法総論〔第 2 版〕』（2004 年）

堀内・各論　堀内捷三『刑法各論』（2003 年）

前田・総論　前田雅英『刑法総論講義〔第 7 版〕』（2019 年）

前田・各論　前田雅英『刑法各論〔第 7 版〕』（2020 年）

町野・総論　町野朔『刑法総論』（2019 年）

町野・現在　町野朔『犯罪各論の現在』（1996 年）

松原・総論　松原芳博『刑法総論〔第 2 版〕』（2017 年）

松原・各論　松原芳博『刑法各論〔第 2 版〕』（2021 年）

松宮・総論　松宮孝明『刑法総論講義〔第 5 版補訂版〕』（2018 年）

松宮・各論　松宮孝明『刑法各論講義〔第 5 版〕』（2018 年）

山口・総論　山口厚『刑法総論〔第 3 版〕』（2016 年）

山口・各論　山口厚『刑法各論〔第 2 版〕』（2010 年）

山中・総論　山中敬一『刑法総論〔第 3 版〕』（2015 年）

山中・各論　山中敬一『刑法各論〔第 3 版〕』（2015 年）

[講座，判例解説等]

最判解　最高裁判所判例解説刑事篇

百選 I　佐伯仁志＝橋爪隆編『刑法判例百選 I〔第 8 版〕』（2020 年）

百選 II　佐伯仁志＝橋爪隆編『刑法判例百選 II〔第 8 版〕』（2020 年）

重判解　重要判例解説

争点　西田典之＝山口厚＝佐伯仁志編『刑法の争点』（2007 年）

執筆者・クローズアップ総論　山口厚編著『クローズアップ刑法総論』（2003 年）
執筆者・クローズアップ各論　山口厚編著『クローズアップ刑法各論』（2007 年）

[判例集]
刑集　最高裁判所刑事判例集・大審院刑事判例集
民集　最高裁判所民事判例集
刑録　大審院刑事判決録
高刑集　高等裁判所刑事判例集
裁判集　最高裁判所裁判集（刑事）
高検速報　高等検察庁編高等裁判所刑事裁判（判決）速報
裁特　高等裁判所刑事裁判特報
東時　東京高等裁判所刑事判決時報
下刑集　下級裁判所刑事裁判例集
裁時　裁判所時報
刑月　刑事裁判月報

[雑誌等]
判時　判例時報
判タ　判例タイムズ
法教　法学教室
法セ　法学セミナー
現刑　現代刑事法
刑ジャ　刑事法ジャーナル
曹時　法曹時報
法協　法学協会雑誌

[記念論文集]
植村退官　植村立郎判事退官記念論文集-現代刑事法の諸問題（1）～（3）（2011 年）
神山古稀　神山敏雄先生古稀祝賀論文集（1）（2）（2006 年）
川端古稀　川端博先生古稀記念論文集（2014 年）
佐々木喜寿　佐々木史朗先生喜寿祝賀-刑事法の理論と実践（2002 年）
下村古稀　下村康正先生古稀祝賀-刑事法学の新動向（上）（下）（1995 年）
中山古稀　中山研一先生古稀祝賀論文集（1）～（5）（1997 年）
西田献呈　西田典之先生献呈論文集（2017 年）
平野古稀　平野龍一先生古稀祝賀論文集（上）（下）（1990 年）
八木古稀　八木國之先生古稀祝賀論文-刑事法学の現代的展開（上）（下）（1992 年）
山口献呈　山口厚先生献呈論文集（2014 年）
山中古稀　山中敬一先生古稀祝賀論文集（上）（下）（2017 年）

▸第 16 回◂

殺人の罪（胎児性致死傷を含む）

基本事項の確認

□人の始期と終期について確認しなさい

□自殺関与罪（202条）の規定の意義を，自殺が不可罰である根拠と関連付けて確認しなさい

課題判例㉙

殺人業務上横領被告事件

昭和31年（あ）第2220号

同33年11月21日第二小法廷判決

　　　　　　主　　　文

本件上告を棄却する。

　　　　　　理　　　由

弁護人T，同Nの上告趣意について。

　所論第1点は憲法38条3項違反を主張するけれども所論は原審で主張判断のない事項に関するものであって適法な上告理由とならないのみならず，第1審判決挙示の証拠は所論被告人の自白を補強するに足りると認め得られるから論旨はその前提を欠き採用できない。

　同第2点は判例違反を主張するのであるが，所論掲記の大審院判決（昭和8年（れ）第127号同年4月19日言渡，集12巻471頁）の要旨は「詐言ヲ以テ被害者ヲ錯誤ニ陥ラシメ之ヲシテ自殺スルノ意思ナク自ラ頸部ヲ縊リ一時仮死状態ト為ルモ再ヒ蘇生セシメラルヘシト誤信セシメ自ラ其ノ頸部ヲ縊リテ死亡スルニ至ラシメタルトキハ殺人罪ヲ構成ス」というのであり，又次の大審院判決（昭和9年（れ）第757号同年8月27日言渡，集13巻1086頁）の要旨は「自殺ノ何タルカヲ理解スルノ能力ナキ幼児ハ自己ヲ殺害スルコトヲ嘱託シ又ハ殺害ヲ承諾スルノ能力ナキモノトス」というのであって，原判決はこれらを本件被害者の「心中の決意実行は正常な自由意思によるものではなく，全

く被告人の斯罔に基くものであり，被告人は同女の命を断つ手段としてかかる方法をとったに過ぎない」から「被告人には心中する意思がないのにこれある如く装い，その結果同女をして被告人が追死してくれるものと誤信したことに因り心中を決意せしめ，被告人がこれに青化ソーダを与えて嚥下せしめ同女を死亡せしめた」被告人の所為は殺人罪に当り単に自殺関与罪に過ぎないものではない，という判示に参照として引用したものである。してみれば，原判決の意図するところは，被害者の意思に重大な瑕疵がある場合においては，それが被害者の能力に関するものであると，はたまた犯人の欺罔による錯誤に基くものであるとを問わず，要するに被害者の自由な真意に基かない場合は刑法202条にいう被殺者の嘱託承諾としては認め得られないとの見解の下に，本件被告人の所為を殺人罪に問擬するに当り如上判例を参照として掲記したものというべく，そしてこの点に関する原判断は正当であって，何ら判例に違反する判断あるものということはできない。所論はまた前記大審院判例の事案は真実自殺する意思なきものの自殺行為を利用して殺害した場合であるに対し，本件被害者は死を認識決意していたものであり錯誤は単に動機縁由に関するものにすぎないが故に判例違反の違法があるというが，その主張は事実誤認を前提とするか独自の見解の下に原判示を曲解した論難というべきであって採用できない。（なお所論高裁判例は正に本件と趣旨を同じくするものであり，所論は事実誤認を前提とするもので採用できない。）

　同第3点は，本件被害者は自己の死そのものにつき誤認はなく，それを認識承諾していたものであるが故に刑法上有効な承諾あるものというべく，本件被告人の所為を殺人罪に問擬した原判決は法律の解釈を誤った違法があると主張するのであるが，本件被害者は被告人の欺罔の結果被告人の追死を予期して死を決意したものであり，その決意は真意に添わない重大な瑕疵ある意思であることが明らかである。そしてこのように被告人に追死の意思がないに拘らず被害者を欺罔し被告人の追死を誤信させて自殺させた被告人の所為は通常の殺人罪に該当するものというべく，原判示は正当であって所論は理由がない。

　よって刑訴408条により裁判官全員一致の意見により主文のとおり判決する。

（裁判長裁判官　小谷勝重　裁判官　藤田八郎　裁判官　河村大助　裁判官　奥野健一）

チェック

　□殺人罪と自殺関与罪の区別が問題となる類型を確認しなさい。

　□本件被害者は死ぬこと自体は承諾していたのではないか，それにもかかわらず殺人罪が認められるのはどうしてか？

課題判例㉚

業務上過失傷害被告事件

鹿児島地方裁判所平成 15 年（わ）第 232 号

平成 15 年 9 月 2 日刑事部判決

主　　文

　被告人を禁錮 2 年に処する。

　この裁判確定の日から 4 年間その刑の執行を猶予する。

　訴訟費用は被告人の負担とする。

理　　由

（犯罪事実）

　被告人は，平成 14 年 1 月 16 日午前 10 時 40 分ころ，業務として普通乗用自動車を運転し，鹿児島市＜以下略＞先路上を鹿児島市方面から加治木町方面に向かい進行中，眠気を催し，前方注視が困難な状態に陥ったのであるから，直ちに運転を中止すべき業務上の注意義務があるのにこれを怠り，漫然上記状態のまま，時速約 30 キロメートル程度で運転を継続した過失により，同日午前 10 時 55 分ころ，鹿児島県姶良郡＜以下略＞先路上において，仮眠状態に陥り，自車を右斜め前方に逸走させて道路右側部分に進出させて，折から同道路を対向直進してきた妊娠 7 か月の A（当時 27 歳）運転の軽四輪乗用自動車の右前部に自車前部を衝突させ，よって，同人に 9 日間の入院治療を要する常位胎盤早期剥離等の傷害を負わせるとともに，同日午後 4 時 45 分ころ，鹿児島市＜以下略＞所在の鹿児島市立病院において，上記傷害を原因として早期に出生した B に対し，全治不明の呼吸窮迫症候群，脳室内出血後水頭症などの傷害を負わせたものである。

（証拠）《略》

（補足説明）

　弁護人は，B の負った傷害については被告人に予見可能性は認められず，また B に対する傷害を被告人の罪責に含めることは，胎児傷害を是認する結果となり，適当でないと主張するので，以下検討する。

　関係各証拠によれば，本件事故により，A は常位胎盤早期剥離を発症させ，胎児が仮死状態となり，緊急帝王切開手術の結果，B が出生したが，その後の検査の結果，脳室内出血があることが判明し，それを原因として水頭症を発症させたことが明らかである。ところで，胎児に病変を発生させることは，人である母体の一部に対するものとして，人に病変を発生させることにほかならず，そして，胎児が出生して人となった後，右病変に起因して傷害が増悪した場合は，結局，人に病変を発生させて人に傷害を負わせたことに帰することとなるのであって，そうであれば，前記認定の事実関係のもとで

は，Bを被害者とする業務上過失傷害罪が成立することは明らかである。

　また，Aが妊娠していた以上，本件事故によりBに本件傷害が発生することは十分予見可能と言うべきである。

（法令の適用）

罰条

判示行為　刑法211条1項前段

科刑上の一罪の処理　刑法54条1項前段，10条（1罪として犯情の重いBに対する業務上過失傷害罪の刑で処断）

刑種の選択　禁錮刑

刑の執行猶予　刑法25条1項

訴訟費用の負担　刑事訴訟法181条1項本文

（出席検察官　○○○○　求刑　禁錮2年）

平成15年9月2日

鹿児島地方裁判所刑事部

裁判官　大原英雄

> **チェック**
> □胎児性致死傷とはどのような場合を指す概念か？
> □本判決がBを被害者とする業務上過失傷害罪の成立を認めた論理はどのようなものか？
> □仮に本事案でBが母体内で死亡していたとしたら，結論はどうなるか？

授　業

　今回のテーマは「殺人罪」です。胎児性致死傷の問題も併せて取り上げたいと思います。

　殺人罪に関する解釈問題の多くは総論の議論でカバーされているので，殺人罪に固有の各論的問題はそれほどありません。ただ殺人罪と自殺関与罪（ここでは同意殺人罪も含む広義の意味で用いています。以下，特に断りのない場合も同様です）の区別については，試験でもよく出るところなのでしっかりと勉強しておいた方がよいと思います。なお，202条に関しては，狭義の自殺関与罪と同意殺人罪を同一法条で規定している立法形式であること[1]，及び，自殺それ自体を処罰する規定がないことを確認して，なぜ自殺それ自体は処罰されないのか（自殺不処罰の根拠）を考えたうえで，それにもかかわらず，自殺に関与する行為が処罰される理由はど

こにあるのかを説明できるようにしておいてください。

　殺人罪と自殺関与罪の区別が問題となる局面は，大きく分けて 3 つあります。

殺人罪と自殺関与罪の区別

1　死の意味を理解しえない者が同意を与えた場合
　　→死の認識が欠如しているから同意は無効であり殺人罪が成
　　　立する
2　脅迫・威迫などによって自殺を決意させた場合
　　・最決平 16・1・20 刑集 58・1・1
3　欺罔によって自殺させた場合

　第 1 は，死の意味を理解することができない者が同意を与えた場合です。この場合は，被害者に死の認識が欠如しているので同意は無効であり殺人罪が成立することになります。

　第 2 は，脅迫・威迫などによって自殺を決意させた場合です。この場合には，被害者の自殺意思（被害者の死に対する同意を含みます。以下同様です）が有効であれば自殺関与罪が成立し，無効であれば殺人罪が成立すると思われますが，問題はその自殺意思の有効性をどのようにして判断するかという点です。この点に関し，広島高判昭 29・6・30 高刑集 7・6・944 は，「犯人が威迫によって他人を自殺するに至らしめた場合，自殺の決意が自殺者の自由意思によるときは自殺教唆罪を構成し進んで自殺者の意思決定の自由を阻却する程度の威迫を加えて自殺せしめたときは，もはや自殺関与罪でなく殺人罪を以て論ずべきである」と判示しました。これに対して，最決平 16・1・20 刑集 58・1・1 は，「被害者をして，被告人の命令に応じて車ごと海中に飛び込む以外の行為を選択することができない精

---

[1] 中森先生は，両者を同じように取り扱うことに疑問を呈されています（中森・各論 10 頁）。立法例としても，例えば，ドイツでは，要求による殺人（Tötung auf Verlangen）を処罰する規定はありますが，自殺に関与する行為一般を処罰する規定はありません。もっとも，2015 年に「業としての自殺の促進（Geschäftsmäßige Förderung der Selbsttötung）」を処罰する規定が新設されました。このような法改正の背景には，臨死介助協会の活動が広がっているという事情があります（特に，スイスの Dignitas が有名です）。ところが，ドイツ連邦憲法裁判所は，この規定を違憲だと判断しました（紹介として，神馬幸一・判時 2456 号 [2020 年] 140 頁以下）。臨死介助問題は決してわが国にとっても無縁ではありません（簡潔な時評として，只木誠「医師による薬物投与事件をめぐって」法時 1157 号 [2020 年] 1 頁以下）。

神状態に陥らせていた」場合に，このような「精神状態に陥っていた被害者に対して，本件当日，漁港の岸壁上から車ごと海中に転落するように命じ，被害者をして，自らを死亡させる現実的危険性の高い行為に及ばせたものであるから，被害者に命令して車ごと海に転落させた被告人の行為は，殺人罪の実行行為に当たるというべきである」との判断を示しています。ここでは，意思決定の自由が完全に失われることまでは要求されておらず，心理的圧迫のために意思決定の自由度がかなり狭められ，相手方が命じられた通りの行為を選択することもやむを得ないと考えられるような状況に至っていれば，殺人罪の成立を肯定することができるという見方が示されているといえるでしょう。生命という法益の重要性を考えると，文字通り「意思決定の自由を阻却する」程度に至らなければ殺人罪は成立しないと考えるのは，その保護を弱めすぎるところがあるように思われますので，前掲最決平 16・1・20 の考え方は妥当であると言ってよいでしょう。

　第 3 は，被害者を欺罔して自殺させた場合です。特に，追死の意思がないのに追死するもののごとく装って相手を自殺させる行為（いわゆる偽装心中[2]）の擬律が問題となります。殺人罪と自殺関与罪の区別に関して特に難しい問題を提起するのはこの類型なので，これについてはやや詳しく見ていくことにしましょう。

偽装心中の擬律

1　偽装心中…追死の意思がないのに追死するもののごとく装って相手を自殺させる行為
2　学説
　①偽装心中は殺人罪になるとする見解
　②偽装心中は自殺関与罪になるとする見解
　③殺人罪となる場合もあれば自殺関与罪にとどまる場合もあるとする見解
3　着眼点
(1)　追死に関する被害者の錯誤の評価⇒自殺意思は有効か？
(2)　殺人罪の実行行為性を認めることができるか？

　この問題に関して，課題判例 29（最判昭 33・11・21 刑集 12・15・3519）は，「本件被害者は被告人の欺罔の結果被告人の追死を予期して死を決意したものであり，

---

[2] 合意に基づいて共に死ぬ場合（心中）を企て，一方が死亡し，他方が生き残った場合には，生き残った者に自殺関与罪（202 条）が成立すると解されます。他方で，いわゆる無理心中は，殺人罪に当たります。

その決意は真意に添わない重大な瑕疵ある意思であることが明らかである。そしてこのように被告人に追死の意思がないに拘らず被害者を欺罔し被告人の追死を誤信させて自殺させた被告人の所為は通常の殺人罪に該当する」と判示しました。学説では，この判断を支持するものもある一方で，被害者は自殺すること自体については何ら誤認しておらず，ただその動機・縁由について錯誤があるにすぎないから自殺意思は有効であり，自殺関与罪が成立すると考えるべきだという見解も有力です。この問題に関しては，被害者の自殺意思は有効かという点と，行為者の働きかけは殺人罪の実行行為[3]に該当するかという点を分けて考えることが有益です。

　まず，被害者の自殺意思の有効性を判断する際には，追死に関する被害者の錯誤をどのように評価すべきかが問題になります。この点に関しては，被害者は死ぬこと自体については何ら誤認しておらず，ただその動機について錯誤があるにすぎないから自殺意思は有効であるとする見解が主張されています[4]。このような見解によれば，偽装心中のケースは自殺関与罪が成立するということになります。しかし，これは割り切りすぎではないでしょうか。死ぬこと自体を認識していれば自殺意思としては有効だとするならば，脅迫・威迫による場合も死ぬこと自体は認識しているのですから，意思決定の自由が完全に失われない限り自殺関与罪にとどまるということになりそうですが，先に見たようにその結論には疑問があります。

　また，近時では，被害者に生命に関する錯誤があれば同意は無効であるが，生命と無関係な事情についての錯誤があるにすぎない場合は，同意は依然として有効であるとする見解（法益関係的錯誤説）[5]が有力に主張されており，これによっても偽装心中の場合は基本的に自殺関与罪になるといわれます。しかし，何が法益関係的錯誤なのかは必ずしも明確ではありません。いわゆる偽装心中のケースで

---

[3] この点は実行行為性の問題というよりも正犯性の問題とした方がより正確なのかもしれません（佐伯仁志・百選 II［第 8 版］5 頁参照）。ただ，判例は，被害者を利用した間接正犯に当たる事例においては実行行為性を問題とするようなので（前掲最決平 16・1・20），ここでもそれに合わせておきたいと思います。

[4] 平野・概説 158 頁以下，曽根・各論 14 頁など。

[5] 佐伯先生は，このような主張を引っ提げて，颯爽と学界に登場されました（佐伯仁志「被害者の錯誤について」神戸法学年報 1 号［1985 年］51 頁）。他にこの見解を支持するものとして，浅田・各論 34 頁，高橋・各論 21 頁，堀内・各論 24 頁，松原・各論 18 頁，山中・各論 30 頁，山口・各論 15 頁，西田・各論 17 頁など。

も，「一人で生きていくことには意味がない」と考えたのであれば，生命の価値を低く見積もってしまったという意味で法益関係的錯誤であるといえばいえそうな感じもします[6]。

　また，この見解は余命の長さに関する錯誤は法益関係的錯誤だからその場合の同意は無効であるとする一方で，被害者が人生においてどれほど大切にしているものであっても生命に関するものではない錯誤は法益関係的錯誤ではないから同意は有効であるとしますが，これは人間の意思決定の機微や，意思の弱さといったものを適切にくみ取ってはいないように思われます。がん患者に対して余命が1年あるのに余命3か月で激痛も伴うと騙して自殺させれば殺人罪だが，最愛の人が死んだと騙して自殺させた場合には自殺関与罪であるとするのは理由のある区別だとは思われません[7]。人間は命よりも大切なものがあると考えてしまうことがある存在であり，そのような存在として他者の侵害から保護されるべきだと思います。

　最後に，法益関係的錯誤説の論者の中には，法益関係的錯誤ではなくとも緊急状態にあることについて錯誤がある場合には同意は無効であるとする者がいます。例えば，母親を欺罔して「緊急にあなたの息子さんに角膜を移植しなければ目が見えなくなる」といって，母親の角膜を切り取り，それを第三者に移植したというような場合には同意は無効だとするのです。この場合は，法益関係的錯誤ではないが，脅迫に準ずる状況での不自由な同意だから無効だとするのですが[8]，そうだとすれば，重要なのは自殺の意思決定がどの程度自由な状態で行われたかであって法益関係的錯誤があったかどうかではないように思われます。また，この場合について，子供の目の完全性の方が優越し，自分の角膜の価値を低く見積もったのだから法益関係的錯誤だというのであれば[9]，先に見たように自分の将来の生命の価値を低く見積もった場合はすべて法益関係的錯誤になるといってもよいはずでしょう。

　このように見てくると，死ぬ動機に重大な錯誤を与えるようなケースでも自殺意思を無効とすべき場合はあると考えるのが妥当でしょう。課題判例29は，これ

---

[6] 斎藤・各論15頁参照。
[7] 井田・各論37頁以下。
[8] 佐伯・考え方219頁以下。
[9] 西田・総論207頁。

を「真意に添わない重大な瑕疵ある意思」である場合とするようですが，単なる真意性が問題であるというよりは，むしろ追死を装うことによって，相手方が自殺を思いとどまることがどの程度困難になったのか（自殺を決意する障壁になっている事情をどの程度取り除いたのか）が重要なのではないかと個人的には思っています。追死を装うことによって，相手方は自殺を思いとどまるという選択肢を選ぶことが困難な状態になったとすれば，選択肢の幅が狭まるという意味で任意性が減少するということは十分に考えられるように思われます。そして，脅迫・威迫の場合について検討したように，必ずしも意思決定の自由を完全に失わせるような状態ではなくとも，殺人罪の成立を認めるべき場合があるとするのならば，欺罔による場合でもそのような不自由な同意と見るべき場合はあるというべきではないでしょうか。ここは，皆さんにも考えてみてほしいところです。

　次に，偽装心中の場合に殺人罪の実行行為性を認めることができるかという点が問題となります。自殺意思は無効であると判断されることは自殺関与罪に当たらないことの一応の理由にはなるでしょうが，だからといってそれだけで直ちに殺人罪が成立すると結論づけるのはやや短絡的な感があります[10]。ここでは，まず，追死すると欺く行為だけで殺人罪の実行行為性を肯定することができるかが問題となるでしょう。この点については，行為者は被害者に行為動機を与えているにすぎず，死の結果を直接に支配しているとはいえないという理由で否定的に解する見方もあります。しかし，巧妙に策を弄して追死するものと信じ込ませ，被害者に自殺を思いとどまろうとする意思がほとんど生じないような状況を生み出すような場合であれば，追死すると欺く行為に殺人罪の実行行為性（被害者の行為を利用した間接正犯）を認めることは可能ではないかと思われます。追死の有無は自殺にとって本質的な条件ではなく，被害者は常に自殺を思いとどまる可能性があり，それが規範的障害になるという見方[11]もあるところですが，典型的な偽装心中は，まさにそのような規範的障害を骨抜きにする場合だと見るべきでしょ

---

[10] 島田先生は，同意が無効である場合には，背後者に被害者を利用した間接正犯を認めることが妥当であると主張されています（島田聡一郎『正犯・共犯論の基礎理論』[2002 年] 256 頁以下）。しかし，同意殺人型ではなく自殺関与型の場合，最終的に死の結果を直接惹起する行為を行うのは被害者であることを考えると，被害者の自殺意思が無効であることをもって直ちに背後者の関与行為が「人を殺す」行為になるとは言いにくいように思われます（佐伯・前掲百選Ⅱ5 頁参照）。

[11] 曽根威彦『刑法の重要問題　各論〔第 2 版〕』（2006 年）24 頁。

う。

　ところで，殺人罪の実行行為性に関しては，欺く行為の内容・程度だけではなく，自殺させる際の器具の準備等，行為者の関与の程度を総合して，当該行為をとれば経験則上一般に行為者の意思どおりに本人を死なせることが可能なものかどうかを具体的に判断すべきであるという見解もあります[12]。もっともな主張だと思いますが，そのような判断方法によると，被害者の自殺意思は有効とは言い難いが，他方で，自分はただ追死すると嘘を言っただけで，死ぬための手段・方法はすべて被害者が用意し，死を直接惹起する最後の行為も被害者自身が行っているというような場合には，行為者の関与の度合いが必ずしも積極的ではなく殺人罪の実行行為性が認められないというケースが（少なくとも理論上は）生じ得ることになるでしょう。そのようなケースについては，殺人罪も自殺関与罪も成立しないという見解[13]もありますが，少なくとも典型的な自殺関与よりも強度の生命侵害であるにもかかわらず，不可罰であるとするのは不合理でしょう。生命という重大な法益の保護にはできるだけ間隙を設けるべきではないとすれば，このようなケースも自殺関与罪が成立すると考えるべきではないかと思います（このように解釈する場合には，202条は，自殺意思が有効である場合のほかに，自殺意思が無効であっても殺人罪が成立しない場合も捕捉する構成要件である，とされることになるでしょう）[14]。

　なお，偽装心中について殺人罪の成立を認めるべきだという見解の中には，そのように考えないと，人を騙して生命を処分させた場合の方が人を騙して財産を処分させた場合よりも刑が軽くなって不均衡である，ということを理由として挙げるものがあります[15]。なるほどと思われるところもありますが，偽装心中のケースでは他者の生命を領得しているのではないでしょうから，比較するのであれば詐欺罪ではなく人を騙して自己の所有物を損壊させる器物損壊の間接正犯のケースではないかと思われますので，この点は必ずしも説得力のある論拠とはいえないように思われます。

　次に胎児性致死傷の問題に移りましょう。これは，胎児の段階で傷害を負わせ，

---

[12] 大谷・各論 19 頁。
[13] 平川・各論 50 頁（処罰の間隙を埋めるには立法措置が必要であるとされます）。
[14] 佐伯・前掲百選 II 5 頁。
[15] 谷口正孝「殺人罪の限界」ジュリスト 171 号 28 頁。

その傷害が出生後にも影響を及ぼした場合に、「人」に対する殺傷罪の成立を認めることができるか、という問題です。この問題がクローズアップされたきっかけは熊本水俣病事件でした。この事件では、妊婦が有機水銀で汚染された魚を食べたために、胎児が胎児性水俣病に罹患し、出生後に死亡したことについて、有機水銀を排出し魚を通じて妊婦に摂取せしめた会社の社長と工場長が業務上過失致死罪に問われました。この事件では、第 1 審、控訴審、最高裁いずれも有罪としましたが、その理由付けが異なりました。この問題の難しさを象徴しているところがありますので、少し長くなりますが引用しておきたいと思います。

　第 1 審（熊本地判昭 54・3・22 判時 931・6）は、「胎児性水俣病は、母体の胎盤から移行したメチル水銀化合物が、形成中の胎児の脳等に蓄積して病変を生じさせ、これによる障害が出生後にもおよぶものであるから、胎児の脳等に病変を生じさせた時点においては、構成要件要素としての客体である『人』は未だ存在していないといわざるを得ないのであるが、元来、胎児には『人』の機能の萌芽があって、それが、出生の際、『人』の完全な機能となるよう順調に発育する能力があり、通常の妊娠期間経過後、『人』としての機能を完全に備え、分娩により母体外に出るものであるから、胎児に対し有害な外部からの侵害行為を加え、『人』の機能の萌芽に障害を生じさせた場合には、出生後『人』となってから、これに対して業務上過失致死罪の構成要件的結果である致死の結果を発生させる危険性が十分に存在することになる。（原文改行）従って、このように人に対する致死の結果が発生する危険性が存在する場合には、実行行為の際に客体である『人』が現存していなければならないわけではなく、人に対する致死の結果が発生した時点で客体である『人』が存在するのであるから、これをもって足りると解するべきである。業務上過失致死罪において、その実行行為に際して、客体である『人』が存在しているのが常態ではあるけれども、実行行為の際に客体である『人』が存在することを要件とするものではない。」としました。

　控訴審（福岡高判昭 57・9・6 高刑集 35・2・85）は、「被告人らの本件業務上過失排水行為は被害者が胎生 8 か月となるまでに終わったものではなく、とくに、その侵害は発病可能な右時点を過ぎ、いわゆる一部露出の時点まで、継続的に母体を介して及んでいたものと認められる。そうすると、一部露出の時点まで包括的に加害が認められる限り、もはや人に対する過失傷害として欠くるところがないので、右傷害に基づき死亡した同人に対する業務上過失致死罪を是認することも可

能である。」としました。

　これに対して，最高裁（最決昭 63・2・29 刑集 42・2・314）は「現行法上，胎児は，堕胎の罪において独立の行為客体として特別に規定されている場合を除き，母体の一部を構成するものと取り扱われていると解されるから，業務上過失致死罪の成否を論ずるに当たっては，胎児に病変を生じさせることは，人である母体の一部に対するものとして，人に病変を発生させることにほかならない。そして，胎児が出生し人となった後，右病変に起因して死亡するに至った場合は，結局，人に病変を発生させて人に死の結果をもたらしたことに帰するから，病変の発生時において客体が人であることを要するとの立場を採ると否とにかかわらず，同罪が成立するものと解するのが相当である。」と判示しました。

胎児性致死傷

1　問題の所在…胎児の段階で傷害を負わせ，その傷害が出生後にも影響を及ぼした場合，行為者には何罪が成立するか？（「人」に対する殺傷罪の成立が認められるか？）

2　最決昭 63・2・29 刑集 42・2・314
「現行法上，胎児は，堕胎の罪において独立の行為客体として特別に規定されている場合を除き，母体の一部を構成するものと取り扱われていると解されるから，業務上過失致死罪の成否を論ずるに当たっては，胎児に病変を発生させることは，人である母体の一部に対するものとして，人に病変を発生させることにほかならない。そして，胎児が出生し人となった後，右病変に起因して死亡するに至った場合は，結局，人に病変を発生させて人に死の結果をもたらしたことに帰するから，病変の発生時において客体が人であることを要するとの立場を採ると否とにかかわらず，同罪が成立するものと解するのが相当である。」

　学説でも激しい議論が展開されました。肯定説の論拠は次のようなものです。①胎児に有害な作用を及ぼし傷害を与えるという方法によって，完全な健康状態を奪って，先天性の障害児として出生させる行為は，結局，生まれた「人」を傷害したものといえるのであり，傷ついた子供を出生させることは生まれた子供を傷つけたのと価値的に同視できる，②傷害罪が成立するために，実行行為の時点で客体である「人」が存在している必要はないのであり，胎児傷害の場合も，実行行為の時点で客体である「人」が存在している必要はなく，人に対する致死傷の結果が発生した時点で客体となる「人」が存在していれば足りる，③胎児段階

で開始された作用が人になってからも継続する場合（病状悪化型）には，人になってからは作用がなかった場合（病状固定型）とは異なり，人に対する侵害作用を認めることができるから，この場合に限り「人」に対する殺傷罪の成立を肯定することができる，④胎児は母体の一部を構成するので，胎児に病変を発生させることは，人である母体に病変を生じさせることである，⑤胎児傷害の場合は，母親の健康な子供を産むことのできる能力が害されるので母親に対する傷害となる。

　他方で，否定説は次のように主張します。①傷ついた子供を出生させることは生まれた子供を傷つけたのと価値的に同視できるという理由で人に対する傷害罪の成立を認めるのは許されざる類推解釈である，②傷害罪が成立するために，実行行為の時点で客体である「人」が存在している必要はないが，実行行為の侵害作用が及ぶ時点では客体である「人」が存在していなければならないのであり，水俣病事件のような場合には，そのような作用を証明することは困難である，③胎児の段階で受けた傷害は人になってからも何らかの形で作用し続けるから，病状固定型と病状悪化型を区別することはできない，④肯定説によると，堕胎の結果，胎児が母体外に排出された後で死亡したという典型的な堕胎のケースが殺人罪になりかねない，⑤現行法は過失堕胎罪を処罰していないから，過失により胎児を母体内で死亡させる行為は不可罰であるのに，肯定説によると，それよりも侵害作用が軽く，例えば，妊婦が不注意で転倒し，それが原因で障害のある子が生まれた場合には，過失致傷罪が成立することになる，⑥現行法は胎児を傷害した場合の処罰規定を置いていないが，肯定説によると，出生前にその傷害が治癒したというような稀有な場合を除いて，結局，人に対する傷害罪が成立してしまうことになる。

　率直に言って，現行法を前提とする限り，否定説に分があることは否めません[16]。それにもかかわらず，判例が肯定説に立ったところには，実際に生じている事態の悲惨さを物語るところがあるといえるでしょうか[17]。心情的には肯定説を支持したいと思うのですが，なかなか説得力のある論拠を提示することは難しいといわざるを得ません。

　前掲最決昭 63・2・29 は，胎児を母体の一部とすることによって，侵害の作用

---

[16]　しかし，それでは立法論で解決できるかというと，それも容易ではないように思われます。仮に胎児性致死傷に対処する規定を新たに設けるとしたら，どのようなものになるでしょうか？　考えてみてください。

が客体に及ぶ時点で「人」が存在する必要があるという問題を回避しつつ，妊婦の過失による胎児性致死傷を不可罰とすることができる論理を採用したという点でかなりの工夫がみられますが，母親以外の第三者による胎児傷害は全て母親に対する傷害罪を構成することになってしまい，（傷害罪より軽い）堕胎罪を規定した意味がなくなってしまうのではないか，自己堕胎罪（212条）の存在は胎児が母体の一部ではないことを示しているのではないか（なぜ，「堕胎の罪において独立の行為客体として特別に規定されている場合」が除かれるのか，理由が定かではない），といった点で依然として問題が解消されているとはいえません（なお，この判例には，法定的符合説の論理に類似した思考もうかがわれますが[18]，法定的符合説の論理によっても，行為時に存在していなかった客体に対して故意の符合を認めることはできないという批判[19]がなされているところです）。

　このように学説の多くは否定説に立っているのですが，その後も胎児性致死傷のケースについて「人」に対する犯罪の成立を認める裁判例が見られます。その代表例が，課題判例30（鹿児島地判平15・9・2LEX/DB28095497）のような交通事故に関する死傷事故のケースです[20]。本判決は，「胎児に病変を発生させることは，人である母体の一部に対するものとして，人に病変を発生させることにほかならず，そして，胎児が出生して人となった後，右病変に起因して傷害が増悪した場合は，結局，人に病変を発生させて人に傷害を負わせたことに帰する」としており，これが前記最高裁の論理に従うものであることは明白ですが，「傷害が増悪した場合」としている点は出生後に症状が悪化したことを重視するものかもしれません[21]。

　「人」と「胎児」は生命体としては明らかに連続しているのですが，法的な取扱いにはその間に大きな断絶があります[22]。現行法は，胎児の保護についてかなり

---

[17] 否定説は，過失により胎児を母体内で死亡させる行為が不可罰であることとの均衡を問題としますが，このケースはまだ「人」が存在していないのに対して，胎児性致死傷の場合には，（傷ついた）「人」が存在（し，その後死亡）するという事態が存在しているのであって，単純に比較はできないと思います（なお，井田・各論91頁以下参照）。

[18] 長島裁判官の補足意見参照。金谷利廣＝永井敏雄・最判解昭和63年度160頁以下は，本決定の立場を「母体傷害・法定符合説」と呼んでいます。

[19] 西田・各論27頁。

[20] なお，和田俊憲「交通事故における胎児の生命の保護」慶応法学11号（2008年）301頁以下。

[21] 池田修・金山薫編『新実例刑法［各論］』（2011年）396頁以下［村越一浩］参照。

謙抑的な態度を示しているように見えます[23]。無論，妊娠や出産という出来事には きれいごとで済ますことのできない様々な人間模様が絡むこともあるでしょうし，特にそのような状況下において妊娠中の女性が苦境に立たされがちであるといったことには十分に留意しなければなりません。しかし，他方で，ここで取り上げた胎児性致死傷のケースは，いわゆる「子堕し」で想定されているような関係する人間の弱さや悲哀のようなものがにじみ出るような場面とは全く異なっており，胎児，そして，その同一の生命体が成長した人が害を被ったという事実のみが立ち現れます。私は，そのようなことを考えると，否定説の論理は冷たすぎるのではないかという印象を払拭できません。皆さんはどうでしょうか？

授業後の課題

　母体保護法の指定医である医師 X は，妊娠している女性 A の依頼により，母体保護法の要件・手続に基づいて人工妊娠中絶を行った（妊娠満 21 週であった）。母体外に排出された嬰児 B は，その時点ではまだ生きていたが，そのまま放置されたため約 10 時間後に未熟による生活不全で死亡した。B は，現在の未熟児医療では生育する可能性はないと考えられる。
　X の行為は，刑法上どのように評価されるべきか？

考え方

　B は，生きて母体外に排出されていますので，判例・通説である一部露出説によれば，B は「人」に当たるはずです。しかし，学説においては，母体保護法が人工妊娠中絶を許容している「胎児が，母体外において生命を保続することのできない時期」[24] における生命は，たとえ生きて母体外に排出されたとしても「人」としては保護されないとする見解が主張されています[25]。この見解によれば，X には殺人罪や保護責任者遺棄致死罪は成立しないことになります。
　確かに，母体保護法が許容する人工妊娠中絶は，単に妊娠を継続しないということだけで

---

[22] 私は，212 条や 213 条前段の法定刑の上限が，器物損壊罪（261 条）よりも軽くなっているのはどうしてだろうか，と昔から気になっています。皆さんはどのように思われるでしょうか？

[23] 母体保護法で人工妊娠中絶が許容されており（14 条），その要件が緩やかに理解されていることから，「堕胎罪は事実上非犯罪化されたともいいうる」（西田・各論 20 頁）といったこともいわれています。皆さんは，このような状況をどのように評価されるでしょうか？

[24] 現在は，平成 2 年 3 月 20 日の厚生事務次官通知により，受胎後満 22 週未満とされています。

[25] 小暮得雄ほか編『刑法講義各論』（1988 年）15 頁以下［町野朔］。この見解は，「生命保続可能性」を母体保護法に基づく法的な概念として理解しており，個別具体的な生育の可能性を問題としてはいないことに注意が必要です。

はなく，（特に，強制性交などによる妊娠の場合には）胎児の存在を否定することをも許容していると解さなければ不合理なところがあるので，人工妊娠中絶により母体外に生きて排出された子の生命を侵害する行為が殺人罪などを構成するということになると，母体保護法の趣旨と矛盾するようにも思われます。上述した見解によれば，このような矛盾は容易に回避されるでしょう。

　しかし，他方で，この見解によると，母体保護法上の人工妊娠中絶による場合でなく，通常の早産で満22週未満に生まれてきた未熟児を第三者が殺害する行為も不可罰ということになってしまいます[26]。この結論には，にわかには賛同し難いものがあるのではないでしょうか？　「死が直前に迫っていても現に生きているのであれば人として保護されるべきである」と考えるのであれば（これを否定するのであれば別ですが，それは極めてテリブルな考え方であるように思われます），「生命を保続する可能性がなくとも現に生きて母体とは独立に存在しているのであれば人として保護されるべきである」と考えるべきでしょう。

　さて，それでは，母体外に生きて排出された以上は「人」であるとすると，それを死亡させた場合には常に殺人罪などが成立するということになるのでしょうか？　この問題については，①排出行為が違法な堕胎によるのか適法な人工妊娠中絶によるのか，②生育可能性の有無[27]，③加害行為が作為によるのか不作為によるのか，といった点に注意しながら，場合を分けて考える必要があります。

　まず，排出行為が違法な堕胎による場合について考えてみましょう。このとき，排出された胎児に生育可能性がなく，これを不作為で死亡させたという場合には，作為義務が欠如するので不作為犯は成立せず堕胎罪のみが成立すると解されます。これに対して，作為によって死亡させた場合については，殺人罪などが成立すると解するべきでしょう[28]。これに対して，「不作為の場合には生育可能性を考慮するが，作為の場合には全く考慮せず一律に殺人とするのは，あまりに行為無価値的である」として，作為による場合にも，堕胎罪の成立のみを認めるべきであるとする見解[29]もありますが，客体を人であると考える以上，作為によってその生命を侵害する行為の罪責を否定することは困難であると思われます（助けることが不可能であれば積極的に殺してもよい，とはいえないでしょう）。

　他方，生育可能性がある場合には，加害行為が作為であれ不作為であれ，いずれも殺人罪などが成立すると解されます。判例も，①堕胎により排出された嬰児を殺害した事例について堕胎罪のほか殺人罪が成立する[30]とし（大判大11・11・28刑集1・705）[31]，②医師が妊娠

---

[26] 堕胎には当たらないでしょうし，器物損壊とするわけにもいかないでしょう（井田・各論89頁）。

[27] これは，個別具体的に判断されるものであることに注意しましょう。

[28] 大谷・各論61頁，斎藤・各論45頁など。

[29] 西田・各論24頁。

[30] このような場合は，堕胎罪と殺人罪の併合罪だとするのが判例であり，牽連犯だとする学説もあります（大谷・各論61頁など）が，同一の生命を対象とする行為であることに着目するならば殺人罪のみが成立すると解するのが妥当であるように思われます（斎藤・各論46頁，中森・各論41頁）。

26 週の胎児を排出した後，生育可能性があるのに放置して死亡させた事例について，業務上堕胎罪と保護責任者遺棄致死罪の成立を認めています（最決昭 63・1・19 刑集 42・1・1）[32]。

　次に，排出行為が適法な人工妊娠中絶による場合について考えてみましょう。この場合も基本的な考え方は先と変わりませんが，殺人罪などの成立を認めると母体保護法が人工妊娠中絶を許容していることと矛盾しないか，という問題があります。前述のように，この場合は母体外に生きて排出されても「人」としては保護されないとする見解は，この矛盾を容易に回避できるということをひとつの強みとしていました。しかし，母体保護法の許容する人工妊娠中絶が排出された胎児の殺害を一律に許容しているかには疑問がありますし[33]，胎児の死亡まで正当化されると考えた方が合理的だと思われる場合（強制性交などによる場合）であっても，積極的な作為によって殺害することまで許容していると解する必要は必ずしもなく，その子を保護すべき作為義務を否定すれば足りるといえるでしょう[34]。

　課題の場合は，母体保護法に基づいて合法的に胎児が母体外に排出され，具体的な生育可能性もないケースであり，しかも，態様が不作為であるということなども考え合わせれば，結論的に X の行為は犯罪とはならないと解するのが妥当でしょう。その理論構成としては，①B は「人」ではない，②母体保護法に基づく人工妊娠中絶の規定は母体外における嬰児の生命を侵害する行為まで合法化している，③生育可能性がないから保護義務ないしは作為義務が認められない，といったものが考えられますが，上述したところからすれば，③が比較的問題の少ない結論だといえるでしょう。

---

[31] これに対しては，「母体外での『胎児』の殺害が堕胎行為の結果として評価される場合にはそれ以外に別罪を構成するものではない」とする反対説もありますが（小暮編［町野］前掲・16 頁），堕胎が胎児殺を含む（通説）としても，母体外において胎児が死亡した場合について堕胎罪の成立にとどめるのは，母体外への排出行為の当然の結果として母体外に排出後に死亡したというような場合に限定されるべきだと思われます（西田・各論 24 頁）。

[32] もともと胎児の殺害を目的として堕胎を行った医師が「保護責任者」といえるのかどうかは検討を要する問題です（井田・各論 105 頁など）。また，このような場合の不作為犯の成立について，胎児の殺害を意図した先行行為を作為義務の根拠とすることは背理である，といった主張も見られます（中森・各論 41 頁）。

[33] 斎藤・各論 44 頁以下参照。例えば，同法 14 条 1 項 1 号については，「母体の健康を著しく害するおそれ」が取り除かれれば十分であり，それ以上の加害行為は必要ないとも解する余地があるかもしれません。

[34] 斎藤・各論 45 頁。従って，作為による場合には，依然として殺人罪などが成立し得るということになります。

▶第**17**回◀

傷害の罪

基本事項の確認

□傷害の意義について確認しなさい

□暴行の意義について確認しなさい

□傷害と暴行の関係について確認しなさい

課題判例31

傷害被告事件

最高裁判所第二小法廷平成 16 年（あ）第 2145 号

平成 17 年 3 月 29 日決定

　　　　　　　　主　　文

　本件上告を棄却する。

　当審における未決勾留日数中 70 日を本刑に算入する。

　　　　　　　　理　　由

　弁護人 K の上告趣意のうち，判例違反をいう点は，事案の異なる判例を引用するものであって本件に適切でなく，その余は，単なる法令違反，事実誤認，量刑不当の主張であって，刑訴法 405 条の上告理由に当たらない。

　なお，原判決の是認する第 1 審判決の認定によれば，被告人は，自宅の中で隣家に最も近い位置にある台所の隣家に面した窓の一部を開け，窓際及びその付近にラジオ及び複数の目覚まし時計を置き，約 1 年半の間にわたり，隣家の被害者らに向けて，精神的ストレスによる障害を生じさせるかもしれないことを認識しながら，連日朝から深夜ないし翌未明まで，上記ラジオの音声及び目覚まし時計のアラーム音を大音量で鳴らし続けるなどして，同人に精神的ストレスを与え，よって，同人に全治不詳の慢性頭痛症，睡眠障害，耳鳴り症の傷害を負わせたというのである。以上のような事実関係の下において，被告人の行為が傷害罪の実行行為に当たるとして，同罪の成立を認めた原判断は正当である。

　よって，刑訴法 414 条，386 条 1 項 3 号，刑法 21 条により，裁判官全員一致の意見で，主文のとおり決定する。

（裁判長裁判官　福田博　裁判官　滝井繁男　裁判官　津野修　裁判官　今井功　裁判官　中川了滋）

> **チェック**
> □本決定は何を傷害罪の実行行為だと見ているのか？
> □仮に被告人が「精神的ストレスによる障害を生じさせるかもしれないこと」を認識していなかったならば，結論はどうなるか？

課題判例32
傷害，傷害致死被告事件
最高裁判所第三小法廷平成 27 年（あ）第 703 号
平成 28 年 3 月 24 日決定

　　　　　　　主　　　文

　本件各上告を棄却する。

　　　　　　　理　　　由

　被告人 A の弁護人 S，被告人 B の弁護人 T の各上告趣意は，単なる法令違反，事実誤認の主張であり，被告人 C の弁護人 Y の上告趣意は，事実誤認の主張であって，いずれも刑訴法 405 条の上告理由に当たらない。

　被告人 A の弁護人 S，被告人 B の弁護人 T の各所論に鑑み，職権で判断する。

1　原判決の認定によれば，本件の事実関係は，次のとおりである。

(1) 被告人 A 及び同 B は，犯行現場となった本件ビルの 4 階にあるバーの従業員であり，本件当時も，同店内で接客等の仕事をしていた。被告人 C は，かねて同店に客として来店していたことがあり，本件当日（以下，日時は，特に断らない限り，本件当日である。），被告人 B の誘いを受け，同店で客として飲食していた。

　被害者は，午前 4 時 30 分頃，女性 2 名とともに同店を訪れ，客として飲食していたが，代金支払の際，クレジットカードでの決済が思うようにできず，午前 6 時 50 分頃までに，一部の支払手続をしたが残額の決済ができなかった。被害者は，いらだった様子になり，残額の支払について話がつかないまま，同店の外に出た。

(2) 被告人 A 及び同 B は，被害者の後を追って店外に出て，本件ビルの 4 階エレベーターホールで被害者に追い付き，午前 6 時 50 分頃から午前 7 時 10 分頃までの間，相互に意思を通じた上で，こもごも，次のような暴行（以下「第 1 暴行」という。）を加え

た。すなわち，被告人Ａが，4階エレベーターホールで被害者の背部を蹴って，3階へ至る途中にある階段踊り場付近に転落させ，さらに，被害者をエレベーターに乗せた際，その顔面をエレベーターの壁に打ち付け，4階エレベーターホールに引きずり出すなどし，被告人Ｂが，同ホールにあったスタンド式灰皿に，被害者の頭部を打ち付けるなどした。その上，被告人Ａは，床に仰向けに倒れている被害者の顔面を拳や灰皿の蓋で殴り，顔面あるいは頭部をつかんで床に打ち付けるなどし，被告人Ｂも，被害者を蹴り，馬乗りになって殴るなどした。

(3) 被告人Ｃは，午前7時4分頃，4階エレベーターホールに現れ，同店の従業員のＤが被告人Ａ及び同Ｂを制止しようとしている様子を見ていたが，Ｄと被告人Ａが被害者のそばを離れた直後，床に倒れている被害者の背部付近を1回踏み付け，被告人Ｂに制止されて一旦同店内に戻った。その後，被告人Ｃは，再度4階エレベーターホールに現れ，被告人Ａ及び同Ｂが被害者を蹴る様子を眺め，午前7時15分頃，倒れている状態の被害者の背中を1回蹴る暴行を加えた。

(4) 被告人Ａは，被害者から運転免許証を取上げて，同店内に被害者を連れ戻し，飲食代金を支払う旨の示談書に氏名を自書させ，運転免許証のコピーを取るなどした。その後，被告人Ａ及び同Ｂは，同店内で仕事を続け，被告人Ｃも同店内でそのまま飲食等を続けた。

(5) 被害者は，しばらく同店内の出入口付近の床に座り込んでいたが，午前7時49分頃，突然，走って店外へ出て行った。Ｄは，直ちに被害者を追いかけ，本件ビルの4階から3階に至る階段の途中で，被害者に追い付き，取り押さえた。

　一方，被告人Ｃは，午前7時50分頃，電話をするために本件ビルの4階エレベーターホールに行った際，Ｄが被害者の逃走を阻止しようとしているのを知り，Ｄが被害者を取り押さえている現場に行った。被告人Ｃは，その後の午前7時54分頃までにかけて，次のような暴行（以下「第2暴行」という。）を加えた。すなわち，被告人Ｃは，階段の両側にある手すりを持って，自身の身体を持ち上げ，寝ている体勢の被害者の顔面，頭部，胸部付近を踏み付けた上，被害者の両脚を持ち，3階まで被害者を引きずり下ろし，サッカーボールを蹴るように被害者の頭部や腹部等を数回蹴り，いびきをかき始めた被害者の顔面を蹴り上げるなどした。

(6) 午前7時54分頃，通報を受けた警察官が臨場した時には，被害者は，大きないびきをかき，まぶたや瞳孔に動きがなく，呼びかけても返答がない状態で倒れていた。被害者は，午前8時44分頃，病院に救急搬送され，開頭手術を施行されたが，翌日午前3時54分頃，急性硬膜下血腫に基づく急性脳腫脹のため死亡した。

　第1暴行と第2暴行は，そのいずれもが被害者の急性硬膜下血腫の傷害を発生させることが可能なものであるが，被害者の急性硬膜下血腫の傷害が第1暴行と第2暴行のいずれによって生じたのかは不明である。

2 (1) 第1審判決は，仮に第1暴行で既に被害者の急性硬膜下血腫の傷害が発生してい

たとしても，第2暴行は，同傷害を更に悪化させたと推認できるから，いずれにしても，被害者の死亡との間に因果関係が認められることとなり，「死亡させた結果について，責任を負うべき者がいなくなる不都合を回避するための特例である同時傷害致死罪の規定（刑法207条）を適用する前提が欠けることになる」と説示して，本件で，同条を適用することはできないとした。

(2)　しかし，同時傷害の特例を定めた刑法207条は，二人以上が暴行を加えた事案においては，生じた傷害の原因となった暴行を特定することが困難な場合が多いことなどに鑑み，共犯関係が立証されない場合であっても，例外的に共犯の例によることとしている。同条の適用の前提として，検察官は，各暴行が当該傷害を生じさせ得る危険性を有するものであること及び各暴行が外形的には共同実行に等しいと評価できるような状況において行われたこと，すなわち，同一の機会に行われたものであることの証明を要するというべきであり，その証明がされた場合，各行為者は，自己の関与した暴行がその傷害を生じさせていないことを立証しない限り，傷害についての責任を免れないというべきである。

　そして，共犯関係にない二人以上による暴行によって傷害が生じ更に同傷害から死亡の結果が発生したという傷害致死の事案において，刑法207条適用の前提となる前記の事実関係が証明された場合には，各行為者は，同条により，自己の関与した暴行が死因となった傷害を生じさせていないことを立証しない限り，当該傷害について責任を負い，更に同傷害を原因として発生した死亡の結果についても責任を負うというべきである（最高裁昭和26年（れ）第797号同年9月20日第一小法廷判決・刑集5巻10号1937頁参照）。このような事実関係が証明された場合においては，本件のようにいずれかの暴行と死亡との間の因果関係が肯定されるときであっても，別異に解すべき理由はなく，同条の適用は妨げられないというべきである。

　以上と同旨の判断を示した上，第1暴行と第2暴行の機会の同一性に関して，その意義等についての適切な理解の下で更なる審理評議を尽くすことを求めて第1審判決を破棄し，事件を第1審に差し戻した原判決は相当である。

　よって，刑訴法414条，386条1項3号により，裁判官全員一致の意見で，主文のとおり決定する。

（裁判長裁判官　木内道祥　裁判官　岡部喜代子　裁判官　大谷剛彦　裁判官　大橋正春　裁判官　山崎敏充）

チェック

□本決定は，207条適用の前提として，どのようなことを要求しているか？

□本決定が被告人に傷害致死罪の罪責を認めた論理はどのようなものか？

□本決定の考え方はいずれかの暴行と傷害との間に因果関係が肯定できる場合にも妥当するか？

授 業

　今回のテーマは「傷害の罪」です。ここでは，暴行罪と傷害罪の関係と同時傷害の特例を取り上げることにします。

　まず，基本的な概念を確認しておくことにします。暴行はいろいろな犯罪との関係で問題となりますが，内容が異なる場合があることに注意が必要です。

暴行の概念

・最広義の暴行：物理力の行使の全てを含み，その対象は人でも物でもよい（例：騒乱罪［106条］）
・広義の暴行：人に対する物理力の行使を意味するが，人の身体に対して直接加えられることは必要ではなく，物に加えられた物理力の影響が他人に対して向けられている場合（間接暴行）を含む（例：公務執行妨害罪［95条］）
・狭義の暴行：人の身体に対する物理力の行使（暴行罪［208条］）
・最狭義の暴行：人の身体に対する物理力の行使のうち，人の反抗を抑圧し，または，著しく困難にする程度のもの（例：強盗罪［236条］，強制性交等罪［177条］）
＊身体的接触は必要か？

　一般的な理解によれば，暴行概念は，次の4つに分類されます。すなわち，物理力の行使の全てを含み，その対象は人でも物でもよいとする「最広義の暴行（例：騒乱罪［106条］）」，人に対する物理力の行使を意味するが，人の身体に対して直接加えられることは必要ではなく，物に加えられた物理力の影響が他人に対して向けられている場合（間接暴行）を含むとする「広義の暴行（例：公務執行妨害罪［95条］）」，人の身体に対する物理力の行使を意味する「狭義の暴行（暴行罪［208条］）」，人の身体に対する物理力の行使のうち，人の反抗を抑圧し，または，著しく困難にする程度のものとする「最狭義の暴行（例：強盗罪［236条］[1]）」の4つがそれです[2]。

　暴行罪（208条）における暴行は，人の身体に対する物理力の行使であり，音，放射線，電流，光などの物理力を行使する場合も含まれます（このため「有形力の行使」では表現として狭すぎるという指摘があります）。性質上傷害を生じさせるものでなくともよいとされ（大判昭8・4・15刑集12・427），例えば，つばを吐きかける行為も暴行に当たり得るとされます（もっとも，この程度のものは侮辱罪を構成するこ

とはあっても、暴行には当たらないとする見解もあります[3]）。裁判例では、他人の頭・顔に、お清めと称して食塩を振りかける行為を暴行に当たるとしたものがあります（福岡高判昭 46・10・11 刑月 3・10・1311）。

　暴行は身体的接触を必要とするかについては見解が分かれますが、判例・通説は、身体的接触は不要であるとしています。従って、驚かせる目的で人の数歩手前を狙って投石する行為（大判昭 7・2・29 刑集 11・141）、狭い室内で脅す目的で日本刀の抜き身を振り回す行為（最判昭 39・1・28 刑集 18・1・31）、嫌がらせのため併走中に自動車に幅寄せする行為（東京高判昭 50・4・15 刑月 7・4・480）や危険な方法での併走中の自動車への幅寄せ、追越、割り込み行為（東京高判平 16・12・1 判時 1920・154）も暴行に当たるとします。これらが暴行に当たるとすれば予想外に致死傷結果が発生した場合でも、傷害（致死）罪が成立することになります。これに対して、身体的接触が必要であるとする見解によれば、これらは暴行に当たらないので、予想外に致死傷結果が発生した場合には脅迫罪と過失致死傷罪が成立し得るに止まる（観念的競合）ということになります。必要説は、暴行も結果犯であり暴行結果の発生を必要とする（身体的接触がない場合は不可罰な暴行未遂である）、身体的接触を不要とすると安心感・安全感や行動の自由のようなものまで保護法益に取り込むことになり暴行概念が拡大するということを論拠とします。しか

---

[1] 強制わいせつ罪（176 条）や強制性交等罪（177 条）の「暴行」も最狭義の暴行に当たると一般に説明されますが、相手方の反抗を抑圧する程度のものであることまで必要ではなく、相手方の反抗を著しく困難にするものであれば足りるとされており、強盗罪の場合とはニュアンスを異にしています（近時の議論については、嘉門優＝樋口亮介「性犯罪をめぐる議論状況」刑ジャ 69 号［2021 年］5 頁以下参照）。また、暴行自体がわいせつ行為に当たる場合については、暴行罪にとどまるとする見解（中義勝『刑法各論』［1975 年］85 頁）もありますが、通説は強制わいせつ罪の成立を認めています。その際の理由づけに関しては、このような場合には暴行の程度を問わないとする見解（井田・各論 121 頁以下など）、不意の性的暴行は反抗が困難だといい得るとする見解（西田・各論 99 頁）などが主張されています。なお、松原先生は、準強制わいせつ罪に問うべきだとされます（松原・各論 94 頁）。

[2] なお、脅迫についても似たような分類がなされており、恐怖心を起こさせる目的で他人に害悪を告知することの一切を意味し、その害悪の内容・性質、告知の方法如何を問わず、それによって相手方が恐怖心を起こしたかどうかにかかわらないとする「広義の脅迫（例：公務執行妨害罪［95 条 1 項］）」、場合により、告知される害悪の種類が特定され、あるいは、恐怖心を起こした相手方が一定の作為・不作為を強いられる程度のものであることなどが要件とされる「狭義の脅迫（例：脅迫罪［222 条］、強要罪［223 条］）」、相手方の反抗を抑圧するに足りる程度のものであることを要する「最狭義の脅迫（強盗罪［236 条］）」の 3 つに分類されています。

[3] 佐伯・法教 358 号 122 頁。

し，殴りかかっても相手が身をかわせば暴行には当たらないとするのは不合理ではないでしょうか[4]。客観的に身体への接触可能性がある場合には，実際に接触しなくとも「人の身体に対する」物理力の行使を認めるべきだと思います[5]。

　少し厄介な問題を提起するのは，毒物をそれとは知らない者に摂取させるような行為が暴行に当たるかという点です。生理的機能の障害が生ずれば傷害罪が成立することには異論がないのですが，この行為自体が暴行に当たらなければ，これを手段として財物や財産上の利益を取得しても強盗罪は成立しないことになるため議論のあるところです[6]。

　次に傷害の意義に移りましょう。

```
┌─────────────────────────────────────────────────┐
│                  傷害の意義                       │
│                                                   │
│  Ａ説：生理的機能障害説                            │
│  Ｂ説：身体の完全性毀損説                          │
│  Ｃ説：生理的機能障害及び身体の外貌の重大な変更が傷害であると  │
│         する説                                    │
│  ＊生理的機能の障害を伴わない行為（女性の長い髪の毛をバリカンで  │
│     刈り丸坊主にする，紳士の立派な髭を剃り落とすなど）は，「傷害」  │
│     とすべきか？                                  │
│     →Ａ説によれば暴行，Ｂ説及びＣ説によれば傷害となろう  │
└─────────────────────────────────────────────────┘
```

　傷害の意義については，生理的機能障害説，身体の完全性毀損説，（生理的機能障害及び）身体の外貌の重大な変更が傷害であるとする説が主張されています。女性の長い髪の毛をバリカンで刈り丸坊主にするとか，紳士の立派な髭を剃り落と

---

[4] 原則的には身体的接触が必要だが，客観的に身体的接触により傷害の結果発生の可能性があり，行為者に傷害の故意がある場合には，例外的に身体に接触しなくとも暴行罪の成立を認めるべきだとする見解があります（西田・各論41頁）。暴行罪の成立を肯定する結論には賛成ですが，このような解釈は，生理的機能障害の危険性によって暴行概念を規定するものであり，暴行概念に過剰な要素を盛り込んでいるように思われます。傷害未遂に相当するケースが暴行罪に当たり得ることはありますが，そのことによって暴行の概念や暴行罪の成立要件が変わると考えることは妥当ではないでしょう（例えば，暴行罪の成立に傷害の故意を要求すべき理由はないのではないでしょうか？）。

[5] 例えば，相手方に投石した行為者が，「当たるとは思わなかった」「当てるつもりはなかった」と考えていたとしても，客観的に人の近辺に投石しているのであれば，ほとんどの場合には「人の身体に接触する可能性のある客観的な状況」を認識しているといえるでしょうから，暴行の故意も肯定できると思います。

[6] この関係では，昏酔強盗罪（239条）が強盗罪（236条）とは区別して規定されていることにも注意が必要です。

すといった，生理的機能の障害を伴わない行為について，生理的機能障害説によれば傷害には当たりませんが，他の説によれば傷害に当たることになります。文字通り「身体の完全性」を毀損するすべての場合が傷害に当たるとすると，髪の毛 1 本を切り落としても完全性が損なわれることになりますが，そのような行為まで傷害に含めるのはナンセンスでしょう。他方，身体の外貌の重大な変更に限るとしても何をもって重大な変更とするかは，判断の難しい問題です。サザエさんに登場する波平さんにとっては，髪の毛 1 本でも死活問題でしょう[7]。生理的機能の障害を伴わない場合でも，物理力の行使が認められれば暴行罪の成立を認めることはできるので，その限度で処罰すれば足りるのではないでしょうか。ここでは，生理的機能障害説を支持しておきたいと思います。

　精神的機能に障害を生じさせることも傷害に当たるとされ，例えば，心的外傷後ストレス障害（PTSD）についても傷害を肯定する実務が定着しつつありますが[8]，恐怖心などから被害者に通例生ずると考えられる程度のストレス状態（不眠，心理的な不安定など）も傷害に当たるかは，かなり難しい判断を迫られる場合が少なくないでしょう。例えば，強盗や強制性交等の被害者は，多かれ少なかれ被害を受けたことによる心理的ストレスを感ずると思いますが，それをすべて傷害だとするとほとんどの場合が致傷罪に当たることになり，やや広がりすぎではないかという懸念があります。医学的な診断基準なども参考にしながら，できるだけ客観的な判断が求められるところでしょう。

　傷害の程度については，軽微なものも含まれるとされてきました。法定刑の下限が 1 万円の罰金ですから，かなり軽微なものも含まれると解さざるを得ないで

---

[7] 文脈は異なりますが，H.L.A. Hart という有名な法理学者が，『法の概念』という名著の中で「おつむの光輝く人は，明らかに禿げている。鬱蒼と頭髪の生い茂った人は明らかに禿げていない。しかし，そこここに髪が少しずつ生えている人が禿げているかは曖昧であり，論争の的となり得る」と述べています（H.L.A. Hart［長谷部恭男訳］『法の概念〔第 3 版〕』［2014 年］26 頁）。名言だと思います（この表現に倣えば，私の頭部の状態も「論争の的」になりそうです）。要するに「禿はどこから禿か，定義することは難しい」ということです。翻って，「法とは何か，定義せよ」と言われたら，皆さんは，どのように答えるでしょうか？ Hart は，Austin や Wittgenstein の影響を受け，言語哲学の手法を駆使して法理学を語りました。その透徹した思考は，まさに 20 世紀法理学のモニュメントと呼ぶにふさわしいものです。更に，Hart に関する興味深い伝記として，ニコラ・レイシー（中山竜一・森村進・森村たまき訳）『法哲学者 H.L.A.Hart の生涯（上）（下）』（2021 年）もあります。刑法学に疲れたら，こういったものも一読してみてはいかがでしょうか。

[8] 東京地判平 16・4・20 判時 1877・154，最決平 24・7・24 刑集 66・8・709 など。

しょうが，日常生活において特に注意が払われることがない程度のものは除かれると解するべきではないかと思います。この問題は，特に，強盗致傷罪のように致傷結果の発生によって刑が相当に重くなる犯罪類型において顕在化してきます。強盗罪における暴行は強度のものが必要であることから，ある程度の傷害の発生は既に強盗罪の範囲で評価されると考えるべきではないかとか，強盗致傷罪の法定刑の重さからすると軽微な傷害は同罪にいう傷害には当たらないとすべきではないか，といった問題が提起されてきたのです[9]。もっとも，平成16年の改正により，強盗致傷罪の法定刑の下限が懲役7年から懲役6年に引き下げられたことで，酌量減軽により執行猶予の言い渡しが可能となったため，この議論の重要性はかなり低下したといえます[10]。

強盗との関係では，傷害と昏酔の関係も問題となります。人を失神させたり睡眠状態に陥れたりすることは意識作用に障害を生じさせている限り傷害に当たるとされますが，そうすると昏酔強盗（239条）は常に強盗致傷罪（240条）になってしまうのではないか，ということが問題となるのです。もっとも，239条と240条の関係という観点から，昏酔強盗が成立する場合における傷害の程度に一定の限定がなされるとしても，そこから204条における傷害の程度も同様に限定されるという結論を導くことはできないでしょう（最決平24・1・30刑集66・1・36）。

さて，以上のような暴行と傷害の意義を踏まえた上で，暴行罪と傷害罪の関係について整理しておくことにしましょう。

暴行罪と傷害罪の関係

A説：傷害罪は傷害の故意がある場合に限定される（故意犯説）
B説：傷害罪は暴行罪の結果的加重犯である（結果的加重犯説）
C説：傷害罪は原則として故意犯であるが，暴行が手段である場合は暴行罪の結果的加重犯も含む（故意犯原則説）

＊暴行によらない傷害
　・最決平17・3・29刑集59・2・54の理解
　　⇒本件における傷害の手段は何か？

---

[9] なお，名古屋高金沢支判昭40・10・14高刑集18・6・691，大阪地判平16・11・17判タ1166・114参照。
[10] もっとも，松原先生は，強盗が未遂でも傷害結果が発生すると強盗致傷罪は既遂となることから，中止犯の余地がなくなることを懸念されています（松原・各論53頁）。

　この点に関しては，傷害罪は故意犯に限定されるとする「故意犯説」，傷害罪は暴行罪の結果的加重犯であるとする「結果的加重犯説」，傷害罪は故意犯が原則であるが，暴行を手段とする場合には暴行罪の結果的加重犯も含むとする「故意犯原則説」があり，故意犯原則説が通説となっています。故意犯説は，責任主義の見地から故意犯に限定すべきであると主張しますが，この見解に対しては，暴行の故意で傷害結果が発生した場合，暴行罪も傷害罪も成立せず，過失致傷罪にとどまることになって刑の不均衡が生ずるとの批判があります。これに対しては，この場合には暴行罪と過失致傷罪の観念的競合となるから不均衡は生じないとの反論がなされていますが，これによっても，結局，（重過失致傷罪が成立しない限り）暴行罪の限度での処罰にとどまることの妥当性には疑問の余地がありますし，「人を傷害するに至らなかったときは」とする 208 条の文言ともそりが合わない嫌いがあるでしょう。結果的加重犯説には，そのような難点はありません。208 条が「暴行を加えた者が人を傷害するに至らなかったときは」暴行罪となると規定していることからすると，傷害結果が発生した場合には当然に傷害罪が成立すると解釈することにも合理性がありそうです。ただ，傷害の故意がある場合を排除する理由はないと思われますし，手段が暴行ではない場合においても傷害の故意は不要であるとするのだとすれば，それは問題でしょう。そういうわけで，故意犯原則説が妥当であると解されます。

　このような理解を前提とすれば，手段が暴行か否かは，傷害罪の成否に影響を及ぼすことになります。例えば，病人に薬を与えず症状を悪化させるという不作為による傷害だとか，嫌がらせ電話を繰り返して抑うつ状態に陥れたといった場合は，暴行によらない傷害のケースですから，これらの場合に傷害罪が成立するためには傷害の故意が必要となります（傷害の故意が欠ける場合には，［場合によって脅迫罪と］過失致傷罪が成立し得るに止まることになります）。課題判例 31（最決平 17・3・29 刑集 59・2・54）では，傷害罪の成立が認められていますが，ここでは，手段は暴行だと考えられているのでしょうか？　結論から言えば，そうではないと考えられます[11]。本件で問題となっているのは音の物理力ではなく[12]，音が相手方に精神的ストレスを与えることです。従って，これは暴行によらない傷害[13]のケー

---

[11]　大野勝則・最判解平成 17 年度 64 頁以下参照。
[12]　被害者の耳元で大太鼓，鉦を連打する行為を暴行としてものとして最判昭 29・8・20 刑集 8・8・1277。

スだということになります。だからこそ，本決定は，「精神的ストレスによる障害を生じさせるかもしれないことを認識しながら」として，傷害の故意があるということを認定していると解されます。

　次に同時傷害の特例（207条）について，整理しておきましょう。この規定は，近時，判例の動きなどもあって注目されてきていますので，しっかり勉強しておいた方がよいでしょう。

同時傷害の特例

(1) 立法趣旨…立証の困難性を回避
(2) 「共犯の例による」とは？
　　A説：因果関係を推定し被告人に挙証責任を転換するとともに，共同正犯関係を擬制したものである（通説）
　　B説：意思疎通の擬制（推定）を認めたものである
(3) 適用の要件
　　①行為者の暴行が当該傷害を生じさせ得る危険性を有すること
　　②暴行が同一機会に行われたこと
　　⇒①②を検察官が証明しなければならない
(4) 適用範囲
　　傷害致死罪にも適用されるか？⇒最決平28・3・24刑集70・3・1
(5) 承継的共同正犯・共犯関係の解消との関係⇒最判令2・9・30刑集74・6・669

　この規定の立法趣旨は，立証の困難性を回避することにあるとされます。例えばAとBが意思疎通なく，同時にCに対して暴行を加え，Cに傷害を生じさせたが，A，Bいずれの暴行によってその傷害が生じたのか判明しなかった（同時犯）というケースを考えてみましょう。この場合，いずれの暴行によって傷害が発生したのか特定できない（因果関係を証明できない）のですから，本来はA，Bいずれも暴行罪に止まるはずです。しかし，この種の事案では因果関係の立証が困難である場合が少なくなく，その理由だけで傷害結果について罪責を問うことができないというのは不合理であるということから，そのような立証の困難性を回避す

---

[13] 本件では，長期間にわたって音声等を流す一連の行為を全体として傷害の実行行為を認めていますが，状況次第では，実行行為の始期，傷害の故意が認められる時点，（途中で傷害の故意が生じた場合における）因果関係の特定といった点で問題が生ずるケースもあり得るでしょう（大野・前掲68頁以下，75頁，橋爪・法教445号124頁）。

るためにこのような規定が設けられたとされます[14]。

　もっとも，本条は「嫌疑刑」を認めるものである，とか，「二人のうちのどちらか一人は『むじつの罪』を負わされることになる」[15] といった理由で，憲法違反ではないかとの疑念も呈されています。これに対し，多数説は，行為者は傷害の危険を有する暴行を行っていること，暴行の行為者であれば反証をあげることも可能であること，反対に，検察官が傷害の行為者を特定することは極めて困難であることなどを考慮して，憲法違反とまでは断じていません。皆さんはどう思われるでしょうか？[16]

　本条にいう「共犯の例による」[17] の意義については，因果関係を推定し被告人に挙証責任を転換するとともに，共同正犯関係を擬制したものであるとするのが通説です。これに対して，意思疎通の擬制（推定）を認めたものであるとする見解もあります。この見解は，意思疎通の擬制（推定）を可能にするだけの共犯類似の現象がある場合に本条の適用範囲を限定しようとする点で傾聴に値しますが，これによると，被告人が因果関係不存在を立証できても意思疎通の不存在を立証できなければ本条により傷害罪の罪責を負わざるを得ず，他方で，意思疎通不存在の立証ができれば本条は適用されないことになります。しかし，これは「共同して実行した者でなくても，共犯の例による」との明文に合わないでしょう。通説の立場が妥当であると解されます。

　本条は，「疑わしきは被告人の利益に」の原則に対する例外を定めたものですから，その適用の要件は厳格に解すべきです[18]。この点に関して，課題判例 32（最

---

[14] 樋口先生は，207 条の合憲性に関する疑義を除去するためには，このような実際上の必要性を指摘するだけで十分ではなく，207 条に固有の違法性を明らかにする必要性があるとして，暴行が繰り返されやすい危険性，暴行の重大性ないし悪質性，傷害原因が不明になり適正処罰が困難になるという 3 点に同条に固有の違法性を求めておられます（樋口亮介「同時傷害の特例（刑法 207 条）」研修 809 号［2015 年］8 頁以下）。

[15] 平野・概説 170 頁。

[16] 本条を因果関係について被告人側に挙証責任を転換する規定であると理解する場合，この規定の合理性・合憲性には訴訟法的観点からも疑問が呈されています（酒巻匡『刑事訴訟法〔第 2 版〕』［2020 年］494 頁。なお，河上和雄ほか編『大コンメンタール刑事訴訟法〔第 2 版〕』［2012 年］419 頁以下［安廣文夫］参照）。

[17] 207 条を適用する場合，併せて 60 条も適用するべきでしょうか？　裁判例には，適用しているものも適用していないものもあるようです。法令用語としての「例による」の使用法（吉田利宏『新法令用語の常識』［2014 年］41 頁以下）からすれば 60 条を適用する方に分がありそうですが，207 条は固有の犯罪を定めたものだと解するのであれば 60 条の適用は不要だということになるでしょう（樋口・前掲 15 頁）。

決平28・3・24刑集70・3・1）は，「検察官は，①各暴行が当該傷害を生じさせ得る危険性を有するものであること及び②各暴行が外形的には共同実行に等しいと評価できるような状況において行われたこと，すなわち，同一の機会に行われたものであることの証明を要する」と判示しています。この2点は従来から指摘されていたものですが，最高裁が初めてこれを明示的に求めたという点で重要だといえるでしょう。

　本条の適用範囲に関して，学説では傷害罪に限るとする見解が有力ですが，傷害致死罪にも適用されるとするのが判例です。課題判例32は，これを認めた点でも重要な意義を有します。もっとも，本決定の射程については慎重な留保が必要であるように思われます。本決定は，「共犯関係にない二人以上による暴行によって傷害が生じ更に同傷害から死亡の結果が発生したという傷害致死の事案において，刑法207条適用の前提となる前記の事実関係が証明された場合には，各行為者は，同条により，自己の関与した暴行が死因となった傷害を生じさせていないことを立証[19]しない限り，当該傷害について責任を負い，更に同傷害を原因として発生した死亡の結果についても責任を負うというべきである……。このような事実関係が証明された場合においては，本件のようにいずれかの暴行と死亡との間の因果関係が肯定されるときであっても，別異に解すべき理由はなく，同条の適用は妨げられないというべきである」としています。ここで最終的な死の結果と因果関係のある暴行が認められる場合であっても，207条を適用することができるのは，死因となった傷害がいずれの暴行から生じたのか不明であるためその段階で207条を適用することができるからであるように思われます[20]。そうだとすれば，発生した傷害について因果関係を肯定することができる暴行が存在する場合に本条を適用することができるかどうかについては，本決定は何ら語ってい

---

[18] 207条の適用要件がこのような訴訟法的な関心からのみ基礎づけられるとすれば，それは実体法の観点からすると処罰の適正さを確保するための外在的な制約として理解されることになるでしょう。これに対して，樋口先生は，ご自身の主張される207条に固有の違法性と関連付けて，例えば，同一機会性は，重大ないし悪質な暴行が繰り返されやすい危険状況との評価をなしうる範囲を意味する，という解釈を提言されています（樋口・前掲10頁）。

[19] この被告人の立証はどの程度のものが要求されるかということが問題となります。この点に関しては，細谷泰暢・最判解平成28年度7頁以下，22頁以下参照。

[20] 細谷・前掲23頁は，本決定は「死因となった傷害について本条の適用によって責任を負うのであれば，判例の結果的加重犯の理解からは，死亡の結果がその傷害と因果関係を有している以上，その論理的帰結として死亡の結果の責任も負う」という理解を示したものだという見方をしています。

ないということになるでしょう[21]。

　この関係で気になるのが，承継的共同正犯と 207 条適用の可否が問題となる
ケースです。例えば，X が A に暴行を加えていたところ，Y が現れて，以後，共
同して A に暴行を加えた結果，A に傷害が生じたが，その原因となった暴行が Y
の関与前の X による単独暴行か関与後の XY による共同暴行かは判明しなかっ
た，というケースがそれです。このケースでは，まず，Y に傷害罪の共同正犯を
肯定できるか（承継的共同正犯の成否）が問題となりますが，これは否定されると
するのが現在では有力な考え方でしょう（最決平 24・11・6 刑集 66・11・1281）。そ
れでは，承継的共同正犯を否定した場合に，207 条を適用して Y に傷害罪の罪責
を負わせることができるでしょうか？

　この問題に関しては，見解の対立がみられたところですが，近時，最高裁は，
適用を肯定する立場を明確にしました。すなわち，最判令 2・9・30 刑集 74・6・
669 は，次のような判断を示したのです[22]。

　「同時傷害の特例を定めた刑法 207 条は，二人以上が暴行を加えた事案において
は，生じた傷害の原因となった暴行を特定することが困難な場合が多いことなど
に鑑み，共犯関係が立証されない場合であっても，例外的に共犯の例によること
としている。同条の適用の前提として，検察官が，各暴行が当該傷害を生じさせ
得る危険性を有するものであること及び各暴行が外形的には共同実行に等しいと
評価できるような状況において行われたこと，すなわち，同一の機会に行われた
ものであることを証明した場合，各行為者は，自己の関与した暴行がその傷害を
生じさせていないことを立証しない限り，傷害についての責任を免れない（最高
裁平成 27 年（あ）第 703 号同 28 年 3 月 24 日第三小法廷決定・刑集 70 巻 3 号 1 頁参照）。

　刑法 207 条適用の前提となる上記の事実関係が証明された場合，更に途中から
行為者間に共謀が成立していた事実が認められるからといって，同条が適用でき
なくなるとする理由はなく，むしろ同条を適用しないとすれば，不合理であって，
共謀関係が認められないときとの均衡も失するというべきである。したがって，

---

[21] 本件が死の結果は発生しなかったが，第 2 暴行が急性硬膜下血腫を悪化させたことが明ら
かであるという場合であったならば 207 条は適用されるでしょうか？　この場合に 207 条を
適用しないのは不合理であるとする見方もありますが，この悪化を傷害だと考えるのであれ
ば，「その傷害を生じさせた者」は明らかになっているのですから，同条は適用されないと
する見方もありそうです。皆さんはどう考えるでしょうか？
[22] 和田俊憲・法教 484 号（2021 年）131 頁，小林憲太郎・令和 2 年度重判解 120 頁参照。

他の者が先行して被害者に暴行を加え，これと同一の機会に，後行者が途中から共謀加担したが，被害者の負った傷害が共謀成立後の暴行により生じたものとまでは認められない場合であっても，その傷害を生じさせた者を知ることができないときは，同条の適用により後行者は当該傷害についての責任を免れないと解するのが相当である。先行者に対し当該傷害についての責任を問い得ることは，同条の適用を妨げる事情とはならないというべきである。

　また，刑法 207 条は，二人以上で暴行を加えて人を傷害した事案において，その傷害を生じさせ得る危険性を有する暴行を加えた者に対して適用される規定であること等に鑑みれば，上記の場合に同条の適用により後行者に対して当該傷害についての責任を問い得るのは，後行者の加えた暴行が当該傷害を生じさせ得る危険性を有するものであるときに限られると解するのが相当である。後行者の加えた暴行に上記危険性がないときには，その危険性のある暴行を加えた先行者との共謀が認められるからといって，同条を適用することはできないというべきである。」

　学説では，207 条が例外規定であることに鑑み，その適用範囲の拡張には慎重であるべきだとして，先行者が傷害の罪責を負う場合には同条を適用すべきではないという見解[23] も有力ですが，最高裁はこの見解を退けたことになります[24]。

　更に，本判決は，「刑法 207 条は，二人以上で暴行を加えて人を傷害した事案において，その傷害を生じさせ得る危険性を有する暴行を加えた者に対して適用される規定であること等に鑑みれば，上記の場合に同条の適用により後行者に対して当該傷害についての責任を問い得るのは，後行者の加えた暴行が当該傷害を生じさせ得る危険性を有するものであるときに限られる」とし，本件では，「検察官において，先行者及び被告人の各暴行が当該傷害を生じさせ得る危険性を有するものであること並びに各暴行が同一の機会に行われたものであることを証明した場合，被告人は，自己の加えた暴行がその傷害を生じさせていないことを立証しない限り，先行者の加えた暴行と被告人の加えた暴行のいずれにより傷害が生じ

---

[23] 西田・各論 50 頁，高橋・各論 61 頁，松原・各論 65 頁など。
[24] 類似の問題は共犯関係の解消を肯定した場合にも生じます（共犯関係の解消を肯定しつつ 207 条の適用を認めた裁判例として，名古屋高判平 14・8・29 判時 1831・158。また，小林・各論 273 頁以下参照）。本判決の射程は，直接このケースに及ぶわけではありませんが，本判決の論理から見る限り，共犯関係の解消のケースであっても 207 条の適用は否定されないように思われます。

たのかを知ることができないという意味で、『その傷害を生じさせた者を知ることができないとき』に当たり、当該傷害についての責任を免れない」と判示しています[25]。これは、先行者による共謀の前後に渡る一連の暴行と後行者による共謀後の暴行との関係において、いずれの暴行が傷害を生じさせたのかが判明しない場合には 207 条が適用されるという考え方をしているように思われます。このような考え方は、結論において、共謀後の両者の暴行のうち傷害との因果関係が不明なものに関して共同正犯の成立を肯定することによる相互帰属の関係を否定し、それぞれ単独の行為としてみることによって 207 条の適用を可能にするものといえそうです[26]。このような解釈は「共同して実行した者でなくても」という文言との関係で疑義を生じ得るものと思われますが、それよりも共謀が全く認められない場合との均衡論を重視した判断であるといえるでしょう。

　最後に、本条は、強盗致傷、強制性交等致傷などには適用されないとするのが判例・通説であるということにも注意しておいてください[27]。

授業後の課題

　甲は、借金の返済を免れるため、債権者 A の殺害を企てた。甲は、A が飲むコーヒーの中に密かに猛毒を混入させたところ、A はそのことに気づかずコーヒーを飲み、毒の効果で意識を消失しやがて死亡した。A には身寄りの者がおらず、A が死亡すれば、A が甲に金員を貸し付けていた事実は誰も知ることがないという状況であるとして、甲の罪責について簡潔

---

[25] 問題となった事案では、第六肋骨骨折及び上口唇切創の傷害が、後行者の共謀加担前後のいずれの暴行によって生じたのか不明だったのですが、後行者の暴行は、前者の傷害を生じさせ得る危険性はあったものの、後者の傷害を生じさせ得る危険性はなかったとされ、前者の傷害については 207 条が適用されましたが、後者の傷害には 207 条は適用されませんでした。

[26] 従来の学説では、共謀成立前の単独暴行と共謀成立後の共同暴行との間には共同正犯の関係がないことを、同条が適用できる根拠として挙げていましたが、本判決はそれとは異なる考え方をとったように思われます。本判決の考え方によれば、後行者が共謀加担後に各行為者が行った暴行を合わせて考えたときにはじめて傷害を生じさせ得る危険性を観念し得るようなケース（例えば、逃げようとする被害者を後行者が羽交い絞めにして逃走を阻止したが故に、先行者の殴打行為が可能となったような場合）、後行者の共謀加担後に傷害を生じさせ得る暴行が行われたことは明らかであるがそれが先行者によるものか後行者によるものか判明しないケースでは同条を適用することはできないということになるでしょう。また、先行者が X 及び Y の 2 名で、後行者が Z の 1 名であるケースでは、X、Y 及び Z のそれぞれについてその暴行が単独で当該傷害を生じさせ得る危険性を有するものであることを立証しなければ同条を適用することはできないということになりそうです（小林・前掲重判解 121 頁参照）。

に論じなさい。

考え方

　毒物を飲ませる行為が「暴行」に当たるか，という点が問題になります。病原菌やウィルスを感染させる行為については，病毒を感染させる行為は物理力の行使であるから暴行に当たる（A説）[28]，相手の心理に働き掛けるもので物理力の作用が認められないから暴行ではない（B説）[29]，物理力の行使ではあるが相手方の同意があるから暴行ではない（C説）[30]といっ

---

[27] 東京地判昭 36・3・30 判時 264・35（強盗致傷罪について適用否定），仙台高判昭 33・3・13 高刑集 11・4・137（強姦［強制性交］致傷罪について適用否定）。もっとも，207 条を適用して強盗致傷罪や強制性交等致傷罪の成立を認めることはできないとしても，傷害罪の成立も認められないのかは議論の余地があると思われます。単なる暴行目的である場合には207 条が適用されて傷害罪の罪責を負うのに対し，強盗や強制性交の目的による暴行の場合には 207 条が適用されず傷害の点については罪責を負わないというのは不思議な感じがします（これらの場合には 207 条が類型的に予定する喧嘩闘争のような状態が認められないとして 207 条の適用を否定する見解として，松原・67 頁参照）。
　更に，一方の行為者が殺意を有していた場合も検討の余地がありそうです。この場合，同条の適用が否定される（藤木・各論 202 頁）と，殺意のある者は殺人未遂罪，殺意のない者は暴行罪の罪責を負うことになるでしょうが，誰も殺意を有していなかった場合との均衡には疑問が生じるかもしれません。そこで，仮にこの場合にも同条の適用を認めると，両者とも傷害罪の罪責を負い，殺意のある者についてのみ更に殺人未遂罪が成立するということになるでしょう。この帰結は，それほどおかしなものではないように思われます。それでは，更に被害者が死亡した場合には，どうなるでしょうか？この場合，両者が傷害致死罪の罪責を負うことはとりあえず了解できるとして，殺意ある者の罪責に関してはやや問題が生じそうです。殺意のある者と傷害の意思しかない者とが共同して被害者に暴行を加え，その結果被害者が死亡したというケースでは，傷害の意思しかない者の行為からその結果が発生した場合，あるいは，どちらの行為から結果が発生したのか不明である場合でも，殺意のある者には殺人既遂罪が成立するとされています（この帰結は，部分的犯罪共同説の論者によっても認められています。井田・総論 511 頁以下，高橋・総論 447 頁）。これを前提にすると，207 条は傷害致死罪にも適用され，同条が共同正犯関係を擬制するものだとすれば，死の結果についても一部実行全部責任の法理が働き客観的に各行為者への帰属が肯定され，殺意のある者については殺人既遂罪が成立するという結論に至るとも考えられそうです。しかし，そうすると両者に殺意がある場合には双方とも殺人既遂罪の罪責を負うということにもなりかねず行き過ぎの感があるでしょう（一方にのみ殺意がある場合には 207 条は適用されるが，双方に殺意がある場合には同条は適用されないとするのであれば，そのように区別する理由が必要です）。このように考えると，仮に殺意のある場合に 207 条の適用を肯定するとしても，それは殺人罪の成否に影響を及ぼさないという限定付きのものでなければならないと思います（殺意のない者についてのみ 207 条の適用を認めるものとして，植松正『再訂刑法概論 II 各論』［1975 年］259 頁以下）。いずれにせよ，実務では殺意のある場合について同条は適用されていませんので，試験の答案では単にその旨一言触れておくだけで全く問題ありませんが，余裕があったら頭の体操として考えてみてください。
[28] 大谷・各論 26 頁，曽根・各論 17 頁，西田・各論 45 頁。
[29] 中森・各論 14 頁。
[30] 平野・概説 168 頁，山中・各論 45 頁以下。

た見解が示されています[31]。化学的作用も物理力だといえるのであれば A 説で問題ないでしょうが，239 条は昏酔させる手段を別に規定していることとの関係で疑問も生ずるところです[32]。他方で，B 説，C 説によると，本問のような場合は暴行が認められないことになります。そうすると強盗罪は成立し得ないことになる[33]ので，結局強盗殺人罪も成立しません（殺人罪が成立するのみということになるでしょう）。なお，毒物の投与は暴行に当たらないと考えたとしても，その投与により意識作用に障害を生じさせるならば，その限度で昏酔強盗罪（239 条）の成立を認めることは可能ですが，その場合は客体が財物に限られるので，本問のようなケースでは同罪の成立可能性もありません[34]。

---

[31] 最判昭 27・6・6 刑集 6・6・795 は，性病であることを秘して性交し病毒を感染させた場合について，暴行によらない傷害であるとしています。

[32] 239 条は昏睡の惹起自体は暴行に当たらないことを前提とした規定であるとするものとして，高橋・各論 51 頁，山口・各論 46 頁。これに対して，佐伯先生は，239 条は催眠術のように暴行と解することができない手段によって昏睡させた場合の他は，注意規定であるとされます（佐伯・法教 358 号 122 頁）。

[33] 西田先生はこの結論を不当だとされるのに対し（西田・各論 45 頁），中森先生は被害者を抵抗不能にする場合のすべてを強盗とすることはできないから根拠に乏しいと応じられています（中森・各論 14 頁）。

[34] 井田・各論 62 頁。

▸第**18**回◂

住居侵入罪・業務妨害罪

基本事項の確認

□住居侵入罪の保護法益について確認しなさい

□公務に対する業務妨害罪の成否について，どのような考え方があるか確認しなさい

課題判例33

建造物侵入，業務妨害被告事件

最高裁判所第一小法廷平成 18 年（あ）第 2664 号

平成 19 年 7 月 2 日決定

主　　文

本件上告を棄却する。

当審における未決勾留日数中 90 日を本刑に算入する。

理　　由

弁護人 Y の上告趣意は，違憲をいう点を含め，実質は単なる法令違反，事実誤認，量刑不当の主張であって，刑訴法 405 条の上告理由に当たらない。

所論にかんがみ，職権で判断する。

1　原判決及びその是認する第 1 審判決の認定並びに記録によれば，本件の事実関係は，次のとおりである。

(1)　被告人は，共犯者らと，本件銀行の現金自動預払機を利用する客のカードの暗証番号，名義人氏名，口座番号等を盗撮するため，現金自動預払機が複数台設置されており，行員が常駐しない同銀行支店出張所（看守者は支店長）に営業中に立ち入り，うち 1 台の現金自動預払機を相当時間にわたって占拠し続けることを共謀した。

(2)　共謀の内容は，次のようなものであった。

ア　同銀行の現金自動預払機には，正面に広告用カードを入れておくための紙箱（以下「広告用カードホルダー」という。）が設置されていたところ，これに入れる広告用カー

ドの束に似せたビデオカメラで現金自動預払機利用客のカードの暗証番号等を盗撮する。盗撮された映像は，受信機に無線で送られ，それが更に受像機に送られて記録される。

イ　被告人らは，盗撮用ビデオカメラと受信機及び受像機の入った紙袋を持って，目標の出張所に立ち入り，1 台の現金自動預払機の前に行き，広告用カードホルダーに入っている広告用カードを取り出し，同ホルダーに盗撮用ビデオカメラを設置する。そして，その隣の現金自動預払機の前の床に受信機等の入った紙袋を置く。盗撮用ビデオカメラを設置した現金自動預払機の前からは離れ，隣の受信機等の入った紙袋を置いた現金自動預払機の前に，交替で立ち続けて，これを占拠し続ける。このように隣の現金自動預払機を占拠し続けるのは，受信機等の入った紙袋が置いてあるのを不審に思われないようにするためと，盗撮用ビデオカメラを設置した現金自動預払機に客を誘導するためである。その間，被告人らは，入出金や振込等を行う一般の利用客のように装い，受信機等の入った紙袋を置いた現金自動預払機で適当な操作を繰り返すなどする。

ウ　相当時間経過後，被告人らは，再び盗撮用ビデオカメラを設置した現金自動預払機の前に行き，盗撮用ビデオカメラを回収し，受信機等の入った紙袋も持って，出張所を出る。

(3)　被告人らは，前記共謀に基づき，前記盗撮目的で，平成 17 年 9 月 5 日午後 0 時 9 分ころ，現金自動預払機が 6 台設置されており，行員が常駐しない同銀行支店出張所に営業中に立ち入り，1 台の現金自動預払機の広告用カードホルダーに盗撮用ビデオカメラを設置し，その隣の現金自動預払機の前の床に受信機等の入った紙袋を置き，そのころから同日午後 1 時 47 分ころまでの 1 時間 30 分間以上，適宜交替しつつ，同現金自動預払機の前に立ってこれを占拠し続け，その間，入出金や振込等を行う一般の利用客のように装い，同現金自動預払機で適当な操作を繰り返すなどした。また，被告人らは，前記共謀に基づき，翌 6 日にも，現金自動預払機が 2 台設置されており，行員が常駐しない同銀行支店の別の出張所で，午後 3 時 57 分ころから午後 5 時 47 分ころまでの約 1 時間 50 分間にわたって，同様の行為に及んだ。なお，被告人らがそれぞれの銀行支店出張所で上記の行為に及んでいた間には，被告人ら以外に他に客がいない時もあった。

2　以上の事実関係によれば，被告人らは，現金自動預払機利用客のカードの暗証番号等を盗撮する目的で，現金自動預払機が設置された銀行支店出張所に営業中に立ち入ったものであり，そのような立入りが同所の管理権者である銀行支店長の意思に反するものであることは明らかであるから，その立入りの外観が一般の現金自動預払機利用客のそれと特に異なるものでなくても，建造物侵入罪が成立するものというべきである。

　また，被告人らは，盗撮用ビデオカメラを設置した現金自動預払機の隣に位置する現金自動預払機の前の床にビデオカメラが盗撮した映像を受信する受信機等の入った紙袋が置いてあるのを不審に思われないようにするとともに，盗撮用ビデオカメラを設置した現金自動預払機に客を誘導する意図であるのに，その情を秘し，あたかも入出金や振

込等を行う一般の利用客のように装い，適当な操作を繰り返しながら，1時間30分間以上，あるいは約1時間50分間にわたって，受信機等の入った紙袋を置いた現金自動預払機を占拠し続け，他の客が利用できないようにしたものであって，その行為は，偽計を用いて銀行が同現金自動預払機を客の利用に供して入出金や振込等をさせる業務を妨害するものとして，偽計業務妨害罪に当たるというべきである。

以上と同旨の原判断は相当である。

よって，刑訴法414条，386条1項3号，刑法21条により，裁判官全員一致の意見で，主文のとおり決定する。

（裁判長裁判官　才口千晴　裁判官　横尾和子　裁判官　甲斐中辰夫　裁判官　泉徳治）

チェック

□本決定は住居侵入罪における侵入の意義についてどのような考え方をしているか？

□本決定の考え方によれば，万引き目的でデパートに立ち入った場合は，どのように解されることになるか？

課題判例34

業務妨害被告事件
東京高等裁判所平成20年（う）第2747号
平成21年3月12日第2刑事部判決

　　　　　　　主　　　文

本件控訴を棄却する。

　　　　　　　理　　　由

本件控訴の趣意は，弁護人A作成の控訴趣意書に記載されたとおりである（なお，弁護人は量刑不当の主張はしないと釈明した。）から，これを引用する。

論旨は，法令適用の誤りの主張であり，原判決は，被告人が，平成20年7月26日，茨城県a郡b町の自宅において，同所に設置されたパーソナルコンピューターを操作して，そのような意図がないにもかかわらず，インターネット掲示板に，同日から1週間以内に東日本旅客鉄道株式会社土浦駅において無差別殺人を実行する旨の虚構の殺人事件の実行を予告し，これを不特定多数の者に閲覧させ，同掲示板を閲覧した者からの通報を介して，同県警察本部の担当者らをして，同県内において勤務中の同県土浦警察署職員らに対し，その旨伝達させ，同月27日午前7時ころから同月28日午後7時ころまでの間，同伝達を受理した同署職員8名をして，上記土浦駅構内及びその周辺等への出

動，警戒等の徒労の業務に従事させ，その間，同人らをして，被告人の予告さえ存在しなければ遂行されたはずの警ら，立番業務その他の業務の遂行を困難ならしめ，もって偽計を用いて人の業務を妨害した，との事実を認定し，業務妨害罪（刑法 233 条）が成立するとしているが，本件において妨害の対象となった警察官らの職務は「強制力を行使する権力的公務」であるから，同罪にいう「業務」に該当せず，同罪は成立しないから，原判決には法令適用の誤りがある，というのである。

　そこで，検討すると，上記警察官らの職務が業務妨害罪（刑法 234 条の罪をも含めて，以下「本罪」という。）にいう「業務」に該当するとした原判決の法令解釈は正当であり，原判決が「弁護人の主張に対する判断」の項で説示するところもおおむね正当として是認することができる。

　すなわち，最近の最高裁判例において，「強制力を行使する権力的公務」が本罪にいう業務に当たらないとされているのは，暴行・脅迫に至らない程度の威力や偽計による妨害行為は強制力によって排除し得るからなのである。本件のように，警察に対して犯罪予告の虚偽通報がなされた場合（インターネット掲示板を通じての間接的通報も直接的 110 番通報と同視できる。），警察においては，直ちにその虚偽であることを看破できない限りは，これに対応する徒労の出動・警戒を余儀なくさせられるのであり，その結果として，虚偽通報さえなければ遂行されたはずの本来の警察の公務（業務）が妨害される（遂行が困難ならしめられる）のである。妨害された本来の警察の公務の中に，仮に逮捕状による逮捕等の強制力を付与された権力的公務が含まれていたとしても，その強制力は，本件のような虚偽通報による妨害行為に対して行使し得る段階にはなく，このような妨害行為を排除する働きを有しないのである。したがって，本件において，妨害された警察の公務（業務）は，強制力を付与された権力的なものを含めて，その全体が，本罪による保護の対象になると解するのが相当である（最高裁昭和 62 年 3 月 12 日第一小法廷決定・刑集 41 巻 2 号 140 頁も，妨害の対象となった職務は，「なんら被告人らに対して強制力を行使する権力的公務ではないのであるから，」威力業務妨害罪にいう「業務」に当たる旨判示しており，上記のような解釈が当然の前提にされているものと思われる。）。

　所論は，〔1〕警察官の職務は一般的に強制力を行使するものであるから，本罪にいう「業務」に当たらず，〔2〕被告人の行為は軽犯罪法 1 条 31 号の「悪戯など」に該当するにとどまるものである，というようである。

　しかし，〔1〕については，警察官の職務に一般的に強制力を行使するものが含まれるとしても，本件のような妨害との関係では，その強制力によってこれを排除できず，本罪による保護が必要であることは上述したとおりであって，警察官の職務に上記のようなものが含まれているからといって，これを除外した警察官の職務のみが本罪による保護の対象になると解するのは相当ではない。なお，所論の引用する最高裁昭和 26 年 7 月 18 日大法廷判決・刑集 5 巻 8 号 1491 頁は本件と事案を異にするものである。

〔2〕については，軽犯罪法1条31号は刑法233条，234条及び95条（本罪及び公務執行妨害罪）の補充規定であり，軽犯罪法1条31号違反の罪が成立し得るのは，本罪等が成立しないような違法性の程度の低い場合に限られると解される。これを本件についてみると，被告人は，不特定多数の者が閲覧するインターネット上の掲示板に無差別殺人という重大な犯罪を実行する趣旨と解される書き込みをしたものであること，このように重大な犯罪の予告である以上，それが警察に通報され，警察が相応の対応を余儀なくされることが予見できることなどに照らして，被告人の本件行為は，その違法性が高く，「悪戯など」ではなく「偽計」による本罪に該当するものと解される。

その余の所論を検討しても，原判決に法令適用の誤りはなく，論旨は理由がない。

よって，刑訴法396条により本件控訴を棄却し，当審における訴訟費用の処理につき同法181条1項ただし書を適用して，主文のとおり判決する。

（裁判長裁判官　安廣文夫　裁判官　小森田恵樹　裁判官　地引広）

> ### チェック
> □本決定は何を妨害された公務（業務）と理解しているか？
> □本決定の考え方は，「強制力を行使する権力的公務」か否かによって業務妨害罪の成否を区別する考え方と異なるか？
> □強制力を行使する公務であっても，妨害の手段が偽計である場合には，業務妨害罪が成立しうるとする考え方は妥当か？

授　業

今回のテーマは「住居侵入罪・業務妨害罪」です。

まず，住居侵入罪の保護法益から検討していきましょう。

住居侵入罪の保護法益
1　旧住居権説…法的な住居権である
2　新住居権説…住居に他人の立入りを認めるか否かを決定する自由ないしは住居を管理支配する自由である
3　平穏説…住居の事実上の平穏である
4　多元説…個人の住居については立入り許諾の自由，公共営造物については平穏な業務の遂行である

かつて判例は，住居侵入罪の保護法益を法的な住居権と解していましたが（旧住居権説），封建的な家父長の権利と結びつくものであったため，戦後，家父長制

が否定されるとこれを維持することはできなくなりました。その後は，住居の事実上の平穏が保護法益であるとする「平穏説」が有力となっていきます（最決昭49・5・31 裁判集刑 192・571，最判昭 51・3・4 刑集 30・2・79）。しかし，平穏説に対しては，住居の平穏概念は不明確である，法益の主体が曖昧であり住居侵入罪を個人的法益に対する罪と解することと調和しないといった批判が加えられていました[1]。学説では，住居侵入罪の保護法益を，住居に他人の立入りを認めるか否かを決定する自由ないしは住居を管理支配する自由であるとする「新住居権説」の立場が徐々に有力になっていきます。そのような状況の中で，「刑法 130 条前段にいう『侵入シ』とは，他人の看守する建造物等に管理権者の意思に反して立ち入ることをいうと解すべきである」とする判例（最判昭 58・4・8 刑集 37・3・215）が出現するに及び，判例も新住居権説に立つとの理解が一般になされるようになりました。とりあえず，皆さんも，当面はそのように理解しておかれてよいかと思います。ただ，判例の考え方が新住居権説の立場で純化されているのか（平穏説的な考え方は考慮されていないのか）というと，それは疑問です。管理権の侵害だけでなく私生活の平穏侵害にも明示的に言及する判例[2]があることなどをどのように評価するかは，判断の難しいところでしょう。また，住居侵入罪の罪数は，住居権者・管理権者の数ではなく，客体の数で決定されるところにも，単純に新住居権説では割り切れないところがある[3]ように思われます[4]。

---

[1] （規定の位置にもかかわらず）住居侵入罪を個人的法益に対する罪とするのは，今日の刑法学における常識なので，学修段階では，そのような理解を前提とするべきですが，本当に個人的法益に対する罪に尽きるのかは，考えてみるべき価値のある問題だと思われます（なお，佐伯・法教 362 号 100 頁は，居住者死亡後の住居への立入りの問題に関連して，住居侵入罪に社会的法益に対する罪としての性格を認める可能性を示唆されています）。ちなみに，ドイツでは，住居侵入罪 Hausfriedensbruch が，公的な秩序に対する罪 Straftaten gegen die öffentliche Ordnug の章に規定されており，騒乱罪 Landfriedensbruch と並んで規定されています。ドイツでも，住居侵入罪の保護法益は，公的な秩序ではなく住居権 Hausrecht という個人的法益だと理解されていますが，このような規定ぶりには興味深いものがあるといえるでしょう。

[2] 最判平 20・4・11 刑集 62・5・1217，最判平 21・11・30 刑集 63・9・1765。いずれも憲法 21 条 1 項との関係を論ずるところで，管理権侵害に加えて，私生活の平穏の侵害に言及しています。

[3] 井田・各論 163 頁。

[4] なお，学説では，住居の場合には他人の立入りについての許容の自由が保護法益であり，公共営造物などについては業務遂行が乱されることのない平穏な状態が保護法益であるとする多元説も主張されています（関哲夫『住居侵入罪の研究』［1995 年］315 頁以下）。

このような保護法益に関する考え方の違いは,「侵入」の意義に関する見解の相違となって表れてきます。

侵入の意義

1　見解
A説：住居権者・管理権者の意思に反する立入りをいう（意思侵害説）
B説：住居の平穏を害する態様での立入りをいう（平穏侵害説）
2　問題となる場合
・住居権者が複数いる場合の一部の者の同意と住居侵入罪の成否
・住居権者の承諾が錯誤に基づく場合の住居侵入罪の成否
・一般に公開されている建造物への違法目的での立入りと建造物侵入罪の成否

　新住居権説によれば，侵入とは住居権者・管理権者の意思に反する立入りをいうということになります（意思侵害説。前掲最判昭58・4・8）。これに対して，平穏説によれば，侵入とは住居の平穏を害する態様での立入りをいうということになるでしょう（平穏侵害説）。なお，平穏説に立ちながら侵入の意義について意思侵害説を採用する見解も主張されています[5]。住居の平穏の侵害と住居権者・管理権者の意思の侵害とは，ほとんどの場合において競合すると思われますので，平穏説に立ちつつ意思侵害説を採用することにも理由がないわけではないと思いますが[6]，平穏侵害と意思侵害が完全に重なり合うと考えない限り（特に，住居権者・管理権者の意思には反するが平穏は侵害しない態様での立入りというものの存在を肯定する限り）[7]，やはり平穏説に立つのであれば平穏侵害説に至るのが筋でしょう。

　課題判例33（最決平19・7・2刑集61・5・379）は，「被告人らは，現金自動預払機利用客のカードの暗証番号等を盗撮する目的で，現金自動預払機が設置された銀

---

[5] 大塚・各論111頁，116頁。
[6] 山口先生は，平穏説から意思侵害説が主張されるのは，「平穏」の内容として，誰の立入りを認めるかという許諾権的利益が考慮されているからであるとの見方を示されています（山口・各論123頁）。
[7] 平穏侵害と管理権者の意思に反する立入りとの関係については，前掲・各論（第5版）171頁以下参照。ところで，前田先生の教科書は総論も各論も第6版では非常にスリムなものになりました。学生にとって必要なミニマムの情報を提供するという観点からすれば，情報の取捨選択はとても重要なことだと思います。ただ，個人的には，前田先生の思考の流れを追いやすかった以前の版にも捨てがたい魅力を感じています。

行支店出張所に営業中に立ち入ったものであり，①そのような立入りが同所の管理権者である銀行支店長の意思に反するものであることは明らかであるから，②その立入りの外観が一般の現金自動預払機利用客のそれと特に異なるものでなくても，建造物侵入罪が成立するものというべきである」と判示しています。①が意思侵害説に親和性のある表現であることは明らかであり，他方，②は外観において異常性がない場合でも侵入に当たるとするものですから平穏侵害説ではやや説明しにくいところがあるでしょう。この事案は違法目的での施設内への立入りについて建造物侵入罪の成立を認めたものですが，従来，このようなケースで130条の罪の成立を認めることは，それほど多くはなかったように思われます。しかし，最近では，このようなケースで建造物侵入罪の成立を認める事例も珍しくはありません。例えば，パチスロの不正遊戯目的でパチンコ店に立ち入る行為について建造物侵入罪の成立を肯定する判例があります（最決平19・4・13刑集61・3・340，最決平21・6・29刑集63・5・461）。

　かつては，万引き目的でのデパートへの立入りが侵入に当たるかといったことが問題とされ，意思侵害説だとこれも侵入に当たることになって不当である，というような議論が結構なされていたのですが，そのような議論を念頭に置くと，近時の判例においては，意外なほどあっさりと建造物侵入罪の成立が認められているような印象を受けます。これは推測の域を出ませんが，違法目的を秘しての施設内への立入りについて，これまで130条の罪の成立が認められていなかったのは，そもそもそのような行為が起訴されていなかったからかもしれません。理論的には130条の罪が成立し得るけれども，立ち入った後で行った犯罪について起訴すれば足り，立入りの点は起訴価値がないという判断が多くの場合になされていたのではないでしょうか。そうすると，理論的には十分130条の罪が成立し得るのですから，起訴されれば有罪となるケースが出てきてもおかしくはないということになるでしょう。しかし，仮にそうだとすると，どのような場合に起訴するのかについて何らかの基準があるのだろうかということが気になりますが，はっきりとした基準のようなものは読み取れないように思われます。例えば，社会問題となっている特殊詐欺のケースでは，欺罔のために他者の住居内に立ち入っていても住居侵入罪で起訴されているわけではないようですし，いわゆる出し子が引き出しのためにATM設置スペースに立ち入る行為も建造物侵入罪で起訴されているケースはほとんど見当たらないようです。このあたりの線引きがど

のようにして行われているのかは興味のあるところですが，130条の罪は他罪の予備罪的な性格も併有している場合が少なくないため，運用次第ではかなり広範囲の行為を処罰することが可能になる点には十分に留意する必要があると思います。

　以下では，理論的に侵入に当たるかどうかが議論されている問題をいくつか紹介しておきましょう。

　まず，住居権者が複数いて一部の者が同意している場合の住居侵入罪の成否が問題となります。例えば，夫の不在中に不倫目的で妻の同意を得て住居に立ち入ったというようなケースがこれです。この問題については，住居の平穏を害する態様での立入りではないから住居侵入罪は成立しない（A説）[8]，住居権者全員の承諾が必要であるから住居侵入罪が成立する（B説）[9]，住居権者のうちの一人の承諾があれば足りるから住居侵入罪は成立しない（C説）[10]，現在者の意思が不在者の意思に優先するから住居侵入罪は成立しない（D説）[11] といった見解が主張されています。これは，特に意思侵害説にとって難しい問題を提起するものだといえるでしょう。B説は一つの徹底した立場ですが，その結論の具体的妥当性には疑問をもつ者が少なくありません。直感的には，D説にもっともらしさがあるように思われますが，なぜ現在者の意思の方が優先するのかは必ずしも自明のことではありません。D説は，住居権は事実上の支配・管理を意味するという点を強調することによって現在者の意思の方が優先することを正当化しようとしますが，不在の時こそ，他者の勝手な立入りを阻止することに意味があるのではないかとも思われます。なお，C説とD説とでは，現在する住居者が複数いる場合，C説によれば一人の承諾があれば住居侵入罪は成立しませんが，D説によれば現在者全員の承諾がなければ住居侵入罪が成立するという点で違いが生ずることになるでしょう。そうだとするとD説は，現在者が複数いる場合にはB説と同様ということになるので，B説を支持できなければC説が残るということになりそうです。C説は，住居権者が複数いる場合，一方の住居権者が他方の住居権者の意思に反して住居に立ち入っても住居侵入罪は成立しないことから，住居権は他の住

[8] 尼崎簡判昭43・2・29下刑集10・2・211。
[9] 大塚・各論118頁以下。
[10] 山口・各論124頁以下。
[11] 西田・各論113頁。

居権によって制限されるということを論拠としています[12]。このあたりが落とし
どころのような気もしますが，皆さんはどう考えるでしょうか？

　次に，住居権者の承諾が錯誤に基づく場合の住居侵入罪の成否が問題になりま
す。例えば，強盗目的を秘して家人の同意を得て住居に立ち入ったような場合が
これです。判例では，強盗殺人の目的で，顧客と信じさせて被害者の店舗に入っ
た行為について，住居侵入罪の成立を認めたものがあります（最判昭 23・5・20 刑
集 2・5・489）。この問題に関しては，贈賄目的のような場合は平穏を害する態様の
立入りではないが，強盗目的のような場合は平穏を害する態様の立入りなので住
居侵入罪が成立する（A 説）[13]，同意は任意かつ真意に出たものでなければならな
いから，欺罔による承諾は無効であり，住居侵入罪が成立する（B 説）[14]，住居に
立ち入ること自体については承諾しているから，その承諾は有効であり，住居侵
入罪は成立しない（C 説）[15] などが主張されています。A 説は平穏侵害説に立つも
のですが，立入り後に何をするつもりであったのかにより，その予定されている
行為の粗暴性のようなものを考慮して立入り行為自体の平穏侵害の有無を判断す
ることに説得力があるかはやや疑問も残るところです。B 説と C 説は意思侵害説
に立つものですが，両説の違いは，同意の対象をどこに求めるかという点にある
といえるでしょう。B 説は，立ち入ることだけではなく，どのような目的で立ち
入るのかという点も同意の対象だと考えるのに対し，C 説は立ち入ること自体が
同意の対象だと考えるのです（C 説は，いわゆる法益関係的錯誤説を採ることになりま
す）。C 説のように考えるのは割り切りすぎではないかと思いますが[16]，他方で，
B 説だと住居権者が望まない場合であれば全て 130 条の罪が成立することになり
かねず，同罪の成立範囲が著しく拡大してしまうのではないかという懸念がある
でしょう。

---

[12] 佐伯・法教 362 号 101 頁。もっとも，立入り先が（他者と共同生活をしているとしても）
自己の住居なのであれば，一方の住居権者自身が他方の住居権者の意思に反して住居に立ち
入る場合には，「侵入」以前に，そもそも客体が「人の住居」に当たらないとして住居侵入
罪の成立を否定する解釈もあり得るかもしれません。このように考えた場合には，一方の住
居権者自身が他方の住居権者の意思に反して住居に立ち入る場合と一方の住居権者のみの
承諾を得て他者が住居に立ち入る場合とでは，事案が異なる（住居権が他の住居権によって
制限されるとしても，前者と後者とでは，その制限の程度・内容が異なる）と考える余地も
あるように思われます。
[13] 日高・各論 161 頁以下など。
[14] 大谷・各論 144 頁以下など。
[15] 西田・各論 114 頁，曽根・各論 81 頁，堀内・各論 77 頁，山口・各論 126 頁など。

46

　最後に，一般に公開されている建造物に違法目的で立ち入る行為と建造物侵入罪の成否も，よく問われる問題です。例えば，デパートに万引き目的で立ち入った場合がこれです。この問題に関しては，平穏を害する態様の立入りではないから住居侵入罪は成立しない（A説）[17]，管理権者の事前の包括的承諾の範囲内にあるから住居侵入罪は成立しない（B説）[18]，管理権者の有効な推定的承諾（推定的許諾）があったと認められるから住居侵入罪は成立しない（C説）[19]などが主張されています。B説とC説は結論において違いはありませんが，C説は，目的が外観から明らかでない場合は現場で立入りの許否を判断したとしても立入りを許容するであろうと考えられるので，法益関係的錯誤説の観点から建造物に立ち入ることについての推定的承諾が認められるという理論構成をする点に特色があります[20]。デパートに万引き目的で立ち入った場合に，それだけで建造物侵入罪が成立するとすることは，感覚的に少し行き過ぎではないかという感じはするのですが，それを理論的に説明しようとするとかなり難しいというのが正直なところです[21]。立入り後に違法目的が生じた場合は不退去罪の問題になりますが，その場合には退去要求を受けなければ不退去罪は成立しないので，違法目的が顕在化した限りで処罰対象に取り込むということになるでしょう。これと比較するなら

---

[16] もっとも，住居侵入罪の保護法益の内実をどのように考えるかによって，法益関係的錯誤の範囲は変わることになります（なお，橋爪・法教447号100頁以下参照）。和田先生は，形式的許諾権（立入り自体に対する許諾の自由）だけでなく，特定人・特定の客観的属性人に対する立入り許諾の自由も保護法益に含まれるとされ，夫と見間違えた妻の錯誤に乗じて住居に立ち入る行為，偽の会員証を呈示して会員制ラウンジに立ち入る行為，女装して女湯に立ち入る行為は侵入に該当すると主張されています（和田俊憲「住居侵入罪」法教287号［2004年］60頁）。また，塩見先生は，住居空間の形成に対する居住者の意思に法益性を承認する住居権説のもとでは，行為者の立入目的についての錯誤は法益関係的錯誤に当たると述べることもできるとされます（塩見・道しるべ161頁）。
[17] 藤木・各論234頁。また，必ずしも明瞭ではありませんが，前田・各論118頁も，このような見解に位置づけられると思います。
[18] 西田・各論114頁など。
[19] 山口・各論125頁。
[20] 山口・各論126頁。
[21] 理論的には万引き目的でデパートに立ち入った場合でも建造物侵入罪は成立し得ると考えたとしても，立入りの時点でそのような目的を有していたことの立証は困難である場合が多いから，実際上は処罰範囲が著しく拡大するわけではないという見方もあるかもしれません。しかし，理論的には何の限定もなく建造物侵入罪が成立し得るとしてあとは運用に委ねるというやり方は，捜査活動や立証活動のあり方次第で訴追される行為の範囲が変わってくる可能性もあり安定した法運用という観点からすると好ましくないように思われます。

ば，立入りの段階で違法目的が顕在化する可能性がどれくらいあったのかを問い，それが顕在化する可能性がほとんど考えられないような場合には立入りを許容していると考えて建造物侵入罪の成立を否定することが考えられるのではないか（これは結論的にはC説に近いものになるでしょう）と思ったりしていますが，テロ目的のような場合は立入り段階で目的が顕在化する可能性を問うことなく建造物侵入罪の成立を肯定するべきであるようにも思われます。仮に後者のような場合には建造物侵入罪の成立を肯定するというのであれば，計画されている犯罪が重大であるためにその予備行為も十分な当罰性を有していると考え，そのような重大犯罪を行う目的での立入りを一種の予備行為ととらえて建造物侵入罪の成立を認めるというような見方もあり得るかもしれません[22]。いずれにせよ，試論の域を出ませんので，皆さんも各自考えてみてください。

　次に，業務妨害罪に移りましょう。ここでは，よく問題とされる公務と業務の関係を取り上げたいと思います。

公務と業務の関係

A説：公務も全面的に業務に含まれる（無限定積極説）
B説：公務は業務に含まれない（消極説）
C説：公務員の行う公務は業務には含まれないが，非公務員が行う公務は業務に含まれる（身分振分け説）
D説：一定の基準（現業性，民間類似性，権力性）によって公務を区分し，一方を専ら業務妨害罪の対象とし，他方を専ら公務執行妨害罪の対象とする（公務振分け説）
E説：一定の基準（権力性など）により公務を区分し，その一方のみを業務妨害罪の対象として，併せて公務執行妨害罪の対象ともする（限定積極説）
F説：基本的には限定積極説が妥当であるが，偽計業務妨害罪については無限定積極説を採るべきである（修正積極説）

　公務の執行を暴行・脅迫によって妨害した場合には公務執行妨害罪（95条）が成立しますが，これ以外に，公務を「虚偽の風説の流布」「偽計」「威力」「電子計

---

[22] 住居権者の意思侵害があれば直ちに「侵入」を認めるというのでは行き過ぎであるとすれば，「侵入」＝「意思侵害＋α」と考えなければなりませんが，この「＋α」が何であるのかが難問です。個人的には，住居侵入罪の実行行為としての「侵入」の社会的意味を考える必要があると思うのですが，抽象的な思考にとどまり，具体的な基準を示すことができずにいます。

算機の損壊等」によって妨害した場合に，公務も業務に含まれるとして業務妨害罪の成立を認めることができるでしょうか？　この問題については，様々な見解が主張されています[23]。公務も全面的に業務に含まれるとする「無限定積極説」，公務は業務に含まれないとする「消極説」，公務員の行う公務は業務には含まれないが，非公務員が行う公務は業務に含まれるとする「身分振分け説」，一定の基準（現業性，民間類似性，権力性）によって公務を区分し，一方を専ら業務妨害罪の対象とし，他方を専ら公務執行妨害罪の対象とする「公務振分け説」，一定の基準（権力性など）により公務を区分し，その一方のみを業務妨害罪の対象として，併せて公務執行妨害罪の対象ともする「限定積極説」，基本的には限定積極説が妥当であるが，偽計業務妨害罪については無限定積極説を採るべきであるとする「修正積極説」がそれです。公務が公務であるというだけで一般の業務と同程度の保護が受けられなくなるのは妥当とは言い難いでしょうから，消極説と身分振分け説には結論の具体的妥当性の点で問題があると思われます。公務振分け説は，その点への配慮が見られますが，公務と業務を区別する基準をどこに設定するかによって，保護される公務の範囲に広狭が生ずる可能性があり（例えば民間類似性を基準とすると議会の議事は業務に含まれないことになりますが，その妥当性には疑問の余地があるでしょう），また，公務であるのに公務執行妨害罪の保護が受けられない場合が生ずることにも疑問が残ります。他方で，妨害を排除する強制力を行使する権力的公務については業務妨害罪による保護を必要としないと考えることにはもっともな理由があると思われますから，無限定積極説よりは限定積極説の方に合理性があるといえるでしょう。以上のようなことから，従来は，限定積極説が判例・通説であるといわれてきました。

　さて，ここで，課題判例34（東京高判平21・3・12高刑集62・1・21）を見てみましょう。本判決は，「本件のように，警察に対して犯罪予告の虚偽通報がなされた場合……，警察においては，直ちにその虚偽であることを看破できない限りは，これに対応する徒労の出動・警戒を余儀なくさせられるのであり，その結果として，虚偽通報さえなければ遂行されたはずの本来の警察の公務（業務）が妨害される（遂行が困難ならしめられる）のである。妨害された本来の警察の公務の中に，仮に逮捕状による逮捕等の強制力を付与された権力的公務が含まれていたとして

---

[23] 学説の分類については，高橋・各論196頁以下参照。

も，その強制力は，本件のような虚偽通報による妨害行為に対して行使し得る段階にはなく，このような妨害行為を排除する働きを有しないのである。したがって，本件において，妨害された警察の公務（業務）は，強制力を付与された権力的なものを含めて，その全体が，本罪による保護の対象になる」と判示しています。この判例の理解には 2 通りのものがあり得ると思われます。

　1 つは，限定積極説を採用した上で，「強制力を行使する権力的公務」であっても「強制力を行使する段階にない権力的公務」は業務妨害罪による保護の対象となる，との判断を示したものだとする理解です。これは，限定積極説が業務妨害罪の対象から除外している「強制力を行使する権力的公務」を「現に強制力を行使するか，行使し得る局面における権力的公務」に限定し，「強制力を付与されていても，これを行使し得る局面には至っていない権力的公務」はこれに含まれない，と解釈するものだといえるでしょう[24]。もう 1 つの理解は，強制力は偽計に対しては無力であるから強制力を行使する権力的公務であっても偽計業務妨害罪は成立するという修正積極説を採用したものだとするものです。前者の解釈の方が本筋かと思われますが，本判決は修正積極説を否定しているとまではいえないでしょう[25]。どちらの理解に立ってもきちんと説明できれば大丈夫だと思います。もっとも，修正積極説に立つ場合には，限定積極説では対応できないことを示す必要があるでしょうし，手段が偽計と威力とで業務概念が変わるというのは問題ではないかとか，偽計と威力の区別は明確ではないといった批判にも留意する必要があります。

　最後に，公務についても業務妨害罪の成立を認めた場合の問題点をいくつか挙げておきましょう。

---

[24] 本判決に関わられた安廣先生は，本判決は「限定積極説をその実質的根拠に即して合理的に解釈・運用するものである」とされています（安廣文夫「8 お仕事の邪魔・嫌がらせアラカルト」只木誠編著『刑法演習ノート―刑法を楽しむ 21 問〔第 2 版〕』[2017 年] 132 頁）。
[25] 安廣先生も，本判決は「修正積極説に親近性をもつものであるとする評価もありえよう」とされています（安廣・前掲 133 頁）。

公務執行妨害罪と業務妨害罪の関係

①公務についても業務妨害罪が成立すると解した場合，そのような
　公務を暴行・脅迫で妨害した場合に公務執行妨害罪は成立する
　か？
A 説：公務執行妨害罪は成立しない（業務妨害罪となる）
B 説：公務執行妨害罪が成立する（判例）
⇒現在では公務執行妨害罪にも罰金刑が設けられており，両罪の違
　いは公務執行妨害罪には禁錮刑が法定されているという点だけと
　なったため，両説の対立は実際上の重要性を失っている。
②両罪の競合を認めた場合の罪数関係
A 説：法条競合である（公務執行妨害罪のみが成立する）
B 説：観念的競合である

　業務妨害罪の場合には，私人の業務は必ずしも適法であることを要しない（刑法的保護に値すれば足りる）とされていますが，公務についてはどのように解するべきでしょうか？　公務執行妨害罪では，公務の適法性が要件となっているので，違法な公務については公務執行妨害罪は成立しませんが，そのように公務執行妨害罪の対象とはならないとされる公務が，暴行・脅迫よりも弱い手段である威力や偽計に対しては保護されるというのは不均衡でしょう。また，公務の方が民間の業務よりも法律の手続に従うことがより厳格に要求されると考えることには合理的な理由がありそうです。従って，公務執行妨害罪の対象とならない公務については，業務妨害罪の対象ともならないと解するのが妥当でしょう。

　公務についても業務妨害罪が成立すると解した場合，そのような公務を暴行・脅迫で妨害した場合には公務執行妨害罪が成立するとするのが判例です。公務についてのみ公務執行妨害罪と業務妨害罪の二重の保護を与える必要はないという批判もありますが，公務は公共の福祉を目的とするものであるから民間の業務よりも手厚く保護されることには合理性があると考えることもできるでしょう[26]。もっとも，現在では公務執行妨害罪にも罰金刑が設けられており，業務妨害罪にするか公務執行妨害罪にするかの違いは後者に禁錮刑が法定されているという点だけになりましたので，この点の見解の対立は実際上の重要性を失っているといえるでしょう。なお，両罪が競合することを認めた場合，その罪数関係については，法条競合である（公務執行妨害罪のみが成立する）とする見解と観念的競合であ

---

[26] 西田・各論 140 頁。

るとする見解があります。二重評価を避けるという観点からすると基本的には法条競合とするべきだと思われますが，電子計算機損壊等業務妨害罪（234条の2）が成立する場合には（法定刑の重さから見て）234条の2の罪のみが成立するとすべきでしょう。

授業後の課題

以下の〈事例〉におけるXの罪責について，簡潔に論じなさい。

〈事例〉

Xは，覚せい剤に見せかけたグラニュー糖入りのポリ袋を警察官の前で落としてわざと逃走し，警察官の反応を撮影したいたずら動画をユーチューブに投稿することを思い付き，知人Aを説得して，撮影役を引受けさせた。

Xは，グラニュー糖入りのポリ袋（以下「ポリ袋」という。）数袋や動画撮影用のデジタルカメラ等を用意したほか，両腕に入れた入れ墨があえて見えるよう黒色タンクトップを着るなどして不審者を装い，Aに頃合いを見て電話をかけるように指示して，交番に赴いた。

Xは，対応に当たった警察官Bに地理案内を求める振りをし，打合せどおりAからかかってきた電話に応じて，ポケットから携帯電話機を取り出すとともにポリ袋1個（以下「本件ポリ袋」という。）を歩道上に落とした。

Bは，Xが本件ポリ袋を落とした様子を現認し，その形状等から覚せい剤事犯の容疑があると考えて，職務質問等を行おうとしたところ，Xが同ポリ袋を拾い上げると同時に全力で走り出したため，その後を追った。

Xは，Bの制止の警告に従わず逃走を続けたが，Aの撮影範囲を越えた辺りで走るのをやめ，BがXを確保した。Xは，Bの求めに応じて本件ポリ袋をポケットから出し，その中身を尋ねられると，「砂糖，砂糖」と笑いながら答えるなどした。

その後，Xは，現場に臨場したパトカー内で職務質問を受け，本件ポリ袋の中身の検査に応じて，覚せい剤予備試験試薬による予試験が行われたが，結果は陰性であった。そして，Xは，同行されたF署で取調べを受け，尿を任意提出したが，その予試験では違法薬物の陽性反応は現れず，Xは自宅に戻った。

このように，Xを被疑者とする覚せい剤所持の事案が認知されたことにより，Xに対する職務質問等のため，F署当直員の警察官11名，Bら本件交番を含む交番勤務の警察官8名並びにF県警察本部所属の警察官8名及び警察職員1名がXの逃走現場に臨場するなどして職務に従事したが，これらの警察職員は，この間，刑事当直，警ら活動，交番勤務等当時従事すべきであった業務を行うことができなかった。

考え方

この〈事例〉は，名古屋高裁金沢支判平30・10・30LEX/DB25561935の事案を若干修正したものです。偽計業務妨害罪の成否が主たる問題となります（暴行・脅迫は行われていな

いので公務執行妨害罪は成立しません）。Ｘの行為が，覚せい剤の所持者が逃走を図ったものと警察官に誤信させるに足るものであることは明らかですから，これは偽計に当たります。問題は，業務性を肯定することができるかです。前掲名古屋高裁金沢支判平30・10・30は，「本件行為がなければ遂行されたはずの関係警察職員の本来の職務（本件業務）が妨害された」として刑事当直等が妨害されたと構成しました。これらの業務中に「警察官がその遂行の一環として強制力の行使が想定される場合が含まれるとしても，本件行為が行われた時点では，そもそも，その強制力を同行為に対して行使し得るはずはなく，その偽計性を排除しようにもそのすべはない」から，偽計業務妨害罪における「業務」に当たるとしています。この論理は，授業で取り上げた課題判例34と同様のものだといえるでしょう[27]。

　ところで，裁判例の中には，偽計により徒労の業務を行わせたことをもって偽計業務妨害罪の成立を認めているものがあります。例えば，大阪高判昭39・10・5下刑集6・9＝10・988では，虚偽の電話注文により，徒労の物品配達を行わせた行為につき，偽計による業務妨害罪の成立を認めています。これに倣えば，本問の場合にも，徒労に終わる活動を行わせること自体を業務妨害だと構成することも考えられるかもしれません。このような構成がとられなかった背景には，虚偽の通報等に対応することは警察の正常な反応であるといった見方があるのかもしれません[28]。ただ，虚偽通報等に対応すること自体は警察の正常な反応であるとしても，それが徒労であることに変わりはなく，それがなければ行われたはずの公務と表裏一体の関係にあるということができるので，対応自体が正常な活動だからといって業務妨害罪の成立を否定するという結論が直ちに導かれるわけではないでしょう[29]。

---

[27] 安田拓人・法教467号（2019年）131頁参照。
[28] 川端博ほか編『裁判例コンメンタール刑法第3巻』（2006年）106頁［原田國男］参照。
[29] この類の事案では，軽犯罪法第1条第31号違反の罪との区別も問題になります。

▶第**19**回◀

窃 盗 罪 ①

基本事項の確認
□窃盗罪の成立要件を確認しなさい

課題判例35

窃盗被告事件

最高裁判所平成16年（あ）第882号

平成16年8月25日第三小法廷決定

　　　　　主　　　文

　本件上告を棄却する。

　当審における未決勾留日数中40日を本刑に算入する。

　　　　　理　　　由

　弁護人Tの上告趣意は，単なる法令違反，量刑不当の主張であって，刑訴法405条の上告理由に当たらない。

　所論にかんがみ，本件における窃盗罪の成否につき，職権で判断する。

1　原判決の認定及び記録によれば，本件の事実関係は，次のとおりである。

(1)　被害者は，本件当日午後3時30分ころから，大阪府内の私鉄駅近くの公園において，ベンチに座り，傍らに自身のポシェット（以下「本件ポシェット」という。）を置いて，友人と話をするなどしていた。

(2)　被告人は，前刑出所後いわゆるホームレス生活をし，置き引きで金を得るなどしていたものであるが，午後5時40分ころ，上記公園のベンチに座った際に，隣のベンチで被害者らが本件ポシェットをベンチ上に置いたまま話し込んでいるのを見掛け，もし置き忘れたら持ち去ろうと考えて，本を読むふりをしながら様子をうかがっていた。

(3)　被害者は，午後6時20分ころ，本件ポシェットをベンチ上に置き忘れたまま，友人を駅の改札口まで送るため，友人と共にその場を離れた。被告人は，被害者らがもう少し離れたら本件ポシェットを取ろうと思って注視していたところ，被害者らは，置き忘

れに全く気付かないまま，駅の方向に向かって歩いて行った。

(4) 被告人は，被害者らが，公園出口にある横断歩道橋を上り，上記ベンチから約27 mの距離にあるその階段踊り場まで行ったのを見たとき，自身の周りに人もいなかったことから，今だと思って本件ポシェットを取り上げ，それを持ってその場を離れ，公園内の公衆トイレ内に入り，本件ポシェットを開けて中から現金を抜き取った。

(5) 他方，被害者は，上記歩道橋を渡り，約200 m 離れた私鉄駅の改札口付近まで2分ほど歩いたところで，本件ポシェットを置き忘れたことに気付き，上記ベンチの所まで走って戻ったものの，既に本件ポシェットは無くなっていた。

(6) 午後6時24分ころ，被害者の跡を追って公園に戻ってきた友人が，機転を利かせて自身の携帯電話で本件ポシェットの中にあるはずの被害者の携帯電話に架電したため，トイレ内で携帯電話が鳴り始め，被告人は，慌ててトイレから出たが，被害者に問い詰められて犯行を認め，通報により駆けつけた警察官に引き渡された。

2　以上のとおり，被告人が本件ポシェットを領得したのは，被害者がこれを置き忘れてベンチから約27 mしか離れていない場所まで歩いて行った時点であったことなど本件の事実関係の下では，その時点において，被害者が本件ポシェットのことを一時的に失念したまま現場から立ち去りつつあったことを考慮しても，被害者の本件ポシェットに対する占有はなお失われておらず，被告人の本件領得行為は窃盗罪に当たるというべきであるから，原判断は結論において正当である。

　よって，刑訴法414条，386条1項3号，181条1項ただし書，刑法21条により，裁判官全員一致の意見で，主文のとおり決定する。

（裁判長裁判官　金谷利廣　裁判官　濱田邦夫　裁判官　上田豊三　裁判官　藤田宙靖）

チェック

　□窃盗罪における占有の有無を判断する基準は何か？

　□本決定が占有を肯定したのは，どのような考え方に基づくものか？

　□仮にポシェットを持ち去ったのが，置き忘れの経緯を知らない者であったとしたら，結論はどうなるか？

課題判例36

有印私文書偽造，同行使，詐欺，公正証書原本不実記載，同行使被告事件

最高裁判所第二小法廷平成16年（あ）第761号

平成16年11月30日決定

主　　文

　本件上告を棄却する。

　　　　　　理　　由

　弁護人 A の上告趣意のうち，判例違反をいう点は，事案を異にする判例を引用するものであって，本件に適切でなく，その余は，単なる法令違反の主張であって，刑訴法 405 条の上告理由に当たらない。

　所論にかんがみ，第1審判決判示第3の犯罪事実について，職権で判断する。

1　原判決及びその是認する第1審判決の認定並びに記録によれば，本件の事実関係は，次のとおりである。

　被告人は，金員に窮し，支払督促制度を悪用して叔父の財産を不正に差し押さえ，強制執行することなどにより金員を得ようと考え，被告人が叔父に対して6000万円を超える立替金債権を有する旨内容虚偽の支払督促を申し立てた上，裁判所から債務者とされた叔父あてに発送される支払督促正本及び仮執行宣言付支払督促正本について，共犯者が叔父を装って郵便配達員から受け取ることで適式に送達されたように外形を整え，叔父に督促異議申立ての機会を与えることなく支払督促の効力を確定させようと企てた。そこで，共犯者において，2回にわたり，あらかじめ被告人から連絡を受けた日時ころに叔父方付近で待ち受け，支払督促正本等の送達に赴いた郵便配達員に対して，自ら叔父の氏名を名乗り出て受送達者本人であるように装い，郵便配達員の求めに応じて郵便送達報告書の受領者の押印又は署名欄に叔父の氏名を記載して郵便配達員に提出し，共犯者を受送達者本人であると誤信した郵便配達員から支払督促正本等を受け取った。なお，被告人は，当初から叔父あての支払督促正本等を何らかの用途に利用するつもりはなく速やかに廃棄する意図であり，現に共犯者から当日中に受け取った支払督促正本はすぐに廃棄している。

2　以上の事実関係の下では，郵便送達報告書の受領者の押印又は署名欄に他人である受送達者本人の氏名を冒書する行為は，同人名義の受領書を偽造したものとして，有印私文書偽造罪を構成すると解するのが相当であるから，被告人に対して有印私文書偽造，同行使罪の成立を認めた原判決は，正当として是認できる。

　他方，本件において，被告人は，前記のとおり，郵便配達員から正規の受送達者を装って債務者あての支払督促正本等を受領することにより，送達が適式にされたものとして支払督促の効力を生じさせ，債務者から督促異議申立ての機会を奪ったまま支払督促の効力を確定させて，債務名義を取得して債務者の財産を差し押さえようとしたものであって，受領した支払督促正本等はそのまま廃棄する意図であった。このように，郵便配達員を欺いて交付を受けた支払督促正本等について，廃棄するだけで外に何らかの用途に利用，処分する意思がなかった場合には，支払督促正本等に対する不法領得の意思を認めることはできないというべきであり，このことは，郵便配達員からの受領行為を財産的利益を得るための手段の一つとして行ったときであっても異ならないと解するのが相当である。そうすると，被告人に不法領得の意思が認められるとして詐欺罪の成立

を認めた原判決は，法令の解釈適用を誤ったものといわざるを得ない。

　しかしながら，本件事実中，有印私文書偽造，同行使罪の成立は認められる外，第1審判決の認定判示したその余の各犯行の罪質，動機，態様，結果及びその量刑などに照らすと，本件においては，上記法令の解釈適用の誤りを理由として原判決を破棄しなければ著しく正義に反するものとは認められない。

　よって，刑訴法414条，386条1項3号により，裁判官全員一致の意見で，主文のとおり決定する。

（裁判長裁判官　福田博　裁判官　北川弘治　裁判官　梶谷玄　裁判官　滝井繁男　裁判官　津野修）

チェック
　□窃盗罪と毀棄罪はどのようにして区別されるか？
　□詐欺罪においても不法領得の意思は必要か？
　□毀棄目的であるならば，いかなる場合でも窃盗罪は成立しないか？

授　業

　今回のテーマは「窃盗罪」です。特に，占有と不法領得の意思について検討することにします。

　窃盗罪が成立するためには占有の移転が必要です。窃取の対象となる財物は他人が占有するものでなければなりません。

　窃盗罪における占有は，財物に対する事実上の支配であるといわれます。

```
                          占有

 1  占有の意義…財物に対する事実上の支配
                ☞民法上の占有よりも事実的なものである
 2  占有の有無…窃盗罪と占有離脱物横領罪の区別
                ☞判断方法…占有の事実（財物に対する支配）と占有の意思
                    （支配意思）を総合して社会通念に従って判断する
 3  占有の帰属…窃盗罪と横領罪の区別
                ・共同占有
                ・占有補助者
                ・委託された封緘物
```

　これは，民法上の占有よりも事実的なものであるとされ，代理占有（民181条）

や占有改定（民 183 条）による占有の取得は認められませんし，相続による占有の継承も認められません。窃盗罪の成否との関係で占有が問題となる局面は，主として 2 つあります。1 つは，占有の有無が問題となる場面です。ここでは，客体である財物について他人の占有が認められるかどうかが問題となり，占有の有無により窃盗罪と占有離脱物横領罪とが区別されることになります。もう 1 つは，占有の帰属が問題になる場面です。ここでは客体である財物について行為者自身の占有が認められるかが問題となります。これは窃盗罪と横領罪の区別に関係します。ただ，ここでは，行為者に占有が認められれば横領罪，他人の占有が認められれば窃盗罪というように機械的に理解すると間違う場合があることに注意が必要です。というのも，行為者に占有があっても同時に他人にも占有が認められるならば，その財物領得行為は窃盗罪に当たるからです（共同占有を単独占有に移す行為は窃盗罪になります）。従って，正確には行為者にのみ占有が認められる場合に横領罪が成立するということになります。また，占有の帰属が問題となる場面での占有は横領罪の成立要件としての占有を意味するので，事実上の支配のみならず法律上の支配も含むとされている（例えば，預金による占有も肯定されます）点にも注意が必要です。

　ところで，235 条には「占有」という文言はありません。学生さんの答案では「他人の財物」を「他人の占有する財物」と解釈するものが，多く見受けられます。確かに，窃盗罪の保護法益に関して占有説を採る論者の中には，「他人の財物」を「他人の占有する財物」と解釈する人もいらっしゃるので[1]，間違いだとは言いませんが（そして試験でそう書いたからと言って減点されるということもないでしょうが），個人的にはあまり適切ではないように感じています。

　まず，法文の文言として「他人の財物」の「の」を占有を意味するものと解釈するのは，他の条文の用例と比べてみたときに平仄が合わないように思われます。252 条や 261 条の「他人の物」の「の」が占有ではなく所有を意味するものであることは明らかですし，242 条の「自己の財物」の「の」も同じく占有ではなく所有を意味するものであることは明らかでしょう。更に，242 条の「他人の

---

[1] 例えば，伊東・各論 149 頁など。なお，前田雅英編集代表『条解刑法〔第 4 版〕』（2020 年）744 頁では，「占有説では『他人の占有する財物』となり，本権説では『他人が本権を有し，かつ占有する財物』となる」とされていますが，後者については「の」に占有の意味を読み込む点で，依然として違和感を覚えます。

財物」を「他人の占有する財物」と解釈すると，同条は「自己の財物であっても，他人が占有……するものであるときは，……他人が占有する財物とみなす」という意味不明な文章になるでしょう[2]（他人が占有しているのであれば，他人が占有する財物と「みなす」必要はないはずです）。

　また，実質的に見ても，「他人の財物」を「他人の占有する財物」とする解釈は，窃盗罪の保護法益は占有に尽きるものであり，所有権は保護されていないというような極端な解釈につながる恐れがあるように思われます。もし，窃盗罪の規定はおよそ所有権を保護の対象から除外していると考えるとすると，それは，財産法秩序の基本的な在り方から考えて極めて不自然な見方ではないでしょうか？[3]　やはり，窃盗罪は所有権と占有の双方を保護法益とするのが原則で，242条によって処罰範囲が拡張していくのだと解釈した方がベターだと思います。そのように考えると，235条の「他人の財物」の「の」は所有を意味し，占有が窃盗罪の成立要件となるのは「窃取」が占有移転を内容とするからだと説明することになるでしょう[4]。

　話を占有の意義に戻しましょう。まず，占有の帰属について簡単にまとめておきます。占有の帰属が問題となる場面は，主として3つあります。第1は，共同占有の場合であり，共同占有者の一人が，他の占有者の同意を得ずに，領得の意思で単独の占有に移した場合には窃盗罪が成立します[5]。第2は，上下・主従関係がある場合であり，占有は上位者にあり，下位者は占有補助者（占有機関）ないしは監視者にとどまるとされることがあります。商店主と店員の場合，占有は商店主に属し，店員は占有補助者に過ぎないといわれるのがこれです（もっとも，具体的事案に応じて店員の業務内容や権限を確認した上で判断する必要があります）。第3は，委託された封緘物の場合です。判例は，封緘物自体の占有は受託者にあるが内容物についての占有は委託者にあると解しています[6]。物全体の支配は受託者にあるとしても，受託者は内容物を自由に支配できる状態にはないから内容物の占有は委託者にあると考えるのです。これによると，内容物だけ抜き取ると窃盗罪が

---

[2] 橋爪・法教429号81頁。
[3] 井田・各論223頁参照。
[4] 山口・各論177頁注15）参照。安田先生は，このような解釈に理解を示しつつも，「窃取行為そのものとその対象が同一の文言に規定されていると解するのはやや不自然なように思われる」と指摘されています（安田拓人＝島田聡一郎＝和田俊憲『ひとりで学ぶ刑法』[2015年] 154頁）。皆さんはどう思われるでしょうか？

成立するのに対し，物全体を領得すると横領罪が成立することになります。このような考え方に対しては，物全体を領得すれば横領になり，内容物だけ抜き取ると窃盗になるというのは奇妙であり，単純横領罪の場合には刑の不均衡も生ずるとの批判があるところです。しかし，判例の立場に立っても，最初から内容物を領得することが目的でひとまず物全体を領得するようなケースでは，内容物を領得した時点で窃盗罪が成立し，仮に先行する行為が横領に当たると評価できるものであるとしても，それは窃盗の手段であるから窃盗罪に吸収されると解することができるでしょう[7]。

　次に占有の有無についてですが，ここはなかなか難しいところなのでやや詳しく見ていきたいと思います。先に見たように，ここにいう占有は，財物に対する事実上の支配のことをいいます。この占有の有無は，財物に対する事実的支配という客観的要素（占有の事実）と支配意思という主観的要素（占有の意思）を総合的に考慮して，社会通念に従って判断されるといわれます。ここでは，最終的に社会通念というものが持ち出されていることに注意してください（なお，最判昭32・11・8刑集11・12・3061）。占有の有無が問題となる事例は多様であり，その全てを，結論の具体的妥当性も確保しながら，リジッドな統一的基準で説明していくのはなかなか難しいところがあるといわざるを得ません。そこで，具体的な事案

---

[5] Ａの所有する財物についてＡとＢに共同占有が認められるケースで，Ｂがこの財物を単独占有に移した場合，窃盗罪の成立とは別に（委託信任関係があることを前提として）横領罪も成立し得ると考えるべきでしょうか？仮に横領罪も成立し得るとすると，特にＢが業務上の占有者に当たる場合には，窃盗罪と業務上横領罪の罪数関係が問題となり得ます。この場合，形式的に考えると（業務上）横領罪の成立要件も充たしているように見えますが，所有権侵害の点は窃盗罪で評価されており（窃盗罪の保護法益については次回触れます），重ねて横領罪の成立も認めるとすれば二重評価になるのではないかという疑問があることと，奪取罪と横領罪は排他的関係にあり奪取罪の成立が肯定される場合には横領罪は成立しないと従来は考えられてきたように思われることなどを勘案すると窃盗罪のみが成立すると考えるべきではないかと思います。なお，仮に業務上横領罪も成立すると考えた場合には，窃盗罪との軽重が問題となります。形式的に法定刑だけを比較すると，窃盗罪には罰金刑が規定されていることから窃盗罪の方が軽いようにも見えますが，窃盗罪に罰金刑が設けられた趣旨はこれまで起訴猶予とされてきた比較的軽微な事案をも処罰の対象に取り込もうとするところにあり，むしろ実質は厳罰化とも言いうるものですから，法定刑の比較だけで窃盗罪が軽いと結論づけるべきではないでしょう。
[6] 郵便集配人による領得行為について，開封して内容物を領得した場合には窃盗罪の成立を認め（大判明45・4・26刑録18・536），封緘物自体を領得した場合には業務上横領罪の成立を認めています（大判大7・11・19刑録24・1365，東京地判昭41・11・25判タ200・177）。
[7] 大谷・各論222頁。

の特徴に応じて重点の置きどころを微妙に移動させながら，全体としては一つの
まとまりのある判断として納得できるものにするためには，判断基準に一定の
「遊び」のようなものが必要になってきます。社会通念という言葉にはそのような
「遊び」を生み出す役割があるように思われます。もっとも，このような一般的な
表現を用いることによって同時に曖昧さが生ずることも確かですから，その判断
過程をできるだけ明晰に示すことが求められるでしょう[8]。

　このような視点から見ると，この問題を考える際には，典型的な場合を類型化
して，それぞれについての判断の仕方を示していくことが有益であると思われま
す。

```
                          占有の有無の判断

  ①財物を握持・監視している場合
  ②人の事実的支配領域内にある場合
  ③財物を一時置き忘れた場合
  ④人の支配領域外であっても，客観的状況と占有の意思とから総合
    的に判断して占有を肯定できる場合
  ⑤元の占有者の占有喪失によって占有が他者（建物の管理者等）に移
    転する場合
  ⑥その他
```

　まず，①財物を握持・監視している場合に占有が認められることは問題ありま
せん。次に，②自己の支配する領域内に置かれた物についても，通常は問題なく
占有が認められます。例えば，自宅や倉庫の中にある物について保管している者
に占有が認められることに異論はないでしょう。この場合，どこに何があるかな
どいちいち知らなくとも（むしろそのような場合が常態でしょう）占有は認められる
はずです。このような場合には占有の意思は当然に推認されるといってもよいか
もしれません。学生さんの答案の中には，どんな場合でも占有の事実と占有の意
思を個別に検討しなければならないと考えているかのようなものが時折みられま
すが，現実の顕在化した支配意思の存在を要求すると結構厄介な話になりますの
で，占有の事実が明らかに認められる場合には占有の意思を個別に問題とする必
要は，通常はないように思われます。

---

[8] 山口・各論 178 頁参照。

　ところで，この自己の支配領域内にあるかどうかを判断する際には，財物に対する事実的な支配力には程度差があり得るという点に注意が必要です。財物が屋内に保管されている場合と，屋外に置かれている場合とでは，通常，前者の方が支配力は強いでしょう。また，屋外に置かれている場合，持ち主と財物との距離が離れれば離れるほど支配力は弱くなるでしょう。このときにどこまで財物に対する事実的な支配を肯定できるのか，また，それはどのような理由によってか，ということを考えるのが大切です。

　この問題が顕在化する典型例の１つが，③一時的な置忘れの場合です。課題判例 35（最決平 16・8・25 刑集 58・6・515）は，この問題に関連しています。本決定は，「被告人が本件ポシェットを領得したのは，被害者がこれを置き忘れてベンチから約 27 m しか離れていない場所まで歩いて行った時点であったことなど本件の事実関係の下では，その時点において，被害者が本件ポシェットのことを一時的に失念したまま現場から立ち去りつつあったことを考慮しても，被害者の本件ポシェットに対する占有はなお失われておらず，被告人の本件領得行為は窃盗罪に当たるというべきである」と判示しています。まず注目したいのは，本決定が占有の有無を問題としているのは「被告人が本件ポシェットを領得した」時点であるということです。窃盗罪が成立するためには占有移転が必要ですから，占有の有無が判断されるのが領得行為の時点であるのは当然のことなのですが，学生さんの答案では意外にルーズな捉え方がなされていたりするので注意しましょう。

　さて，本決定は，どのような考え方に基づいて占有を肯定したのでしょうか？その点を考える手がかりとして，本決定がどのような事実に着目しているかという点に注目してみたいと思います。本決定が被害者に占有があるという結論を導くために明示的に指摘している事実は「被告人が本件ポシェットを領得したのは，被害者がこれを置き忘れてベンチから約 27 m しか離れていない場所まで歩いて行った時点であった」ということだけです。「など」という含みはありますが，このように明示した事実を重視して占有を肯定する判断に至ったということは明らかでしょう。ここでは被害者と財物との距離という場所的な関係しか明示されていません。もっとも，置き忘れて立ち去ろうとしているところですから，わずかな時間しか経過していないことは当然織り込み済みでしょう。そうすると，本決定は，犯人が領得行為に出た時点における，被害者と財物との時間的・場所的な関係，すなわち，時間的・場所的近接性を主たる根拠にして占有を肯定したもの

だと思われます。そこで，このような時間的・場所的近接性を根拠にして，なぜ占有を肯定することができるのか，その理由を考える必要があるでしょう。

　ある物が自己の支配領域内にあるということは，その物のあり方を自己の意思により左右することができる状態下にあるということを，通常は意味しているでしょう。従って，ある財物に対する他者の干渉を排除できなければ，その財物を支配しているとはいえないはずです。そうすると，他者の干渉を排除して，その財物が他者の支配下に移ることを阻止することができるのであれば，その財物はその人の支配領域内にあると見ることができるのではないでしょうか。そのような目線で，本決定の事案を見ると，犯人が領得した時点で，被害者とポシェットとは約 27 m しか離れていないのですから，被害者がその時に置き忘れに気づけば（一時的に置き忘れただけですから，置き忘れに気づく可能性は常にあるはずです。従って，占有の意思が否定されるようなケースではないでしょう），犯人が持ち去ろうとしている状況を視認できるのですから[9]，それを排除して財物を確保する可能性は依然としてあると評価することができるでしょう。このように，その時点で置き忘れに気づけば，他者の干渉を排除して財物を確保する可能性があるから，依然として当該財物はその人の支配領域内にある，すなわち，事実上の支配が及んでいるということが可能なので，占有を肯定することができる，ということになると思います[10]。なお，このような財物の確保可能性[11]の有無は，具体的な事実関係によってかなり左右されるという点には注意しなければなりません。例えば，距離的にはそれほど離れていないとしても，建物内で異なる階層にいるため犯人が領得するところを直接視認することができないようなシチュエーションであれ

---

[9] 後述のように，このような直接的な視認可能性の有無は占有の肯否に影響を及ぼすと思われますが，占有を肯定するために不可欠であるとまではいえないでしょう。例えば，本件の被害者がポシェットをベンチに置き忘れて公園内の公衆トイレに入ったという場合には，犯人の持ち去りを直接視認することができないから占有は否定されると解するのはあまりに形式的過ぎるでしょう。このような場合には，置忘れに気づいたときに被害者がとると思われる行動を想定し，それが他者の干渉を排除して財物を確保する結果につながる可能性がどの程度あるかを具体的事案に即して考えるべきではないでしょうか。

[10] 山口厚『新判例から見た刑法〔第 3 版〕』（2015 年）185 頁参照。

[11] この財物の確保可能性は，実際に財物を確保することができる実力を有していることを基準にして判断されてはならないでしょう。もし，そのような実力を要求すると力の弱い者には占有が認められないことになりかねません。ここにいう財物の確保可能性は，他者の干渉を排除するための行動を起こすことが可能であり，そのような行動がなされれば相手方は干渉を止めるべきだということが社会的に期待される状況が存在することといったような内容のものだといえるでしょう。

ば，他者の干渉を排除する行動に出ることはかなり難しくなることが予想される
でしょう（この関連で興味深い裁判例に東京高判平 3・4・1 判時 1400・128 があります）。

　ここで，少し寄り道して，本決定のような事案を試験問題で出した時にありが
ちな解答について，少し紹介しておきたいと思います。

　まず，被害者はほどなく財物を回復できたから占有が認められる，というよう
なことを書いてくるものがあります。しかし，問題となっているのは犯人の領得
行為時点における被害者の占有の有無なのですから，領得行為後に被害者が財物
を回復できたかどうかによって，領得行為時の被害者の占有の有無が変わるとい
うことはあり得ないでしょう。事後に財物を回復できたという事情を考慮すると
すれば，事後であっても回復できたということは，領得行為時であればなおのこ
と財物を確保できていたはずだというような形で考慮するべきであると思われま
す。

　次に，すぐに置き忘れに気づき現場に戻ってきたので，その間の時間が短かっ
たから占有がある，といった類の解答もよく見かけます。しかし，ここでもやは
り問題なのは，犯人の領得行為時に被害者が財物の占有を有していたかどうかな
のであって，いつ実際に置き忘れに気づいたのかは決定的なポイントではありま
せん。いつ置き忘れに気づいたのかという点が重要になるケースというのは，例
えば，犯人が領得した時点をはっきりと確定することが困難であるため，被害者
が置忘れに気づき，現場に戻ってくるまでの時間的な経過などから判断して，少
なくともこの時点では既に領得されていたと考えられる，というように犯人が領
得した時点を推認させる間接事実として考慮されるようなケースでしょう[12]。

　最後に，犯人は被害者が財物を置き忘れて立ち去る経過をずっと見ていたから
占有がある，というような解答も時折見かけます。しかし，占有の有無は客観的
に判断されるものであって，行為者の主観的事情によってその存否が左右される
ものではありません。行為者が事態の推移を認識していたというような事情は，
客観的な占有の問題ではなく，占有移転の認識，すなわち窃盗の故意の問題とし
て考慮されるべき事情でしょう[13]。

　話を本題に戻しましょう。課題判例 35 は，犯人の領得行為時点における，被害

---

[12]　なお，上田哲・最判解平成 16 年度 378 頁，吉井隆平「窃盗罪における『占有』の意義」植
村立郎編『刑事事実認定重要判例 50 選（上）〔第 3 版〕』[2020 年] 692 頁以下参照。
[13]　上田・前掲 394 頁参照。

者と財物との間の時間的・場所的近接性という観点から占有を肯定したものだと考えられます。ここで注目したいのが，本決定は，当該財物が置かれている状況や外観について言及していないという点です。学説の中には，占有を肯定するためには，他人が財物を事実上支配していることを推認させる客観的状況がなければならない，とするもの[14]があるのですが，本決定はその立場に立たなかったとみられます。

　しかし，そこから，他人が財物を事実上支配していることを推認させる客観的状況のようなものは，占有の有無を判断する際に全く考慮する必要はないのか，というと必ずしもそうではありません。ここで関心がもたれるのが，④人の支配領域外であっても，客観的状況と占有の意思とから総合的に判断して占有を肯定できる場合があるということです。例えば，駅前に，正式に駐輪場として区画されているわけではないが，事実上，駅の利用者が駐輪場として使用しているスペースに，皆さんが自転車を停めて，電車に乗ったとしましょう。その後に，この自転車が持ち去られたとします。そのときに，皆さんは，その持ち去りを阻止できるでしょうか？　できないですね。それでは，その自転車に対する皆さんの占有は電車に乗って移動したら失われると考えるべきでしょうか？　そのように考えるのは，非常識だと考える人が多いと思います。実際，このような場合には占有が肯定されると思われます[15]。

　しかし，そうすると，物理的に他者の干渉を排除して財物を確保する可能性がなくとも，占有が認められる場合があることを認めることになるでしょう。そうだとすれば，このような場合に占有を認めることができる根拠はどこにあるのかを考えなければなりません。そこで出てくる有力な見方が，その財物の所有者等が意識的にそこに置いたものであり，かつそのことを推認させる客観的な状況が認められる場合には，占有を肯定するべきである，というものです。平たく言うと，「これは私の物ですから勝手にもっていかないでくださいね」という意思（支配意思＝占有の意思）が，客観的な状況から明らかに推認される場合には，占有を肯定することにしましょう，という考え方です。このような状況下において勝手に財物をもっていかれることはないという信頼を保護する必要性が高いと見るこ

---

[14] 西田・各論 156 頁以下（西田先生は，本決定に疑問を呈されています）。
[15] 橋爪・法教 429 号 86 頁以下参照。なお，福岡高判昭 58・2・28 判時 1083・156 と東京高判平 24・10・17 東高刑時報 63・1～12・211 とを比較してみるのも面白いでしょう。

とには，一定の合理性があると考えられますし，社会一般の認識もそれに沿うものではないかと思います[16]（このような場面では，社会通念という言葉が利いてきますね）。このような関心から，占有概念が一定範囲で規範化されていると考えることができるのではないでしょうか。もっとも，これは，占有の意思が客観化している限度で，そのような客観的状況を基礎にして占有を肯定するものであり，単に占有の意思だけで占有を肯定するものではないという点に注意しなければなりません。いかに所有者等が意識的にその場所に置いたものであっても，そのことを推認させる客観的な状況がなければ占有を認めるべきではないでしょう[17]。

　これら以外に，占有の有無が問題となるケースとして，⑤元の占有者の占有喪失によって占有が他者（建物の管理者等）に移転する場合に注意しておきましょう。デパートなどでの置忘れ事例では，所有者の占有が失われたとしても，デパートの管理者等の占有が肯定されないかという問題が出てくるので，その点もきちんと検討しておく必要があります[18]。なお，⑥その他に，変わったところでは，飼主の下に帰る習性のある犬を戸外に放した場合に飼主の占有を肯定した事例があります（最判昭 32・7・16 刑集 11・7・1829）。このような場合に占有が認められる理由はどこにあるでしょうか？　余裕があったら考えてみても面白いでしょう。

　占有の話が長くなりすぎました。次のテーマである不法領得の意思に移りましょう。

---

[16] 橋爪先生は，社会的評価としての占有という視点を強調されています（橋爪・法教 429 号 87 頁以下）。
[17] 大判大 13・6・10 刑集 3・473 は，大震災に際し，人がその所有物を公道に置き一時その場所を去っても，所有者がその存在を認識し，しかも，これを放棄する意思でないときは，その物はなお所有者の支配に属するとしています。この判例については，やや懐疑的な見方もありますが，震災という特別な状況下であったことから，外観上も他人が意識的に搬出したものであることが容易に認識できる状況だったと見れば，その結論は支持できるように思われます。
[18] この場合には，問題となる場所の閉鎖性や排他性の程度が占有の判断に影響を及ぼすことになるでしょう。

```
                    不法領得の意思

  A 説：不法領得の意思必要説
      A⁻¹説：権利者排除意思及び利用処分意思の双方を必要とす
            る見解
      A⁻²説：権利者排除意思のみを要求する見解
      A⁻³説：利用処分意思のみを要求する見解
  B 説：不法領得の意思不要説

  ☞対立の諸相
    一時使用（使用窃盗）の問題…A⁻¹説・A⁻²説  VS  A⁻³説・B 説
    毀棄・隠匿罪との区別の問題…A⁻¹説・A⁻³説  VS  A⁻²説・B 説
```

　窃盗罪が成立するためには，他人の財物を窃取すること（他人が占有する財物を，占有者の意思に反して，自己または第三者の占有に移転させること）の認識，すなわち窃盗罪の故意が必要ですが，この故意とは別に「不法領得の意思」が必要か，ということが問題とされています。判例は，古くから不法領得の意思を必要とし，その内容は，「権利者を排除して，他人の物を自己の所有物として，その経済的用法に従い，利用し処分する意思」とされてきました（大判大 4・5・21 刑録 21・663，最判昭 26・7・13 刑集 5・8・1437）。前者の権利者排除意思は，可罰的な窃盗と不可罰な無断一時使用（使用窃盗）を区別する機能を，後者の利用処分意思は窃盗罪と毀棄・隠匿罪を区別する機能を有しているといわれています（なお，ここでは詳論しませんが，横領罪における不法領得の意思は内容が異なりますので是非併せてその意義を確認しておいてください）。

　不法領得の意思の要否については，不法領得の意思必要説（A 説）と不法領得の意思不要説（B 説）に分かれ，A 説は更に，権利者排除意思及び利用処分意思の双方を必要とする見解（A⁻¹説），権利者排除意思のみを要求する見解（A⁻²説），利用処分意思のみを要求する見解（A⁻³説）に分けられます。これらが，問題の所在に応じて，一時使用（使用窃盗）の問題に関しては，A⁻¹説・A⁻²説対 A⁻³説・B 説という対立図式になり，毀棄・隠匿罪との区別の問題に関しては，A⁻¹説・A⁻³説対 A⁻²説・B 説という対立図式になります。

　権利者排除意思については，これを不要とする見解も有力です。不要説も無断一時使用をすべて可罰的とするわけではなく，客観的に可罰的な程度に権利者の利用が妨害されたかどうかによって判断すべきであるとします[19]。しかし，窃盗罪は占有を取得した段階で既遂になるのですから，窃盗罪の成立を判断する際

に，既遂以後の利用妨害の程度をそれ自体として考慮することは不可能であり，行為時におけるそれに向けられた意思という形でしか考慮できないのではないかと思われます[20]。その場合に，そのような意思の対象となる事実は構成要件に該当する事実を超えた既遂後の事実が認識の対象となるのですから，これを窃盗の故意として把握することはできません。また，仮に可罰的な利用妨害がなければ既遂とならないとするのであれば，既遂時期が遅くなり過ぎるでしょう。そういうわけで，やはり，窃盗の故意に解消されない主観的要件として不法領得の意思は必要だと解するのが妥当であると思います[21]。

　もっとも，その際に考慮される意思の内容をどのように理解すべきかについては，検討を要します。まず，返還意思がない場合には，権利者排除意思を肯定することができるでしょう。問題は返還意思がある場合です。返還意思があるのですから，形式的には権利者を排除したとはいえないのではないかという疑問が生じてきます。しかし，後で返還されるとしても，無断使用されている間に権利者に生ずる損失が大きいと考えられる場合には可罰的だと考えるべきだと思われます。この場合には，客体の財産的価値の大小や権利者に生じ得る利用妨害の程度などを考慮して，権利者の利用可能性を可罰的な程度に侵害する意思が認められるかを判断することになるでしょう。例えば，長時間の自動車の乗り回しのような場合には，返還意思があっても窃盗罪の成立が認められるのが一般だと思います。また，一時使用後ただちに返還する場合であっても，それによってその財物がもつ財産的価値が著しく減少してしまうのであれば，不法領得の意思は肯定されるべきでしょう。例えば，会社の機密資料を一時持ち出しコピーして直ちに返却する場合などが，このような場合に当たると思います[22]。

　次に，利用処分意思に移りましょう。

---

[19] 大塚・各論 201 頁，曽根威彦『刑法の重要問題［各論］〔第 2 版〕』(2006 年) 142 頁以下など。なお，高橋・各論 232 頁は，既遂後の事情を可罰性阻却事由とする構成を支持されています。
[20] 山口・各論 199 頁以下など。
[21] 中森喜彦「不法領得の意思」芝原邦爾ほか編『刑法理論の現代的展開各論』(1996 年) 180 頁。

```
┌─────────────────────────────────────────────────────────────┐
│          利用処分意思の要否…窃盗と毀棄隠匿の区別                    │
│                                                               │
│   1   必要説・不要説の主張内容とその当否                          │
│   2   利用処分意思の内容                                        │
│       a.  経済的用法に従って利用処分する意思                       │
│       b.  その物の本来的用法に従って利用処分する意思                 │
│       c.  その物から生じる何らかの効用を享受する意思                 │
│   3   毀棄隠匿目的と不法領得の意思                                │
└─────────────────────────────────────────────────────────────┘
```

　これを不要とする見解もありますが，不要とすると毀棄罪は占有侵害を伴わない（比較的稀だと思われる）場合にしか認められなくなる，隠匿行為は通常占有侵害を伴うので大半が窃盗罪になってしまう（親書隠匿罪［263条］が成立する場合はほとんどなくなってしまう），窃盗罪と毀棄罪との法定刑の違いを説明できない（法益侵害という点では，回復不可能な毀棄罪の方が大きいとも考えられるのに，窃盗罪の方が重いのは，財物を利用しようとする動機を有している方がより強い非難に値し[23]，また，一般予防の必要性も高い[24]からである）[25]というようなことから，やはり必要説に分があると思います。

　もっとも，必要説に立つとしても，その意思の実質的な内容をどのように理解するかは問題です。判例は伝統的に「その物の経済的用法に従って利用処分する意思」という表現を用いてきました。その他に，「その物の本来的用法に従って利

---

[22]　東京地判昭59・6・15判時1126・3など。なお，札幌地判平5・6・28判タ838・268では，住民基本台帳閲覧用マイクロフィルムをコピー目的で一時持ち出した事例について，不法領得の意思が認められています。このマイクロフィルムは区役所内の閲覧コーナーでのみ閲覧が許されているものですが，そのような厳格な管理がなされている理由の1つには商業利用の禁止などが含まれていると思われますので（悪用・濫用されないという消極的価値も，当該マイクロフィルムの財物性を基礎づける重要な財産的価値でしょう），そのように権利者の許容しない用途に利用されることによって生ずる不利益を消極的損害と考えることは不可能ではないでしょう（なお，橋爪・法教428号79頁参照）。

[23]　このような意思・動機の悪さを根拠にして重く処罰するのは心情刑法であるという批判があります（曽根・前掲146頁など）。ところで「心情刑法」とは何でしょうか？　「心情刑法の定義を述べよ」と言われたら，皆さんはどう答えますか？

[24]　一般予防の必要性が法定刑の重い理由になるとした場合，予防と責任の関係はどうなるでしょうか？　高橋則夫先生は，これは一般予防によって類型的に責任が加重されるという責任概念を前提にするものだと主張されています（高橋・各論233頁）。予防の必要性の高い行為を行った場合には，その行為に対してより大きな非難が向けられるから刑が重くなるのでしょうか，それとも，予防の必要性自体が責任を加重するのでしょうか？　皆さんはどう考えますか？

用処分する意思」という表現が用いられることもあります。しかしこれらは，その文言通りに理解するのであれば，やや狭すぎると思われます。例えば，下着泥棒の場合や脅迫目的で利用するために包丁を奪ったような場合には，今言ったような意思は認めにくいでしょう。そこで，現在では「その物から生じる何らかの効用を享受する意思」というような表現が定着しつつあります。これは基本的には妥当なものだと思われますが，ここまで内容を薄めるといかなる場合にこれが否定されるのかという限界線が不明確になってきます。

　課題判例 36（最決平 16・11・30 刑集 58・8・1005）ではこの点が問題になりました[26]。原判決は，「不法領得の意思とは，その財物の経済的ないし本来的用法に従いこれを利用もしくは処分する意思であって，その財物を毀棄・隠匿をするかどうかと，不法領得の意思があるかどうかとは直接に論理的な関係にあるわけではない。財物を最終的に毀棄・隠匿する場合であっても，財物を騙し取ることが財物を積極的に経済的ないし本来的用法に従って利用して処分する目的に基くものであることは十分にありうる」とし，「被告人らは，この支払督促手続を不正に利用して，債務者とされた被告人の叔父の財産を差し押さえるために，郵便配達員から支払督促正本等を債務者本人を装って騙し取って，支払督促の効力を生じさせるとともに，債務者から督促異議申立ての機会を奪いながら，仮執行宣言を付すための期間の計算を開始させ，仮執行宣言により強制執行力を得，仮執行宣言付支払督促の確定する期間の計算を開始させるなど，権利義務に関する法律文書である支払督促正本等の本来の法的，経済的効用を発現させようとしていたのであるから，被告人らが債務者本人を装って郵便配達員から支払督促正本等を騙し

---

[25] この点については，占有離脱物横領罪（254 条）も領得罪であるが，その法定刑は器物損壊罪（261 条）よりも軽いという問題点が指摘されています（内田文昭「不法領得意思をめぐる最近の議論について」曹時 35 巻 9 号［1983 年］10 頁）。この点について，佐伯先生は，占有離脱物については，所有者の利用処分の可能性が著しく減少していることに刑が軽い主たる理由があると反論されています（佐伯・法教 366 号 81 頁）。このように占有離脱物については保護される所有権の内実がかなり希薄化しているということだとすれば，占有離脱物の侵害は，それが毀棄であっても占有離脱物横領罪の限度で処罰するということになりそうです。なお，占有離脱物は稀な存在であり，その領得行為を予防する必要性もそれほど高くはないという点も考慮に値するでしょう（斎藤信治「不法領得の意思の必要性」八木古稀（上）384 頁以下）。
[26] 本件では詐欺罪の成否が問題となっていますが，少なくとも 1 項詐欺罪に関しては，不法領得の意思の要否・内容について，窃盗と異なる理解をすべき理由はないでしょう。これに対して，2 項詐欺罪に関しては，やや議論があります（松宮・各論 255 頁以下，山口・前掲新判例 197 頁以下参照）。

取ったのは，その財物の経済的ないし本来的用法に従いこれを利用もしくは処分するという積極的な利用・処分目的に基づくものといえる」と判示しました。これに対して，本決定は，「被告人は，前記のとおり，郵便配達員から正規の受送達者を装って債務者あての支払督促正本等を受領することにより，送達が適式にされたものとして支払督促の効力を生じさせ，債務者から督促異議申立ての機会を奪ったまま支払督促の効力を確定させて，債務名義を取得して債務者の財産を差し押さえようとしたものであって，受領した支払督促正本等はそのまま廃棄する意図であった。このように，郵便配達員を欺いて交付を受けた支払督促正本等について，廃棄するだけで外に何らかの用途に利用，処分する意思がなかった場合には，支払督促正本等に対する不法領得の意思を認めることはできないというべきであり，このことは，郵便配達員からの受領行為を財産的利得を得るための手段の一つとして行ったときであっても異ならないと解するのが相当である」としています。本件の場合，被告人が，支払督促手続を利用して利得するためにこの支払督促正本の交付を受けていることは確かですが，ここでは支払督促正本それ自体から効用を得ようとしているのではなく，支払督促正本が被害者らの手に渡らないことによって生ずる間接的な効用を得ようとしているにとどまるでしょう。このようにその物自体から直接的に効用を享受する意思があるのかどうかを，本決定は重視しているように思われます[27]。

　このような観点を踏まえて，最後に効用享受意思が問題となりそうなケースをいくつか挙げておきましょう。

　まず，毀棄すること自体から直接的に生ずる効用を行為者が享受する場合には，不法領得の意思を認めることができるでしょう。例えば，燃やして暖をとるために薪を持ち去る場合や，祝賀会のビールかけに使用するために酒屋からビールを持ち出すなど場合などがその例です。

　他方，毀棄・隠匿によって相手方を困らせることから心理的な満足を得る場合のように，毀棄・隠匿することから間接的に生ずる効用を行為者が享受する場合には，不法領得の意思は否定されることになるのではないかと思われます。

　それでは，ストレス解消目的で毀棄する場合はどうでしょうか？　ストレス発散のために他人の高価な花瓶を持ち出して壊したような場合がこれに当たりま

---

[27] なお，髙橋直哉・百選Ⅱ（第8版）64頁以下参照。

す。毀棄すること自体がストレス発散という効用の源になっているのであれば[28]、ビールかけ事例と同じように財物それ自体から直接的に効用を享受しているとして不法領得の意思を肯定することもギリギリ可能であるように思いますが、皆さんはどう思われるでしょうか？[29]

また、犯行隠蔽目的だとか刑務所に入る目的の場合も問題になります。例えば、物取りの犯行を装い捜査をかく乱するために現金を持ち出し直ちに廃棄した場合だとか、刑務所に入る目的で現金を持ち出し直ちに自首して現金を警察官に提出した場合だとかがこれに当たります。私は、その物自体から直接的に生ずる効用を享受したとは言い難いので不法領得の意思を肯定することはできないのではないかと考えるのですが、皆さんはどう思われるでしょうか？[30]

最後に、破棄目的で借用書を持ち去った場合も興味深いケースになります。私は、債務免脱等の利益が事実上得られるとしても、それは破棄することから間接的に生ずる利益であり、不法領得の意思を欠くため窃盗罪は成立せず、私用文書毀棄罪が成立し得るにとどまる[31]とすべきではないかと思うのですが、どうでしょう？　（なお、詐取の場合であれば 2 項詐欺罪が成立する余地はあると思います）

授業後の課題

甲及び乙は、A 女と強いて性交することを企図して、A を自動車で拉致し、甲は、車内で A が所持する携帯電話を取り上げた。これは、A が携帯電話を用いて助けを呼ぶのを封ずるとともに、心理的な圧力を加えて性交に応じさせる手段とする意思で行ったものである。しかし、携帯電話を取り上げられたおよそ 3 分後に、A は隙を見て車外に逃走したため、甲らは当初の性交の意図を遂げることができなかった。その後、甲の手元には A の携帯電話が残ったが、甲はこんな物をもっていてはまずいと思い、家に帰る途中の川に投げ捨てた（このとき、携帯電話を取り上げてから約 1 時間が経過している）。

この場合、甲に窃盗罪は成立するか検討しなさい。また、窃盗罪は成立しないとした場合、

---

[28] この場合は所有者が困っている姿を想像して心理的な満足が得られる場合とはニュアンスが違うような気がします（なお、橋爪・法教 428 号 82 頁以下参照）。

[29] 虐待殺傷目的で猫を譲り受けた事案について詐欺罪の成立を認めたものとして、横浜地川崎支判平 24・5・23 判時 2156・144。

[30] 小林先生は、自首して収監される目的を実現する際に、被害品を証拠として携えていることが有用だと判断して占有取得したのであれば、そこに利用処分意思を見出すことは不可能ではないと指摘されています（今井ほか・各論 151 頁以下［小林憲太郎］）。

[31] 山口・前掲新判例 201 頁以下など参照。これに対して、佐伯先生は、証書の毀棄と利益の獲得の関係が直接的であるから利用処分意思を肯定できるとされます（佐伯・法教 366 号 82 頁）。

他の犯罪が成立する可能性はあるかについても併せて考えなさい。

考え方

　Aが助けを呼ぶことを妨害し，性交に応じさせるように圧力をかける手段とする意思をもって不法領得の意思を認めるのであれば，携帯電話を取り上げた時点で窃盗罪の成立を肯定することができるでしょうが，携帯電話それ自体から直接的に効用を享受する意思が必要であるとするならば，不法領得の意思を認めることは困難であるように思われます。

　窃盗の成立が否定された場合には，更に器物損壊罪の成否が検討されることになるでしょう。損壊の意義について，物の物理的毀損だけでなく，その効用を害する一切の行為が含まれるとする判例・通説の立場（効用侵害説）を前提とすれば，携帯電話が取り上げられたことによって既にAはその利用を妨げられているのですから，この点を捉えて器物損壊罪の成立を認めるということが，まず考えられます。

　しかし，わずか3分間という短時間利用が妨げられたことをもって直ちに損壊を肯定することには，躊躇いを覚える向きもあるでしょう。実際，この設例のような事案について，大阪高判平成13・3・14判時1760号149頁は，利用を妨げる行為がすべて「損壊」に当たるわけではなく，「損壊」と同様に評価できる行為のみが器物損壊罪に当たるという考え方に立ち，携帯電話を取り上げたということだけでは，その時点で携帯電話の効用そのものが失われたと解することはできないから，これをもって「損壊」と評価することは相当ではなく，携帯電話を川に投棄した行為をもって「損壊」に当たると判示しています。このような考え方にも相応の説得力がありますが，判例は物理的毀損の場合には必ずしも効用侵害の程度を問題にしていないような感じもしますので[32]，物理的毀損を伴わない行為を「損壊」と同様に評価できるかを検討する場合にどの程度の効用侵害が必要とされるのかは[33]，必ずしも明確ではないように思われます。

　なお，更に考えてもらいたい点を2点挙げておきます。

　前掲大阪高判平成13・3・14の原審では，車内で携帯電話の占有を奪った行為が器物損壊に当たり，その後に川に投棄した行為は不可罰的事後行為だとされました。これは器物損壊罪を即成犯とする理解を前提とするものだと見られますが，一旦ある物について器物損壊罪が成立すれば，その同一物を更に損壊しても器物損壊罪は成立し得ないのでしょうか。例えば，駐車している車のサイドミラーをへし折り，2日後にまた気分がむしゃくしゃしたので同じ車のタイヤをパンクさせたという場合，後の行為は不可罰的事後行為となるのでしょう

---

[32] 山口・各論353頁参照。

[33] 前掲大阪高判平成13・3・14では，損壊の意義について，「物質的に物を害すること又は物の本来の効用を失わしめること」をいうとされています。この後者については，単なる効用侵害では足らず，効用喪失まで必要とするものであるようにも見えますが，もしそうであるとすれば，それは過多の要求でしょう。なお，この事案では，携帯電話の占有を取得してから川に投棄するまでに約1時間が経過していますが，仮に行為者が投棄せず携帯電話を所持したままであったならば，このくらいの時間利用が妨げられたことをもって「損壊」を肯定することはできるでしょうか？　考えてみてください。

か？[34]

　前掲大阪高判平成13・3・14は，「損壊」と同様に評価することができない占有奪取行為
は，刑法上は不問に付されているとします。これによると，占有奪取行為自体は犯罪には当
たりませんが，その結果として占有が移転した物は，占有者の意思によらずにその占有を離
れた物には当たるように思われます。仮にそうだとすれば，このケースの場合，占有離脱物
横領罪が成立する余地はないでしょうか？　ここでは，占有離脱物横領罪においても不法領
得の意思が必要であるという理解を前提として，毀棄の意思も含まれるかが問題となりま
す。仮に毀棄の意思も含まれると解すると占有離脱物横領罪が成立することになりますが，
その場合には器物損壊罪との罪数関係が問題となるでしょう。考えてみてください。

---

[34] 山口先生は，「他人の財物を損壊すれば器物損壊罪は成立するが，存在する被害物をさら
に損壊した場合，後行行為に器物損壊罪の構成要件該当性を否定する理由はない」とされて
います（山口・前掲新判例136頁）。

▶第 **20** 回◀

窃 盗 罪 ②

基本事項の確認

□窃盗罪の保護法益に関する議論を確認しなさい

□親族相盗例の意義，法的性格，適用要件を確認しなさい

課題判例37

出資の受入，預り金及び金利等の取締等に関する法律違反，窃盗被告事件

昭和 59 年（あ）第 1168 号

平成元年 7 月 7 日第三小法廷決定

　　　　　　主　　　文

本件上告を棄却する。

　　　　　　理　　　由

一　上告趣意に対する判断

　弁護人 S，同 H，同 N の上告趣意は，単なる法令違反，事実誤認，量刑不当の主張であって，刑訴法 405 条の上告理由に当たらない。

二　職権による判断

　所論は，被告人は，相手方との間に買戻約款付自動車売買契約を締結し，相手方が買戻権を喪失した後，権利の行使として自動車を引き揚げたものであるから，窃盗罪の責めを負わないと主張するので，この点について判断する。

　原判決によると，次の事実が認められる。

1　被告人は，いわゆる自動車金融の形式により，出資の受入，預り金及び金利等の取締等に関する法律による利息の制限を免れる外形を採って高利を得る一方，融資金の返済が滞ったときには自動車を転売して多額の利益をあげようと企て，「車預からず融資，残債有りも可」という広告を出し，これを見て営業所を訪れた客に対し，自動車の時価の 2 分の 1 ないし 10 分の 1 程度の融資金額を提示したうえ，用意してある買戻約款付自動車売買契約書に署名押印させて融資をしていた。契約書に書かれた契約内容は，借主

が自動車を融資金額で被告人に売渡してその所有権と占有権を被告人に移転し，返済期限に相当する買戻期限までに融資金額に一定の利息を付した金額を支払って買戻権を行使しない限り，被告人が自動車を任意に処分することができるというものであり，さらに本件の31台の自動車のうち2台に関しては，買戻権が行使された場合の外は被告人は「自動車につき直接占有権をも有し，その自動車を任意に運転し，移動させることができるものとする。」という条項を含んでいた。しかし，契約当事者の間では，借主が契約後も自動車を保管し，利用することができることは，当然の前提とされていた。また，被告人としては，自動車を転売した方が格段に利益が大きいため，借主が返済期限に遅れれば直ちに自動車を引き揚げて転売するつもりであったが，客に対してはその意図を秘し，時たま説明を求める客に対しても「不動産の譲渡担保と同じことだ。」とか「車を引き揚げるのは100人に1人位で，よほどひどく遅れたときだ。」などと説明するのみであり，客には契約書の写しを渡さなかった。

2　借主は，契約後も，従前どおり自宅，勤務先等の保管場所で自動車を保管し，これを使用していた。また，借主の中には，買戻権を喪失する以前に自動車を引き揚げられた者もあり，その他の者も，次の営業日か短時日中に融資金を返済する手筈であった。

3　被告人又はその命を受けた者は，一部の自動車については返済期限の前日又は未明，その他の自動車についても返済期限の翌日未明又は数日中に，借主の自宅，勤務先等の保管場所に赴き，同行した合鍵屋に作らせた合鍵又は契約当日自動車の点検に必要であるといって預かったキーで密かに合鍵屋に作らせたスペアキーを利用し，あるいはレッカー車に牽引させて，借主等に断ることなしに自動車を引き揚げ，数日中にこれらを転売し，あるいは転売しようとしていた。

以上の事実に照らすと，被告人が自動車を引き揚げた時点においては，自動車は借主の事実上の支配内にあったことが明らかであるから，かりに被告人にその所有権があったとしても，被告人の引揚行為は，刑法242条にいう他人の占有に属する物を窃取したものとして窃盗罪を構成するというべきであり，かつ，その行為は，社会通念上借主に受忍を求める限度を超えた違法なものというほかはない。したがって，これと同旨の原判決の判断は正当である。

よって，刑訴法414条，386条1項3号により，裁判官全員一致の意見で，主文のとおり決定する。

（裁判長裁判官　伊藤正己　裁判官　安岡満彦　裁判官　坂上寿夫　裁判官　貞家克己）

チェック

□本決定は，仮に被告人に所有権があったとしても，本件引揚行為は窃盗罪を構成するとするが，それはどのような理由によるのか？

□本決定が，「その行為は，社会通念上借主に受忍を求める限度を超えた違法なものというほかはない」と判示している部分は，どのような意味をもつか？

□窃盗の被害者が窃盗犯人から盗まれた自己の物を取り戻す行為について，窃盗
罪は成立するか？

課題判例38
業務上横領被告事件
最高裁判所第一小法廷平成19年（あ）第1230号
平成20年2月18日決定

　　　　　　　　　主　　文

本件各上告を棄却する。

　　　　　　　　　理　　由

　被告人3名の弁護人M，同Tの上告趣意のうち，憲法違反をいう点は，実質は単なる
法令違反の主張であり，判例違反をいう点は，原判決は刑法244条所定の親族の範囲に
つき民法の定めるところと異なる判示をしたものではないから，所論は前提を欠き，そ
の余は単なる法令違反の主張であって，刑訴法405条の上告理由に当たらない。
　なお，所論にかんがみ，被告人Aの業務上横領罪について，職権で判断する（以下，
同被告人を，単に「被告人」という。）。
1　本件は，家庭裁判所から選任された未成年後見人である被告人が，共犯者2名と共
謀の上，後見の事務として業務上預かり保管中の未成年被後見人の貯金を引出して横領
したという業務上横領の事案であるところ，所論は，被告人は，未成年被後見人の祖母
であるから，刑法255条が準用する同法244条1項により刑を免除すべきであると主張
する。
2　しかしながら，刑法255条が準用する同法244条1項は，親族間の一定の財産犯罪
については，国家が刑罰権の行使を差し控え，親族間の自律にゆだねる方が望ましいと
いう政策的な考慮に基づき，その犯人の処罰につき特例を設けたにすぎず，その犯罪の
成立を否定したものではない（最高裁昭和25年（れ）第1284号同年12月12日第三小
法廷判決・刑集4巻12号2543頁参照）。
　一方，家庭裁判所から選任された未成年後見人は，未成年被後見人の財産を管理し，
その財産に関する法律行為について未成年被後見人を代表するが（民法859条1項），そ
の権限の行使に当たっては，未成年被後見人と親族関係にあるか否かを問わず，善良な
管理者の注意をもって事務を処理する義務を負い（同法869条，644条），家庭裁判所の
監督を受ける（同法863条）。また，家庭裁判所は，未成年後見人に不正な行為等後見の
任務に適しない事由があるときは，職権でもこれを解任することができる（同法846
条）。このように，民法上，未成年後見人は，未成年被後見人と親族関係にあるか否かの

区別なく，等しく未成年被後見人のためにその財産を誠実に管理すべき法律上の義務を負っていることは明らかである。

　そうすると，未成年後見人の後見の事務は公的性格を有するものであって，家庭裁判所から選任された未成年後見人が，業務上占有する未成年被後見人所有の財物を横領した場合に，上記のような趣旨で定められた刑法 244 条 1 項を準用して刑法上の処罰を免れるものと解する余地はないというべきである。したがって，本件に同条項の準用はなく，被告人の刑は免除されないとした原判決の結論は，正当として是認することができる。

　よって，刑訴法 414 条，386 条 1 項 3 号により，裁判官全員一致の意見で，主文のとおり決定する。

（裁判長裁判官　甲斐中辰夫　裁判官　横尾和子　裁判官　泉徳治　裁判官　才口千晴　裁判官　涌井紀夫）

チェック

□横領罪において親族相盗例が準用されるためには，犯人と誰との間に親族関係が必要か？

□本決定は罪刑法定主義に反しないか？

□内縁関係にある者に親族相盗例の適用・準用は認められるか？

授　業

　今回のテーマも「窃盗罪」です。もっとも，今回取り上げる保護法益と親族相盗例は，窃盗罪以外の財産犯にも関係するところがあるので，財産犯全体を視野に入れて考える視点があると理解がより深まると思います。

　まず，窃盗罪の保護法益の問題から始めましょう。

窃盗罪の保護法益

1　問題の所在…242 条にいう「他人の占有」の解釈
　　☞保護法益論の射程
2　学説
　A 説：本権説（所有権その他の本権が保護法益である）
　B 説：占有説（占有それ自体が保護法益である）
　C 説：中間説（修正本権説，平穏占有説，合理的な占有説 etc.）

　窃盗罪の客体は「他人の財物」ですが，242条により「自己の財物であっても，他人が占有」するものについては，「他人の財物」とみなされます。従って，242条にいう「他人の占有」の解釈如何によって窃盗罪の客体の範囲が変わってくることになります。窃盗罪の保護法益に関する議論は，差し当たり，この242条にいう「他人の占有」の解釈に関する見解の対立として描き出されることになります。

　242条は，不動産侵奪罪（235条の2），強盗罪（236条）にも適用されますし，更には，251条によって詐欺罪（246条），恐喝罪（249条）などにも準用されます。ですから，これらの犯罪にもここでの保護法益に関する議論が妥当することは当然です。この限りで見ると，この議論は，財物を客体とする占有移転を伴う犯罪（財物奪取罪）を対象としたものだと，とりあえずは言うことができるでしょう。ただ，後に見るように，財産犯の成否と民事法上の権利関係とを連動させるかどうかという点が，この議論の中核的な部分をなしていると見れば，利得罪の成否や占有侵害がない横領罪や毀棄罪の解釈においても類似の問題があると見ることもできるかもしれません[1]。

　さて，242条における「他人の占有」の意義に関しては，周知の通り，本権説と占有説の対立があるとされます。本権説は，所有権その他の本権が保護法益であるとする見解です。この見解によると，242条は例外規定であり，その「占有」は私法上の適法な権限（賃借権など）に基づくものに限られるとされます。ところで，本権説に立った場合，占有はどのように扱われることになるのでしょうか？この点に関しては，占有は行為の態様の特徴化の要素であり保護法益ではないと見ているのではないかと思われる見解[2]もないではありません。しかし，所有者と占有者が分離している場合に占有者は被害者ではないと考えるのは妥当ではないと思われますし，占有を保護法益と考えなければ窃盗と横領の法定刑の差異を説明することも困難となるでしょうから，占有も保護法益の一部であると解する

---

[1] 財産犯の保護法益論の諸相については，松原・各論184頁以下参照。なお，この関連では，権利行使と恐喝という問題のとらえ方がよく議論されます。この問題を財物罪の保護法益の問題に帰着するとする論者がいる（例えば，西田・各論245頁）一方で，債務を負っているからといって債務者の金銭の占有が不適法になるわけではないから，権利行使と恐喝の問題は「本権説と所持説」の問題とは異なったレベルにあるとする論者（町野朔・百選II［4版］103頁）もいます。ところで，皆さんは，債務不履行状態に至っている債務者の債務額相当の金銭の占有を適法だと考えますか，それとも不適法だと考えますか？
[2] 団藤・各論567頁。

べきでしょう。

　他方で，占有説は，占有それ自体が保護法益であるとする見解です[3]。この見解によると，242 条は単なる注意規定であり，全ての占有が保護の対象になります。占有説に立った場合には，先ほどの本権説とは逆に，本権がどのように扱われるのかが問題となります。この点に関しては，究極的には本権も保護の対象だと考えざるを得ないと思います。そのように考えないと，窃取後の損壊行為を共罰的事後行為と解するのが困難になるでしょうし，所有権者は被害者ではないということにもなりかねず，妥当ではないように思われます。

　さて，そうすると，本権説も占有説も，通常の場合には本権と占有の双方を保護法益とするものだと解するのが妥当であり，両説の差異は，窃盗罪の成立要件として本権侵害を常に必要だと解するか，それとも，単なる占有侵害でも足りる場合があると解するのかという点にあるということになるでしょう[4]。

　ここで判例の展開を確認しておきましょう。大審院の判例は，本権説的な立場に立っていたと考えられます。例えば，大判大 7・9・25 刑録 24・1219 は，債務者が債務の担保としていた無効な恩給年金証書を債権者に交付した後，これを騙取ないし窃取したという事案につき，刑法 242 条の規定は，占有者が適法にその占有をもって所有者に対抗し得る場合に限り適用されるのであり，恩給年金証書を担保のため債権者に交付しても，債権者はこの証書について何らの権利をも取得するものではないから，債権者の意思に反してまたはこれを欺罔して占有を回復しても，窃盗罪または詐欺罪に問擬すべきではない，と判示しました。これに対して，戦後の最高裁は，明らかに占有説的な立場に移行していきます。盗品について恐喝罪の成立を認めるもの（最判昭 24・2・8 刑集 3・2・83）や，禁制品について詐欺罪の成立を認めるもの（最判昭 24・2・15 刑集 3・2・175，最判昭 25・4・11 刑集 4・4・528，最判昭 26・8・9 裁判集刑 51・363）が現れ[5]，ついには，最判昭 34・8・28 刑集 13・10・2906 が，担保に供することを禁止された国鉄公傷年金証書を債権者に担保として交付した債務者が欺罔によりこれを取り戻したという事案に関し，「自己の所有にかかる国鉄公傷年金証書を担保として同人に差し入れたこ

---

[3] 川端・各論 307 頁，前田・各論 158 頁以下など。
[4] 佐伯・法教 364 号 105 頁，山口・各論 187 頁参照。
[5] もっとも，大審院時代においても，禁制品・盗贓品の奪取行為について財産罪の成立を認めるなど，本権説も緩和されていたという指摘（鈴木享子「財産犯の保護法益」阿部純二ほか編『刑法基本講座第 5 巻財産犯論』［1993 年］8 頁）もあるところです。

とが無効であるとしても，同人の右証書の所持そのものは保護されなければならない」として詐欺罪の成立を認め，これと異なる判断を示していた前掲大判大7・9・25 を明示的に変更するに至ります。更に，最判昭 35・4・26 刑集 14・6・748 は，譲渡担保権者が更生管財人の保管にかかる自動車を無断で運び去ったが，この自動車の所有権の帰属は債務者からの弁済の充当関係が不明確なため民事裁判によらなければ確定しがたい状態であったという事案に関し，「他人の事実上の支配内にある本件自動車を無断で運び去った被告人の所為を窃盗罪に当たるとした原判決の判断は相当である」として，所有権の帰属自体に不明確な点があった事例においても占有説の論理から窃盗罪の成立を肯定しました。

最決平元・7・7刑集 43・7・607

「被告人が自動車を引き揚げた時点においては，自動車は借主の事実上の支配内にあったことが明らかであるから，かりに被告人にその所有権があったとしても，被告人の引揚行為は，刑法 242 条にいう他人の占有に属する物を窃取したものとして窃盗罪を構成するというべきであり，かつ，その行為は，社会通念上借主に受忍を求める限度を超えた違法なものというほかはない」

☞占有説＋例外的な違法性阻却の可能性？

　課題判例 37（最決平元・7・7刑集 43・7・607）も，このような占有説の論理に従うものだと考えられます。そのことは，「仮に被告人にその所有権があったとしても」，「刑法 242 条にいう他人の占有に属する物を窃取したものとして窃盗罪を構成する」としているところから明らかでしょう。ところで，この判例は，「その行為は，社会通念上借主に受忍を求める限度を超えた違法なものというほかはない」ということも指摘しています。これは，構成要件段階では占有説を採り，問題がある場合は例外的に違法性阻却の次元で考慮するという考え方を示したものだとの理解が有力です[6]。ここは自力救済の禁止の問題と関わっていますので，その点を少し検討してみることにしましょう。

　近代法においては，自力救済は原則として禁止されるといわれています。自力による権利の行使を広く認めると社会秩序が混乱するおそれがあるので，私人の

---

[6] 香城敏麿・最判解平成元年度 227 頁など。

権利の実現は司法手続を通して行うのが原則で，自力救済は許されないとされるのです（民法で占有訴権が認められていることも，そのような考えの表れであるといわれることがあります）。このように自力救済が原則として禁止されることのいわば反射的効果として，占有しているという事実状態そのものが保護されることになるでしょう。占有説は，この点を自説の重要な論拠とします。

　これに対しては，①自力救済であること自体が窃盗罪の構成要件該当性を基礎づけるものではない[7]（「自力救済罪」という犯罪があるわけではない），②自力救済の禁止は国民に民事裁判の利用を強制するものではない[8]，③占有の訴えに対して本権に基づく反訴が許されるのであれば（最判昭 40・3・4 民集 19・2・197），民事上も自力救済の禁止の趣旨が貫徹されているわけではない[9]，といった疑問が呈されています。占有説によると，窃盗犯人から被害者が自己物を取り戻す行為もすべて窃盗罪の構成要件に該当することになりますが，窃盗犯人の占有は所有者に対する関係でも原則として保護されるべきであるという価値判断には私も疑問を感じます[10]。

　もっとも，占有説に立っても，例えば，窃盗犯人から被害者が自己物を取り戻すようなケースでは自救行為による違法性阻却の余地があるから不当な結論に至るわけではないという反論がなされています。先に述べたように課題判例 37 も，そのような見方に立っているのだと思います。ただ，自救行為として違法性が阻却されるには，行為の必要性・緊急性，手段の相当性が要件となるため，違法性が阻却されるケースはかなり限定されることになりそうです。例えば，窃盗犯人の自宅に侵入して取り戻す場合には違法性は阻却されないとする有力な見解があります[11]。しかしそうなると，あたかも手段が違法であったことから財産犯が成立することになるかのようです。手段が相当な場合には違法性が阻却されるところで，手段が違法であるから窃盗罪が成立する（しかも同時に住居侵入罪も成立することになるでしょう）という解釈には釈然としないものが残るかもしれません[12]。こ

---

[7]　山口厚『問題探究刑法各論』（1999 年）106 頁。
[8]　佐伯・法教 364 号 106 頁。
[9]　西田・各論 167 頁以下。
[10]　なお，中森喜彦・百選Ⅱ（第 4 版）51 頁参照。
[11]　香城・前掲 228 頁参照。
[12]　佐伯先生は，「財産的な権利関係に違いはないのに，住居侵入の違法性が加わることによって窃盗罪が成立するのは妥当でないと考える」とされています（佐伯・法教 364 号 107 頁）。

のような結論に至るのは，結局，窃盗犯人の占有は所有者に対する関係でも原則として保護されるべきであるという価値判断が出発点となっているからでしょう。

　他方で，本権説を貫徹すると，今度は逆に自力救済が幅広く肯定されるように見えます。しかし，本権説によっても，手段の違法性は別途評価されますので，住居侵入罪，暴行罪，脅迫罪などが成立する可能性はあります。従って，野放図に自力救済が許容されることになるわけではないでしょう。ここは評価の分かれるところですが，個人的には純粋な占有説を採ることには違和感を覚えます。

　なお，この関係では，平穏な占有のみが保護されるとする平穏占有説にも興味深いものがあります。この立場は，占有説を基調としつつも，窃盗犯人の占有は平穏な占有ではないから保護されない，と主張します。例えば，窃盗犯人から所有者が盗品を取り戻す行為は窃盗罪に当たらない，とするのです[13]。もっとも，この見解が言うところの平穏な占有とは何かは，必ずしもはっきりしているわけではなく，詐欺犯人の占有は平穏な占有なのか，とか，窃盗犯人の占有でも長期間経過すれば平穏な占有に転化するのか，といった点には不明確なところがあります。

　さて，課題判例 37 に話を戻しますが，本権説からはこの判例はどのように理解されることになるのでしょうか？　被告人に所有権が帰属していなければ，窃盗罪が成立することは当然です。問題は，被告人に所有権が帰属する場合です。この場合については，仮に被告人に所有権が帰属するとしても，被告人には譲渡担保契約に基づく清算義務があり，これは自動車の引き渡しと同時履行の関係に立つから，債務者側は同時履行の抗弁に基づいて引き渡しを拒否できるので，その占有は保護されるという見方が示されています[14]。これを本権説の修正と見るかどうかは評価の分かれるところかもしれませんが，民事法上適法な利益を備えた占有を保護すべきだと考えるところは，明らかに占有説と発想を異にしています。

　ところで，ここにも表れていることなのですが，本権説の発想は，窃盗罪などの成否を民事上の権利関係に従属させるべきだ，とするものです。これに対して，占有説の発想は，民事上の権利関係とは独立に判断すべきだとするものでしょう。本権説と占有説の対立をこのような形でとらえ，前者を「従属説」，後者を「独立説」と呼ぶことがあります[15]。安廣先生は，従属説が不都合な点として，①

---

[13]　平野・概説 206 頁。
[14]　上嶌一高・百選Ⅱ（8 版）55 頁参照。

民法の誤解により「自己の物」だと思っていると故意が否定されることになってしまう，②民事訴訟等による紛争解決は，処分権主義，和解の可能性等により予測困難であり，その結果に刑事裁判の帰趨が左右されるのは不都合である，③刑事裁判で検察官が一方当事者に肩入れするのは公権力の民事紛争への過度の介入となり適当ではない，といったことを指摘されています[16]。これに対して，佐伯先生は，従属説の立場から，①故意の認識対象は，裁判所が「他人の物」と解釈する事実であり，そのような事実を認識していれば「自己の物」と思ってもそれは違法性の錯誤にすぎず，故意は認められる，②刑事裁判所が判断しなければならないのは行為時の権利関係であって，その後，民事でどのような解決がなされるかは関係がない，③被告人側から民事上の権利があることを理由に違法性阻却の主張がなされた場合，検察官は権利関係について相当程度の立証をせざるを得ず，そこで違法性阻却を否定する主張をするのであれば，結局，検察官は一方当事者に肩入れすることになる，また，民事紛争の一方当事者を逮捕・起訴すること自体が極めて大きな肩入れである，と反論されています[17]。どちらの主張にもなるほどと思わせるところがありますね。皆さんはどちらに軍配を上げるでしょうか？

　さて，ここで従属説・本権説的な考え方に立つ場合には，権利関係をどのようにして証明するのかという問題が出てきます。この点に関しては，まず，民事法上適法な占有を保護すべきであるが，民事法上の適法性を基礎付ける事実が，合理的な疑いを入れない程度まで証明されなくても，民事訴訟でならば証明されたであろう程度まで明らかにされたならば，民事的には保護すべき状態が存在しているのだから，刑法上も犯罪の成立を認めてよいとする見解があります[18]。これは，本権説を基本としながら，その本権の存在の証明の程度を民事訴訟のレベルにまで緩和するという考え方であり，修正本権説と呼ばれています。しかし，刑事裁判の証拠法則の中で証明基準だけを民事裁判のそれにすることにはあまり説得力がないように思われます[19]。

---

[15] 安廣文夫・最判解昭和 61 年度 225 頁以下参照。
[16] 安廣・前掲 225 頁以下。
[17] 佐伯・法教 364 号 109 頁。
[18] 林・各論 164 頁。
[19] 島田聡一郎「財産犯の保護法益」法教 289 号（2004 年）102 頁。なお, 佐伯仁志＝道垣内弘人『刑法と民法の対話』（2001 年）153 頁以下参照。

　次に，権利主張することに一応合理的な理由のある占有は保護されるとする見
解があります（合理的な占有説）[20]。この見解も本権説を基調としますが，刑事裁判
において民事上の権利関係を確定することには疑問があるとして，「権利主張を
することについて一応合理的理由がある占有」とか「民事法上認めうる利益が存
在する合理的な可能性がある占有」[21] といったところまでを保護の対象とすると
ころに特徴があります。しかし，この「一応合理的理由がある占有」とはどのよ
うな状態を指すのかは必ずしも明確ではありません[22]。実際上そのような線引き
が困難であることを指摘し，占有説に立って，そのような実質的な考慮は具体的
な事案に即した利益衡量の問題として違法性阻却の判断で行うべきだという主張
もなされるところです[23]。私は，事前の線引きは困難であるとしても，具体的な
事案において保護すべき利益がないと判断されるのであれば，それはやはり違法
性以前に構成要件該当性が否定されるべきだと思いますが，皆さんはどう考える
でしょうか？[24]

　最後に，242 条が関係しない 235 条の解釈問題に触れておきましょう。

　例えば，禁制品を窃取する行為や，窃盗犯人から盗品を無権限の第三者が窃取
する場合などがこれに当たります。この類の問題を出すと，時々，242 条の解釈
を長大に論じてくる答案に遭遇しますが，この場合は 242 条が適用されるケース
ではないので，その点に留意してバランスを考えた論述をしてほしいと思います。

　さて，このような場合も窃盗罪の成立を認めるのが判例・通説です。占有説に
立てば，この結論は容易に正当化できますが，本権説に立った場合はどのように
説明されることになるのでしょうか？　禁制品とは，法令上私人による所有・所
持が禁止されている物を意味するとされますが，一定の場合には許可等を条件に
所有・所持することができるのですから所有権の対象となり得るものとして財物
性は肯定できるでしょうし，違法な所持であっても法律上の没収手続を経なけれ
ば没収されないという意味で，それ以外の侵害からは保護されると解することが
可能でしょう[25]。窃盗犯人から盗品を無権限の第三者が窃取した場合については，

---

[20] 西田・各論 169 頁など。
[21] 山口・各論（初版）191 頁。もっとも，この表現は第 2 版では用いられていないようです。
[22] 「民事法上認めうる利益」を「民事訴訟等で争う利益」と解するならば，そのような利益
は窃盗犯人でも認められるのではないか，といった疑問が提起されることになるでしょう。
[23] 井田・各論 226 頁。
[24] 島田・前掲 105 頁参照。

元の所有者の権利が再度侵害されると考えることができると主張されています。これに対しては，直接領得罪と間接領得罪の区別を曖昧にするものだとの批判がありますが，例えば，甲が乙に貸与していた財物を丙が窃取した場合，丙は乙の賃借権に基づく占有を侵害しているとともに甲の所有権に基づく返還請求権も侵害しているのであって，後者の点は乙が窃盗犯人であっても変わるところはないでしょう。むしろ問題は，所有権侵害だけでは窃盗罪の成立を肯定することはできず，占有侵害の点も説明しなければならない，という点でしょう。この点については，窃盗犯人も，権利者からの要求に応じて盗品を返還する義務はあり，それを履行する必要上，その占有は無関係な第三者との関係においては，なお保護されるべきである，と答えることができそうです[26]。そのように考えると，窃盗犯人の占有は，所有者に対しては保護されないが，無権限の第三者に対する関係では保護されることになり，占有の相対化が生じることになって妥当ではないとする批判がありますが，相対化しているのは占有ではなく，占有の要保護性であって，権利者と無権利者とで要保護性の判断が異なるのはむしろ当然ですから，そのような批判は当たらないと思います[27]。

保護法益論にまつわる問題点

1　自力救済禁止との関係（cf. 民法 202 条）
2　民事法上の権利関係との関連
3　禁制品と窃盗罪の成否
4　窃盗犯人から盗品を奪取する場合の窃盗罪の成否
　　1）被害者が奪取する場合
　　2）無関係の第三者が奪取する場合

それでは，次に親族相盗例に移りましょう。

---

[25] ある物が財物に当たるか（財産権の対象となるか）という問題と，その占有が保護されるかという問題は，本来，別の問題なので，占有説に立っても禁制品が財物に当たるか，という点は問題になるはずなのですが，一般にはあまり意識されていないようです。
[26] 山口・各論 192 頁。
[27] 橋爪・法教 429 号 90 頁。

親族相盗例の基本

1　意義　☞1項と２項の不均衡？
2　法的性格
　A説：家庭内の紛争には国家が干渉しない方がよいという法政策
　　　　（「法は家庭に入らず」）に基づいて一身的な刑罰阻却事由を
　　　　定めたものである（政策説）
　B説：親族間においては所有・占有関係が合同的で区別が明確で
　　　　はないから法益侵害が軽微である（違法減少説）
　C説：親族関係という誘惑的要因のために責任が減少する（責任減
　　　　少説）

　刑法244条は，親族間で窃盗罪及び不動産侵奪罪（その未遂を含む）が犯された場合について，刑が免除され（1項），あるいは，親告罪とされる（2項）旨を定めています。この規定は，詐欺罪，恐喝罪，背任罪，横領罪などにも準用されます（251条，255条）。1項と2項を比較すると，告訴がない場合，より近い親族関係にある者に関しては刑の免除という有罪判決が言い渡されるのに対し，それより遠い親族関係にある者については処罰されないことになって不均衡ではないか，という問題があります。1項の刑の免除は必要的ですから，1項の場合について起訴されることは実際にはまずないと思われますが，親族関係がないと思って起訴したところ実際には親族関係があったような場合には問題となり得るでしょう。1項の場合も親告罪として扱うのが妥当だと思いますが，これが解釈としてはできないとすれば立法によって解決されなければならないでしょう。

　この親族相盗例は，親族間の一定の財産犯罪については，親族間の自律的な規律に委ねる方が望ましいという政策的な考慮（「法は家庭に入らず」）に基づき，処罰について特例を設けたものであるとするのが判例・通説です。その他に，親族間においては所有・占有関係が合同的で区別が明確ではないから法益侵害が軽微であるとする違法減少説や親族関係という誘惑的要因のために責任が減少するとする責任減少説も主張されています。違法減少説や責任減少説が指摘するような事情が存在する場合も勿論あるでしょうが，244条が対象とする全ての場合を説明するにはやはり政策説のような考え方に立たざるを得ないでしょう（例えば，同居していない配偶者，直系血族，親族については，所有・占有関係が合同的だとか，誘惑的要因が類型的にあるだとかは，必ずしもいえないと思います）。

　次に適用の要件について検討してみましょう。

```
┌─────────────────────────────────────────────┐
│              親族相盗例の適用要件              │
│                                               │
│   1   親族の意義                              │
│   2   親族関係が必要な範囲                    │
│        ……犯人と所有者及び占有者との間になければならない  │
│         （最決平 6・7・19 刑集 48・5・190）     │
│   3   親族関係の錯誤                          │
│   4   親族相盗例の適用排除                    │
└─────────────────────────────────────────────┘
```

　親族相盗例における親族の範囲は民法の定めるところによります（民法725条）。内縁関係にある者についても親族相盗例の準用を認めるべきだとする見解[28]もありますが，判例は免除を受ける者の範囲は明確に定める必要があるとして親族相盗例の適用・類推適用を否定しています（最決平 18・8・30 刑集 60・6・479）。

　親族相盗例の適用に当たって，親族関係は犯人と誰との間に必要かという問題がありますが，判例（最決平 6・7・19 刑集 48・5・190）・通説は，犯人と占有者及び所有者の双方との間に親族関係がなければならないとしています。「法は家庭に入らず」という政策的根拠からすれば，占有者あるいは所有者が親族ではない場合には，もはや紛争は家庭外に波及していることになりますから親族相盗例の適用を認めるべきではないでしょう。また，窃盗罪の保護法益との関係からは，所有権と占有の双方が保護法益であるから所有者も占有者も被害者なので双方との間に親族関係が必要であると説明されることになります。これは一見すると占有説に反するようにも見えますが，先に述べたように占有説は，占有それ自体が所有権とは独立に保護法益となり，占有侵害があれば窃盗罪は成立し得るということを認める説であり，本権が保護法益であることを否定する見解ではないと思いますので，占有説によっても，犯人と占有者及び所有者の双方との間に親族関係が必要であるとの結論を導くことができるでしょう[29]。

　さて，課題判例 38（最決平 20・2・18 刑集 62・2・37）は，親族相盗例の準用（255条）を否定しています。委託物横領罪においては，犯人と物の所有者との間に親族関係があれば足りるのか，委託者との間にも親族関係が必要なのかということについて見解の対立があり，後者の見解が有力です。このような理解を前提として，このような場合には家庭裁判所が委託者であると考えて，親族相盗例の準用

---

[28] 大谷・各論 233 頁。
[29] なお，髙橋直哉・判例評論 442 号（判時 1543 号 [1995 年]）249 頁参照。

を否定する見解もあるところです。しかし，本決定は，そのような論理を採用せず，親族相盗例が「法は家庭に入らず」という政策的な考慮に基づいていることを前提とした上で，未成年後見人の後見の事務は公的性格を有するものであることを指摘して，親族相盗例の準用を否定しています（更に，最決平24・10・9刑集66・10・981頁は，家庭裁判所から選任された親族である成年後見人についても，同様の判断を示し，加えて，量刑に当たり親族関係があることを酌むべき事情として考慮するのも相当ではないとしています）。親族相盗例の趣旨を「法は家庭に入らず」という政策的な理由に求める立場からすれば，妥当な結論だと思いますが，形式的には親族であることが明らかである者について，政策的考慮を引き合いに出すことによって，親族相盗例の射程範囲を限定するという解釈手法には罪刑法定主義の観点から疑問も呈されているところです[30]。そもそも，現行の親族相盗例については，その合理性に疑問もあるところなので，抜本的な見直しをする必要があるようにも思われます。より根本的には，「法は家庭に入らず」という政策的な理由の妥当性を現代社会において改めて問い直してみることが求められているといえるかもしれません[31]。

　最後に，親族関係の錯誤について簡単に触れておきます。親族相盗例の根拠を前述のような政策的な理由に求めるならば，親族関係の錯誤は行為の犯罪性とは関係のない錯誤ですから，罪責には影響しないことになります。従って，親族関係に錯誤があっても，故意は阻却されませんし，38条2項により親族相盗例が適用されることもありません。学説では，親族相盗例を違法性あるいは責任の減少を根拠とする一種の減軽構成要件を定めたものと解して，親族関係の錯誤がある場合には38条2項により親族相盗例の適用を認める見解[32]もありますが，先に述べたように現行法の解釈としては難があるように思われます。なお，親族関係の錯誤は罪責に影響しないとすれば，客観的には親族関係があるが行為者がそれを認識していないという場合には，客観的に親族関係が存在する以上，親族関係があることを認識していなくとも，親族相盗例は適用されることになるでしょう。

---

[30] 内田幸隆・平成24年度重判解161頁以下参照。
[31] 親族相盗例に限らず，刑法と家庭・家族の関係を現代社会の文脈に照らして幅広く検討する重要な著作として，深町晋也『家族と刑法──家庭は犯罪の温床か？』（2021年）があります。
[32] 西田・各論180頁。なお，福岡高判昭25・10・17高刑集3・3・487参照。

授業後の課題

　甲男と A 女は，結婚から 5 年が経過していたが，性格の不一致から離婚することとなった。2 人は経済的な理由で離婚届を提出する日まで同居を続けていたが，既に婚姻関係は事実上破綻しており，2 日後に離婚届を区役所に提出することとなっていたところ，甲は，遊興費欲しさに，A が大切に保管していた A 所有の指輪・ネックレスなどの貴金属を持ち出し，貴金属買取店に売却した。甲の罪責について簡潔に論じなさい。なお，離婚届は予定通り提出されたものとする。

考え方

　甲の行為は窃盗罪に当たりますが，行為の時点において甲と A との間には 244 条 1 項所定の親族関係があります。そうすると親族相盗例が適用されそうです。判例は，「免除を受ける者の範囲は明確に定める必要があるとして」いますが（最決平 18・8・30 刑集 60・6・479），そのことからも法律上婚姻関係が存続している以上，244 条 1 項が適用されるべきだと解することには相応の理由があると言えるでしょう。

　しかし，それはあまりに形式的な判断ではないかという見方もあるように思われます。親族相盗例が「法は家庭に入らず」という政策的な考慮に基づくものであるとすれば，そのような政策的な考慮が妥当するケースかどうかを実質的に判断すべきであると主張することにも理由はあるのではないでしょうか。判例は，法律上親族であることが明らかである未成年後見人について，未成年後見人の後見の事務は公的性格を有するものであることを指摘して，親族相盗例の準用を否定しています（課題判例 38）。ここでは，法律上親族である者であっても，実質的な考慮を働かせることによって，親族相盗例の適用が否定されていると見る余地もありそうです。そのような観点から，婚姻関係が実質的に破綻しているということは，「法は家庭に入らず」という政策的な考慮が妥当しないことを示す事情として判断すべきだとして，親族相盗例の適用を否定するという考え方も十分あり得るように思われます（もっとも，このような実質的な判断を行うことによって，親族相盗例の適用範囲が不明確になるおそれがあることには注意が必要でしょう）。なお，事案は異なりますが，婚姻が無効とされる場合に親族相盗例の適用を否定した裁判例に，東京高判昭 49・6・27 高刑集 27・3・291 があります。

▶第 **21** 回◀

強 盗 罪

基本事項の確認

□強盗罪の成立要件を確認しなさい

□事後強盗罪の成立要件を確認しなさい

課題判例39

住居侵入，強制わいせつ致傷，強盗被告事件
東京高等裁判所平成 19 年（う）第 2824 号
平成 20 年 3 月 19 日第 9 刑事部判決

主　　　文

　原判決を破棄する。

　被告人を懲役 3 年 6 月に処する。

　原審における未決勾留日数中 100 日をその刑に算入する。

理　　　由

第 1　本件控訴の趣意は，理由不備，法令適用の誤り，量刑不当の各主張である。

1　理由不備，法令適用の誤りの論旨について

(1) 論旨は，原判決は，被告人が，被害者に対して強制わいせつ罪の暴行・脅迫を加えた後に，被害者から携帯電話等を奪取した行為につき，新たな暴行・脅迫行為が加えられたとは認められないとしながら，身体の自由に対する侵害行為が継続している以上，新たな暴行があった場合と同視できる，あるいは財物奪取に向けられた暴行であると評価すべきであると判断しているが，この点について，強盗罪が成立する理由が明確になっていないのであり，理由不備があるし，結局，被告人には窃盗罪しか成立しないのであるから，法令適用に誤りがあるという。

(2) そこで，被告人に強盗罪が成立するかについて検討するに，次の事実は，原審証拠により容易に認めることができる。

ア　被告人は，被害者が勤務する会社から，絵画を購入した際，その従業員であった被

害者と知合い，同女に興味を持つようになったが，次第に，被害者の接客態度と販売方法に疑問と怒りを抱くようになった。そこで，被告人は，平成 17 年 10 月 2 日，被害者に対して性的ないたずらをして，それをカメラで撮影して，被害者に仕返しをしようなどと考えて，カメラやマスクなどを携えて，被害者の住居に赴いた。

イ　被告人は，翌 3 日午前零時ころ，自宅に帰宅した被害者に対し，逃げないようにするために，部屋に被害者を押し込み，更に這って逃げようとする被害者を捕まえて，顔面を数回殴打した。その後，被告人は，被害者の顔面にガムテープを，上半身に布団を掛け，目隠しをするとともに，パンティー等を脱がして，下半身の写真を撮った後，更に被害者の両手首を紐で後ろ手に縛って，身動きが困難な状態にした。

ウ　被告人は，その後，被害者の肛門等にバイブレーターを挿入するなどのわいせつ行為をし，その状況を写真に撮った。

エ　ウのわいせつ行為を行っている途中，被害者の携帯電話に着信があり，振動音が鳴り響いた（なお，振動音はすぐに鳴りやんだ。）。被告人は，携帯電話を手に取り，ポケットかバッグの中に入れた。

その時間については，正確には特定できないが，少なくとも，その後も，ウと同様のわいせつ行為は行われた。

オ　同日午前 1 時 40 分ころ，わいせつ行為を終わらせた被告人は，被害者宅から逃走することにした。被告人は，後ろ手に縛った紐を緩めるなどしたが，逃走の時間を確保するために，被害者の両足を更に縛った。逃走する際に，被告人は，被害者から脱がせたパンティーを見つけ，これも持ち去った。

被害者は，被告人が逃走した後，自ら両手首の紐を外すなどし，自由になった。

カ　被害者は，被告人からイの殴打を受けた際には，一時意識が朦朧としたが，その後は，意識を失うことはなかった。また，被告人は，わいせつ行為をしている最中も，逃走する際も，被害者が動いていたことを確認していた。

キ　被告人は，逃走した後，本件で使用したマスクなどは川に投棄したが，被害者宅から持ち去った携帯電話やパンティーは自宅に保管していた。また，携帯電話のメールを確認して，被害者の交際関係を確認したり，被害者の実家の電話番号を携帯電話で確認して，その住所を調べ，ウで撮影した写真を送付したりした。

(3)　そこで，検討するに，強制わいせつの目的による暴行・脅迫が終了した後に，新たに財物取得の意思を生じ，前記暴行・脅迫により反抗が抑圧されている状態に乗じて財物を取得した場合において，強盗罪が成立するには，新たな暴行・脅迫と評価できる行為が必要であると解されるが，本件のように被害者が緊縛された状態にあり，実質的には暴行・脅迫が継続していると認められる場合には，新たな暴行・脅迫がなくとも，これに乗じて財物を取得すれば，強盗罪が成立すると解すべきである。すなわち，緊縛状態の継続は，それ自体は，厳密には暴行・脅迫には当たらないとしても，逮捕監禁行為には当たりうるものであって，被告人において，この緊縛状態を解消しない限り，違法

な自由侵害状態に乗じた財物の取得は，強盗罪に当たるというべきなのである。緊縛された状態にある被害者は，一切の抵抗ができず，被告人のなすがままにまかせるほかないのであって，被告人の目的が最初は強制わいせつであったが，その後財物取得の意思も生じて財物を取得しても，なすすべが全くない状態に変わりはないのに，その行為が窃盗にすぎないというのは，不当な結論であるといわなければならない。例えば，緊縛状態がなく，強制わいせつの目的による当初の暴行・脅迫により反抗を抑圧された被害害に被告人が「これを寄越せ」とか「貰っておく」と言って財物を取った場合に，その言動が新たな脅迫に当たるとして強盗罪が成立するのであれば，緊縛され問答無用の状態にある被害者から財物を取った場合が強盗罪でないというのは，到底納得できるところではない。

　所論は，携帯電話等の奪取行為は，被害者の認識がないうちになされており，強盗罪は成立しないという。確かに，被害者は，被告人の本件犯行の後になって初めてこれらの物が取られたことに気付いているけれども，(2) のカで認定したとおり，被害者は失神状態にはないし，被告人も失神状態にあると誤信していたわけではなく，被害者に意識があり，被告人もそのことを認識していた状態の下で緊縛状態が継続していたのであるから，目隠しをされた被害者が物を取られたことに気付いていなかったからといって，結論に差が生じるものでもない。

　所論は，携帯電話を持ち去ったのは，携帯電話の振動音が鳴り響いたので，動揺して反射的にポケットに入れたからであり，パンティーを持ち帰ったのは，わいせつ行為が終わり，たまたま興味本位から手にしたにすぎないものであり，いずれも，被害者の畏怖状態を積極的に利用する意思はないという。しかしながら，(2) のエのとおり，携帯電話の振動音は，直ちに鳴りやんだし，(2) のキのとおり，携帯電話の情報を利用した後に，自宅に保管していることからすれば，動揺して反射的に携帯電話をポケットに入れたなどという被告人の弁解は信用できない。携帯電話とパンティーの奪取は，いずれも，被害者の反抗を抑圧した状態に乗じて行われたことは明らかである。

　その他，弁護人が述べるところを検討しても，被告人の行為が強盗罪に当たるとの原判断は，その理由付けを含めて正当であり，理由不備及び法令適用の誤りの各論旨はいずれも理由がない。

2　量刑不当の論旨について

　本件は，知人女性宅に侵入した上，被害者に対し，顔面を手拳で数回殴打し，紐で両手首を後ろ手に縛るなどの暴行を加え，肛門等にバイブレーターを挿入するなどのわいせつ行為をし，上記暴行により，加療約4週間を要する鼻骨骨折等の傷害を被害者に与え，被害者の携帯電話等を強取したという，住居侵入，強制わいせつ致傷，強盗の事案である。本件で考慮すべき量刑の事情は，原判決が適切に示説するとおりである。ことに，強制わいせつ罪の動機は身勝手なものであり，また，その犯行態様も計画的で陵辱の限りを尽くした卑劣極まりないものであること，傷害の結果も大きいものであるこ

と，被害者の肉体的苦痛はもとより精神的な苦痛も甚大であること，被告人は，犯行後，被害者の仕事先及び実家に，被害者のわいせつ写真を送りつけるなどし，被害者に精神的な苦痛を更に与えるような行動をとっており，被告人の犯行後の情状も悪質であることなどからすれば，被告人の刑事責任は重いといわなければならない。

　そうすると，強盗罪については計画性はないし，被害額も多額ではないこと，被害者は，損害賠償の内金として，この種事案では高額であるといえる 1200 万円を受け取っていること，被告人は，被害者に対する謝罪の意と反省の情を示していること，被告人の父親と妻が，原審で被告人を監督する旨を証言していること，被告人には前科がないことなど原判決が掲げる被告人にとって酌むべき事情を十分に考慮しても，被告人を懲役 5 年（求刑・懲役 7 年）に処した原判決の量刑は，原判決時においては相当であって，これが重過ぎて不当とはいえないところであった。

　しかしながら，当審で取り調べたところによると，原判決後，被告人は，更に 500 万円を支払い，被害者の宥恕の意思までは得られなかったが，被害者との間で示談を成立させたこと，当審において，被告人は，更に反省の情を深めたことなどが認められるところ，これらの事情を考慮すると，所論指摘のように刑の執行を猶予することは相当ではないが，現時点においては，原判決の量刑を軽減するのが相当である。

第 2　破棄自判

　よって，刑訴法 397 条 2 項により原判決を破棄し，同法 400 条ただし書により，当審において被告事件について更に次のとおり判決する。

　原判決が認定した罪となるべき事実に，原判決挙示の法令を適用し（科刑上一罪の処理，刑種の選択も含む。），なお犯情を考慮し，刑法 66 条，71 条，68 条 3 号を適用して酌量減軽をした刑期の範囲内で，被告人を懲役 3 年 6 月に処し，同法 21 条を適用して原審における未決勾留日数中主文に掲げる日数をその刑に算入することとして，主文のとおり判決する。

（裁判長裁判官　原田國男　裁判官　田島清茂　裁判官　左近司映子）

チェック

□強盗以外の目的で暴行・脅迫を用いて相手方の反抗を抑圧した後に，財物奪取の意思を生じ，反抗抑圧状態を利用して財物を奪取した場合，強盗罪は成立するか？

□本判決は，「本件のように被害者が緊縛された状態にあり，実質的には暴行・脅迫が継続していると認められる場合には，新たな暴行・脅迫がなくとも，…強盗罪が成立すると解すべきである」とするが，結局これは新たな暴行・脅迫は不要だということなのか？

課題判例40

住居侵入，事後強盗，銃砲刀剣類所持等取締法違反被告事件

最高裁判所第二小法廷平成 16 年（あ）第 92 号

平成 16 年 12 月 10 日判決

主　　文

原判決を破棄する。

本件を東京高等裁判所に差し戻す。

理　　由

　弁護人 K の上告趣意は，違憲をいう点を含め，実質は単なる法令違反，事実誤認，量刑不当の主張であって，刑訴法 405 条の上告理由に当たらない。

　しかしながら，所論にかんがみ職権をもって調査すると，原判決は，刑訴法 411 条 1 号，3 号により破棄を免れない。その理由は，以下のとおりである。

1　原判決の認定及び記録によれば，本件の事実関係は次のとおりである。

(1) 被告人は，金品窃取の目的で，平成 15 年 1 月 27 日午後 0 時 50 分ころ，A 方住宅に，1 階居間の無施錠の掃き出し窓から侵入し，同居間で現金等の入った財布及び封筒を窃取し，侵入の数分後に玄関扉の施錠を外して戸外に出て，だれからも発見，追跡されることなく，自転車で約 1 km 離れた公園に向かった。

(2) 被告人は，同公園で盗んだ現金を数えたが，3 万円余りしかなかったため少ないと考え，再度 A 方に盗みに入ることにして自転車で引き返し，午後 1 時 20 分ころ，同人方玄関の扉を開けたところ，室内に家人がいると気付き，扉を閉めて門扉外の駐車場に出たが，帰宅していた家人の B に発見され，逮捕を免れるため，ポケットからボウイナイフを取出し，B に刃先を示し，左右に振って近付き，B がひるんで後退したすきを見て逃走した。

2　原判決は，以上の事実関係の下で，被告人が，盗品をポケットに入れたまま，当初の窃盗の目的を達成するため約 30 分後に同じ家に引き返したこと，家人は，被告人が玄関を開け閉めした時点で泥棒に入られたことに気付き，これを追ったものであることを理由に，被告人の上記脅迫は，窃盗の機会継続中のものというべきであると判断し，被告人に事後強盗罪の成立を認めた。

3　しかしながら，上記事実によれば，被告人は，財布等を窃取した後，だれからも発見，追跡されることなく，いったん犯行現場を離れ，ある程度の時間を過ごしており，この間に，被告人が被害者等から容易に発見されて，財物を取り返され，あるいは逮捕され得る状況はなくなったものというべきである。そうすると，被告人が，その後に，再度窃盗をする目的で犯行現場に戻ったとしても，その際に行われた上記脅迫が，窃盗の機会の継続中に行われたものということはできない。

　したがって，被告人に事後強盗罪の成立を認めた原判決は，事実を誤認して法令の解釈適用を誤ったものであり，これが判決に影響することは明らかであって，原判決を破棄しなければ著しく正義に反するものと認められる。

　よって，刑訴法 411 条 1 号，3 号，413 条本文により，原判決を破棄し，更に審理を尽くさせるため，本件を東京高等裁判所に差し戻すこととし，裁判官全員一致の意見で，主文のとおり判決する。

　検察官○○○○　公判出席

（裁判長裁判官　津野修　裁判官　福田博　裁判官　北川弘治　裁判官　梶谷玄　裁判官　滝井繁男）

> **チェック**
>
> □事後強盗罪の成立に暴行・脅迫が「窃盗の機会」に行われたことは必要か？　必要だとすればそれはなぜか？
>
> □本判決が窃盗の機会の継続性を否定したのは，どのような考え方に基づくものか？

授　業

　今回のテーマは「強盗罪」です。強盗罪には多くの論点がありますが，網羅的に取り扱うことはできませんので，メリハリをつけてお話をしていくことにしましょう。

　強盗罪においては，財物の他に財産上の利益も客体に含まれます。多数説は，不動産は財物には含まれないとするようです。これによれば，暴行・脅迫により不動産の登記名義を取得した場合も，暴行・脅迫により不動産の事実上の占有を取得した場合も，いずれも 2 項強盗罪が成立することになります。窃盗罪や強盗罪は，「占有を侵して持ち去る」という点に本質があるから，その客体は性質上可動性を必要とする，と考えるのでしょう[1]。このような解釈にあえて異を唱えるつもりはありませんが，行為の態様によって客体の範囲が決まるのは，やや奇異な感じがしないでもありません。また，詐欺罪，恐喝罪，横領罪では不動産も「財物」「物」に含まれると解されています。そうすると，不動産も財物には含まれると解するのが素直であるように思われます。その上で，盗取罪においては客体の

---

[1] 大谷・各論 196 頁。

場所的移転・可動性が必要だと考えれば，結論的には多数説と同様になるでしょう（その場合には，「窃取」「強取」が否定されることになると思います[2]）。それに対して，不動産については，登記名義による法律的支配があれば，事実的支配である不動産の占有を肯定することができる，と考えるのであれば，暴行・脅迫により不動産の登記名義を取得した場合には1項強盗罪の成立が肯定されることになるでしょう[3]。

　財産上の利益に関しては，移転性のある利益に限られるとする見解が主張されています[4]。財物罪の場合には，当然財物の移転が必要なのだから，それと同様に利得罪の場合も利益の移転が必要であるとするのです。しかし，例えば，暴行を加えて代金の支払いを免れたとしても，被害者が代金債権を失うわけではないでしょう。このような場合でも強盗罪の成立を認めるのであれば，財産上の利益に移転性を要求したとしても，それは行為者が得た利益と被害者が失った利益との間に一定の事実上の対応関係が認められなければならないといった内容のものにならざるを得ないと思います[5]。

　また，利益の移転性を要求する見解は，情報を不正に取得した場合でも情報自体が移転するわけではないということを強調します。確かに，そのような場合，情報は移転せず，強いて言えば，拡散しているだけでしょう。しかし，この場合でも，情報が有する価値，とりわけ，排他的に利用できることによって得ていた価値を被害者は失い，行為者はそれに対応する価値を得ているということはできそうです。そう考えると財産的価値のある情報であれば財産上の利益には当たり得ると見るべきではないかと思います。

　更に，労務（役務）の提供も問題になりますが，タクシーの運転手に凶器を突きつけて走行させた場合には2項強盗罪が成立するが[6]，一般の自動車運転者に凶器を突きつけて走行させた場合には2項強盗罪は成立しない（強要罪が成立するにとどまる）とすれば，本来ならば対価を支払わなければならない労務（役務）が財産

[2] その場合でも2項強盗罪は成立し得るでしょう。
[3] 山口・各論214頁，西田・各論187頁。このような考え方によっても，暴行・脅迫によって不動産を不法に占拠するような場合には，2項強盗罪が成立することになるでしょう。
[4] 山口・各論214頁。
[5] 佐伯・法教389号133頁。
[6] 料金の支払いを免れることを財産上の利益だと考える見解によれば，サービスの提供を受けた時点では，予備（場合によっては未遂）にとどまるということになるのではないかと思われます。

上の利益に当たると見るべきでしょう。

　強盗罪は，暴行・脅迫を手段とし，それは，相手方の反抗を抑圧するに足りる程度のものでなければなりません。その程度に至るものかどうかは，「社会通念上一般に被害者の反抗を抑圧するに足る程度のものであるかどうかと云う客観的基準によって決せられる」（最判昭24・2・8刑集3・2・75）といわれます。もっとも，客観的とはいっても，行為者と被害者の年齢・性別・体格，犯行の時間・場所，犯人の人数，凶器の有無・種類など具体的な事情を総合して判断されなければならないでしょう。この点で問題となるのは，一般には反抗を抑圧するには足りない程度の暴行・脅迫であるが，被害者が特別に臆病であったため反抗を抑圧された場合をどう処理するかです。この場合については，手段が客観的に恐喝の程度なのであれば恐喝既遂罪が成立するに止まるとする見解も有力です[7]。しかし，臆病な人が現にそこに存在していて，実際にその人の反抗を抑圧することができるのであれば，むしろ，これは，客観的に反抗を抑圧するに足りる程度のものであると解するべきではないでしょうか？　従って，行為者が，被害者が特別臆病な者であることを知っていた場合には，強盗罪が成立すると解するべきであると思います[8]（そのような事情を認識していなかった場合には，恐喝の認識で強盗に当たる事実を実現したことになり，結論として恐喝罪が成立すると解することになるでしょう）。判例は，「具体的事案の被害者の主観を基準としてその被害者の反抗を抑圧する程度であったかどうかと云うことによって決せられるものではない」（前掲最判昭24・2・8）としていますが，これは，一般的な人ならば反抗を抑圧されると考えられるような暴行・脅迫があったけれども，相手方が実際に反抗を抑圧されなかった場合でも，一般的な人ならば反抗を抑圧されると考えられるような暴行・脅迫があった場合には強盗の実行行為としての暴行・脅迫を認め得る[9]，という趣旨に限定して理解するべきではないでしょうか。

　いわゆる「ひったくり」における暴行は，相手方の反抗を抑圧するのに向けられたものではないので，通常は窃盗罪が成立するに止まることになります[10]。もっとも，財物を奪われまいとして離さない被害者を自動車で引きずるといった

---

[7] 西田・各論183頁など。
[8] 井田・各論254頁，山口・各論218頁など。
[9] 従って，強盗未遂の成立を肯定することができるということになります（山口・各論218頁）。
[10] 井田・各論253頁参照。

ように，反抗抑圧の手段としての暴行が認められる場合には強盗罪の成立を肯定することができます[11]。

「強取」とは，このような暴行・脅迫により相手方の反抗を抑圧して財物を奪取することをいいます。客観的には反抗を抑圧するに足りる程度の暴行・脅迫が行われたが，被害者は反抗を抑圧されるには至らなかった場合について，判例は強盗既遂罪の成立を認めるようですが（前掲最判昭24・2・8），強盗罪は被害者の反抗抑圧の結果として財物が奪取されるという因果経過を要件とすると解されますので，強盗未遂と恐喝既遂の観念的競合とするべきであるように思われます[12]。

当初は窃盗の意思で窃盗に着手したが，既遂に至る前に強盗の意思を生じ，暴行・脅迫を用いて財物を取得した場合も，強盗罪が成立します。いわゆる「居直り強盗」と呼ばれるのがこれです。もっとも，判例は，財物の占有が移転した後でも，更に占有を確保するために暴行・脅迫が用いられた場合には，なお1項強盗罪が成立すると解しているようです（最判昭24・2・15刑集3・2・164）。例えば，小物の万引きなどの場合には，店内に止まっていても財物を身につければ窃盗の既遂だ（つまり行為者は占有を取得した）とするのが実務の傾向ですが，このような場合には，行為者が占有を取得したとしても直ちに被害者側がその占有を完全に失ったとはいえず，なお占有の確保には至っていないと考える余地がありそうです[13]。このような場合に，万引きした小物をポケットに入れ，店外に持ち去る段階で更に暴行・脅迫がなされたならば，1項強盗罪が成立し得ると解することも，強ち不合理ではないような感じがします。しかし，このようなケースは事後強盗

---

[11] 最決昭45・12・22刑集24・13・1882参照（夜間人通りの少ない場所で，通行中の女性の所持しているハンドバッグを窃取する目的をもって，自動車を運転して同女に近づき，自動車の窓からハンドバッグのさげ紐をつかんで引っぱったが，同女がこれを奪われまいとして離さなかったため，さらに奪取の目的を達成しようとして，さげ紐をつかんだまま自動車を進行させ，同女を引きずって路上に転倒させたり，車体に接触させたり，あるいは道路脇の電柱に衝突させたりして，傷害を負わせた事案について，強盗致傷罪の成立を認めています）。

[12] 団藤先生は，この場合について，強盗未遂が成立するとされながら，恐喝行為があったとはいえないから恐喝罪の既遂の観念的競合とすべきではないとされています（団藤・各論588頁）。しかし，当の被害者にとっては，その反抗を抑圧するに足りる程度のものではなかったが畏怖させるには十分な暴行・脅迫があったのですから，恐喝行為を認めることは可能だと思います。類型的な観点から見て強盗の実行行為性が肯定されること（強盗既遂の結果を発生させる危険性のある行為があること）と，現実に恐喝の実行行為が存在すること（恐喝既遂の結果を発生させた行為があること）は両立し得るのではないでしょうか。

[13] 安廣文夫・最判解説昭和61年度298頁以下参照。

罪（あるいは 2 項強盗罪）の問題として把握することも可能であり，それで特段の不都合はないでしょうし，判例のような考え方によると，窃盗罪と 1 項強盗罪でその既遂時期が異なり，更には，1 項強盗罪の既遂時期自体も，状況によって，占有の取得で既遂になる場合と占有の確保をもって既遂になる場合とがあることになって一貫性にやや欠ける処理になるように思われます。

　さて，強盗以外の目的で暴行・脅迫を用いて相手方の反抗を抑圧した後に，財物奪取の意思を生じ，反抗抑圧状態を利用して財物を奪取した場合，強盗罪は成立するでしょうか？

暴行・脅迫後の領得意思

1　問題の所在…強盗以外の目的で暴行・脅迫を用いて相手方の反抗を抑圧した後に，財物奪取の意思を生じ，反抗抑圧状態を利用して財物を奪取した場合，強盗罪は成立するか？
2　見解
　A 説：被害者の抵抗不能状態を利用し，いわばその余勢をかって財物を奪ったものと認められる限り強盗罪が成立する（新たな暴行・脅迫不要説）
　B 説：新たな暴行・脅迫が行われなければ強盗罪は成立しない（新たな暴行・脅迫必要説）
　⇒新たな暴行・脅迫の内容は？

　この問題に関しては，被害者の抵抗不能状態を利用し，いわばその余勢をかって財物を奪ったものと認められる限り，強盗罪が成立するとする見解があります（新たな暴行・脅迫不要説）[14]。この見解は，①事後強盗罪（238 条）が強盗罪として取り扱われるのであれば，この類型の方が暴行・脅迫と財物奪取の関係はより密接である，②新たな暴行・脅迫が必要であるとすると被害者が最初の暴行で気絶したような場合には強盗罪が成立する余地はなく，より犯情の悪い行為が軽く処罰されることになる，といったことを論拠とします。しかし，①238 条という例外規定の存在を根拠に基本類型である 236 条を拡張するような解釈には疑問がありますし，②反抗抑圧の極である殺害後に財物を取得する意思が生じた場合は，犯情は極めて悪いですが，これをすべて強盗とすることはできないでしょう[15]。また，178 条 2 項のような規定が強盗罪にはない，ということも軽視できないと思

---

[14]　藤木・各論 294 頁，同『新版刑法演習講座』（1970 年）401 頁以下。

います。強盗罪においては，暴行・脅迫を「用いて」財物を奪取しなければならないのですから，暴行・脅迫（の結果として生じた反抗抑圧）が事後的に財物奪取に利用されたというだけでは足らず，暴行・脅迫自体が財物奪取を目的として行われることが必要である（そのような暴行・脅迫が欠ける場合には強盗罪の実行行為性が認められない）と解されます。従って，新たな暴行・脅迫が行われなければ強盗罪は成立しない，と解するべきでしょう（新たな暴行・脅迫必要説）[16]。

　もっとも，新たな暴行・脅迫が必要であるとしても，既に相手方は反抗を抑圧されているのですから，通常の強盗の場合よりもその程度は低いもので足りるでしょう。相手方の反抗抑圧状態を維持継続するに足りる程度のものであれば，強盗を認めることは可能だと思います。ただ，実際の判断は微妙なものにならざるを得ません。例えば，犯人がその場に佇立することでも，新たな脅迫を認めることはできるでしょうか？　単に相手方の反抗抑圧状態を解かないということだけで新たな暴行・脅迫を肯定することは，不作為による暴行・脅迫を肯定することになり，新たな暴行・脅迫を不要とする見解とほとんど変わらなくなってしまい妥当ではないと思われます。少なくとも，新たな暴行・脅迫とみなしうるだけの何らかの挙動は必要ではないかと思います。

　判例の立場は微妙であり，新たな暴行・脅迫が必要だとする立場が一応主流であるように思われますが，不要説に立つものもみられます。もっとも，新たな暴

---

[15] 殺害後に領得意思が生じた場合について，判例は窃盗罪の成立を認めています（最判昭41・4・8刑集20・4・207。なお，この場合には死者の占有が問題となることに注意してください）。これに対して，新たな暴行・脅迫は不要であるとする藤木先生は，殺人の余勢をかってなされたと認められる程度に殺害行為と密着している場合には，強盗罪の成立を認めるべきである（殺人罪との併合罪）とされています（藤木・各論302頁）。
[16] 先行者が強盗目的で暴行・脅迫を加えた被害者の反抗を抑圧したところで，後行者が財物奪取にのみ関与したという場合については，後行者に強盗罪の承継的共同正犯が成立するという見解が有力ですが，そうだとすると，自己の先行行為を利用した場合も同様に強盗罪の成立を認めるべきではないか，という疑問が生じてくるでしょう。実際，藤木先生は，双方の問題を同じように処理すべきことを主張されますし（藤木・総論290頁以下），他方で，松原先生は，暴行・脅迫後に財物奪取意思が生じた場合について新たな暴行・脅迫が必要であるとしながら，承継的共犯において限定承継説を採るのは一貫しないと批判されています（松原・各論247頁）。私は，承継的共犯のケースでは先行者によって既に強盗が開始されている点で，後行者はその強盗に関与しているから強盗の共犯になり得ると見る余地があるのに対し，暴行・脅迫後に財物奪取意思が生じたケースでは，財物奪取行為それ自体の強盗該当性が問題となる点で両者は異なるのであるから，強盗の承継的共同正犯を肯定することと事後に財物奪取意思が生じた場合について新たな暴行・脅迫を必要と解することは必ずしも矛盾しないと考えています。皆さんはどう考えるでしょうか？

行・脅迫を不要とする判例は，強制性交・強制わいせつ目的で暴行・脅迫が行われた事案であり，これらは新たな脅迫を認めやすい類型であるとも考えられるので，必要説によっても強盗罪の成立を肯定することはできるかもしれません。

　そのような中で，課題判例39（東京高判平20・3・19高刑集61・1・1）は，非常に興味深い裁判例であると思います。本判決は，「強制わいせつの目的による暴行・脅迫が終了した後に，新たに財物取得の意思を生じ，前記暴行・脅迫により反抗が抑圧されている状態に乗じて財物を取得した場合において，①強盗罪が成立するには，新たな暴行・脅迫と評価できる行為が必要であると解されるが，本件のように被害者が緊縛された状態にあり，②実質的には暴行・脅迫が継続していると認められる場合には，新たな暴行・脅迫がなくとも，これに乗じて財物を取得すれば，強盗罪が成立すると解すべきである」と判示しています。①は，新たな暴行・脅迫必要説を基調としながらも，「新たな暴行・脅迫」ではなく「新たな暴行・脅迫と評価できる行為」が必要だとしている点で少し射程を広げているように思われます。そして，②で，緊縛状態を「実質的には暴行・脅迫が継続している」と見て，「新たな暴行・脅迫と評価できる行為」に当たると解することにより，強盗罪の成立を肯定する，という論理展開だと見るのが一つの読み方かと思います。

　もっとも，本判決は，すぐ後で，「緊縛状態の継続は，それ自体，厳密には暴行・脅迫には当たらない」とも言っており，「厳密には暴行・脅迫には当たらない」が「実質的には暴行・脅迫が継続している」ということが何を意味しているのかは必ずしも明らかではありません。また，本判決は，緊縛状態の継続を「逮捕監禁行為には当たりうる」としています。確かに，監禁罪は継続犯ですから，緊縛状態が継続している間は逮捕監禁罪が成立すると解することは可能でしょうが[17]，緊縛状態の継続を逮捕監禁行為の継続と単純に解してよいかは微妙であり，その内実は監禁状態を解かないという不作為ではないかという気もします[18]。そうだとすれば，これは不作為による暴行・脅迫を肯定することとほとんど変わらないのではないか，という疑問も出てくるのではないでしょうか？　他の読み方

---

[17] 佐伯先生は，継続犯とは実行行為も継続する犯罪であるとする理解を前提として，緊縛という人の身体に対する不法な有形力の行使が継続していると考えられるので，新たな暴行を肯定することができるとされています（佐伯・法教370号85頁）。

[18] なお，山口・総論49頁参照。

ができるかどうかも含めて，皆さんも一度本判決の論理について考えてみてほしいと思います[19]。

　次に，2項強盗罪の諸問題について簡単に触れておくことにしましょう。

2項強盗の諸問題

1　被害者による処分行為の要否
　A説：2項強盗の成立には被害者による処分行為が必要である（必要説）
　B説：2項強盗の成立に被害者による処分行為は不要である（不要説［通説］）
2　利益の移転が問題となる諸事例
　①債務者による債権者の殺害
　②相続人による被相続人の殺害
　③キャッシュカードを窃取した者がその暗証番号を聞き出す目的で暴行・脅迫を加えた場合

　まず，2項強盗罪の成立に被害者の処分行為が必要かという問題がありますが，強盗罪が成立するには被害者の反抗を抑圧することが必要であり，そのように反抗を抑圧された被害者には処分行為を行うことはできませんから，被害者の処分行為は不要だと解されます。もっとも，財産上の利益は財物とは異なり，それが行為者に移転することが目に見えるわけではありませんので，いつ，いかなる意味で行為者に移転したといえるのかを判断する基準が必要となります。そこで，多くの学説は，2項強盗罪の成立を認めるためには，財産上の利益の移転が具体的・現実的なものでなければならない，と主張するわけです。この点が問題となる典型例としては次のようなものがあります。

　まず，債務者が債権者を殺害する場合が問題となります。債権の存在を示す記録がないなどの理由で，債権者を殺害すれば，事実上債務の支払いを免れたのと同じ状態に至ったと考えられる場合であれば，2項強盗罪が成立することにほぼ異論はないでしょう。それに加えて，債務支払いの一時猶予のケースについても2項強盗罪が成立するかに関しては，議論があります。2項詐欺，2項恐喝の関係では，債務支払いの一時猶予も財産上の利益に当たるとするのが判例・通説であり，実際，「債権者側による速やかな債権の行使を相当期間不可能ならしめたと

---

[19]　井田良ほか編著『事例研究刑事法Ⅰ刑法〔第2版〕』(2015年) 242頁以下［島戸純］参照。

き」にも 2 項強盗罪が成立するとした裁判例もあります（大阪高判昭 59・11・28 高刑集 37・3・438）。他方で，このように考えると，債権者を殺害するケースは事実上ほとんどが 2 項強盗による強盗殺人罪になってしまい妥当ではないとの疑問も呈されているところです。確かに何らかの限定は必要でしょうが，債権者の殺害によって債権それ自体が消滅するわけではない以上，行為者が得る財産上の利益は大なり小なり事実上のものという性質を帯びざるを得ないのですから，債務支払いの一時猶予のケースについて 2 項強盗罪が成立する余地は全くないと断ずることはできないでしょう。結局は，どのくらいの期間支払いの猶予が得られるのかという程度問題に帰着せざるを得ないように思います[20]。

　次に，財産相続目当てで，相続人が被相続人を殺害するケースもよく議論されます。このケースについては 2 項強盗罪の成立を否定するのが一般ですが，その理由付けは一様ではありません。この点について，東京高判平元・2・27 高刑集 42・1・87 は，「相続の開始による財産の承継は，生前の意志に基づく遺贈あるいは死因贈与等とも異なり，人の死亡を唯一の原因として発生するもので，その間任意の処分の観念を容れる余地がないから，同条 2 項にいう財産上の利益には当たらない」としています。しかし，これに対しては，被害者の処分行為は 2 項強盗罪の成立要件ではないということから批判的な見方が強いです。

　他の理由付けとしては，ⓐ財産取得が相続により間接的になされており利益移転の直接性が欠ける，ⓑ利益の現実性・具体性が欠ける，ⓒ相続人という地位は被害者（被相続人）が有している財産的利益ではない，といった見解が主張されています。このうち，ⓐは，何を財産的利益と見ているのかが必ずしも明らかではないような気がします。相続人の財産一般を問題とするのであれば，そもそも個別財産に対する罪として理解できるのか疑問でしょうし（2 項犯罪については全体財産に対する罪を含むとする見解もありますが少数説にとどまります），相続人としての地位が財産的利益だとすれば殺害によって直接得ていると言えば言えそうです。また，相続人の有する個々の財産（例えば，金品，土地，建物など）を殺害によって直接得る場合には（1 項あるいは 2 項）強盗殺人が十分成立し得るでしょう。ⓑは，

---

[20]　債権者からの差し迫った返済要求をともかく免れたいという意思で暴行に及んだというようなケースでは，実際に得られる猶予期間が極めて短くとも，その状況を免れるということが行為者にとって一定の具体的な利益をもたらし，それに対応した具体的な損害が被害者に生ずる可能性がある場合であれば，強盗（未遂）罪の成立を認めることができるのではないかと思います。

相続人が相続分の増加を企図して他の相続人を殺害するケースならば，利益の現実性が欠けるといえるでしょうが，相続人が被相続人を殺害するケースでは死亡と同時に相続が開始されるので，利益の現実性は否定できないのではないでしょうか。そうすると，ⓒが比較的問題の少ない見解であるように思われます[21]。なお，相続人の欠格事由（民891条）に当たることを指摘する答案を時々見かけます。まったく理由にならないわけではないでしょうが，法律上相続人となることはできないとしても，その欠格事由が露見しなければ事実上相続できてしまうのですから，財産上の利益には事実上の利益も含まれ得ると考える以上，法律上相続人となることはできないということを指摘するだけでは不十分ではないかと思います。

　更に，いわゆる保険金殺人も問題となります。生命保険金の受取人が加入者を殺害する場合，生命保険金は保険会社から支払われるものなので，保険会社に対する関係で詐欺罪の成否が問題となりますが，殺害された者との関係で強盗罪の成否は問題となりません。加入者を殺害することにより実際に保険金を請求することが可能な地位を得たと考えたとしても，そのような地位は被殺者から奪ったものではないでしょうから，やはり2項強盗殺人罪は成立せず，通常の殺人罪が成立するにとどまることになります。

　なお，キャッシュカードを窃取した者が，その暗証番号を聞き出す目的で暴行・脅迫を加えた場合に，2項強盗罪の成立を肯定した裁判例があります（東京高判平21・11・16判時2103・158）。「キャッシュカードを窃取した犯人が被害者からその暗証番号を聞き出した場合には，犯人は，被害者の預貯金債権そのものを取得するわけではないものの，同キャッシュカードとその暗証番号を用いて，事実上，ATMを通して当該預貯金口座から預貯金の払戻しを受け得る地位という財産上の利益を得たものというべきである」とするのですが，これは，既にキャッシュカードを手に入れており，暗証番号を聞き出せば，ほどなくATMで預貯金を引き出すことが可能な状況であったことを前提にした判断であり，暗証番号そのも

---

[21] 佐伯・法教370号86頁，町野・現在175頁。このように考えた場合，強盗罪の成立要件との関係では，「相続人としての地位」は2項強盗罪の客体に当たらないとするよりも，「前項の方法により」「得」た（＝「強取した」）とはいえないとする方がベターではないかと思います。ところで，ⓐは利益移転の直接性が欠けるとし，ⓑは利益の現実性・具体性が欠けるとしますが，強盗罪の成立要件としては何が充足されないことになるのでしょうか？　考えてみてください。

のを財産上の利益としたものではない点に注意が必要でしょう。

　次に，事後強盗罪の問題に移りましょう。本罪の意義については，窃盗犯人が逃亡する際に，暴行・脅迫を加えることが多いという刑事学的実態に着目し，人身保護の観点から強盗と同じく処断するものであるという考え方が一般的ですが，本来は，窃盗犯人が財物を得た後，これを確保するために暴行・脅迫を加える場合は，実質的に見て暴行・脅迫によって財物を得たと評価しうるから強盗と同じく処断するということを狙いとしたものだという考え方[22]があります。本罪の目的が財物の取り返しを防ぐ目的だけに限定されていないことからすると，現行法の解釈として後者の考え方にはやや難があることは否めません。しかし，「逮捕を免れ」る目的や「罪跡を隠滅する」目的は，別に窃盗犯人だけに固有のものではなく，窃盗犯人の場合だけ重く処罰すべき合理的理由があるのかは疑わしい感じがします。立法論としては，これらは削除すべきではないかという見方[23]があるのも頷けるところです。

事後強盗罪の要件

1　主体…窃盗犯人　☞窃盗未遂犯人も含まれるか？
2　目的
3　行為…暴行・脅迫
　　　　　　・程度
　　　　　　・相手方
4　窃盗の機会
5　未遂・既遂　☞本罪の予備は可罰的か？
6　窃盗犯人でない者が関与した場合の擬律

　主体は，「窃盗」です。窃盗未遂犯人も含まれます。強盗犯人は含まれないとい

---

[22]　松宮・各論 232 頁以下。
[23]　松宮・各論 233 頁，佐伯・法教 370 号 88 頁。もっとも，窃盗は発生頻度が高く，行為の外観からして，それが発覚した場合には直ちに被害者等との間で緊張関係が高まるケースも大いに予想されることから，窃盗の機会に所定の目的で暴行・脅迫が行われる場合を重く処罰することによって，間接的に窃盗を強く抑止する意味をもっていると見ることはできるような気もします。ところで，強盗致死傷罪に関しては，強盗が逮捕を免れるために暴行を加えて死傷させた場合も同罪が成立するという解釈が一般にとられています。この場合も逮捕を免れる目的は強盗犯人に固有のものではないから，強盗犯人の場合だけ重く処罰する合理的理由はない，と主張されたら，皆さんはどう思われるでしょうか？　私は，何となくこちらの方は逮捕を免れる場合も含めてよいのではないかなと思うのですが，窃盗犯人の場合と何が違うのかと言われるとうまく説明できません。

うのが通説です[24]。暴行・脅迫は，通常の強盗と同様に，相手方の反抗を抑圧するに足りる程度のものでなければなりません。条文では明記されていませんが，この暴行・脅迫は，窃盗の機会の継続中に行われなければならないと解されています。ここでは，財物奪取と暴行・脅迫が1項強盗罪と近似する関係にあることも考慮に値するでしょうが，より重要なのは，被害者等（ここには窃盗の被害者だけでなく，逃走の障害になるような者も含まれます）に危害が加えられる類型的な危険性が高い状況に限定するという視点だと思います。

　この点に関して判例は，行為者が「被害者等から容易に発見されて，財物を取り返され，あるいは逮捕され得る状況」が継続しているか否かを基準としているようです。例えば，最決平14・2・14刑集56・2・86は，窃盗犯人が他人の居宅で財物を窃取した後もその天井裏に潜み，犯行の約3時間後に駆け付けた警察官に対し逮捕を免れるため暴行を加えたという事案について，「被告人は，上記窃盗の犯行後も，犯行現場の直近の場所にとどまり，被害者等から容易に発見されて，財物を取り返され，あるいは逮捕され得る状況が継続していたのであるから，上記暴行は，窃盗の機会の継続中に行われたものというべきである」と判示しています。この事案では，窃盗後に一定の時間が継続していますが，被害者の居宅天井裏に潜んでいたのですから，被害者と遭遇する可能性が極めて高い状況が続いていたといえるでしょう。

　他方で，課題判例40（最判平16・12・10刑集58・9・1047）では，被害者方で財物を窃取した犯人が，誰からも発見，追跡されることなく，いったん同所から約1km離れた場所まで移動し，窃取の約30分後に再度窃盗をする目的で被害者方に戻った際に逮捕を免れるため家人を脅迫したという事案に関して，「被告人は，財布等を窃取した後，だれからも発見，追跡されることなく，いったん犯行現場を離れ，ある程度の時間を過ごしており，この間に，被告人が被害者等から容易に発見されて，財物を取り返され，あるいは逮捕され得る状況はなくなったものというべきである」として窃盗の機会の継続性が否定されています。この事案では，前掲最決平14・2・14と比べて窃盗後に経過した時間は短いですが，誰からも追跡されることなく犯行現場を離れたのですから，そのまま逃走しようと思えば逃走できる状態だったということが大きいと思います。このような判例の考え方に

---

[24] 含まれるとする見解として，伊東・各論174頁，山口・各論227頁。

ついて，犯人が被害者側の支配領域から脱し，安全圏に入ったかどうかを基準としている，と評する論者もいますが[25]，うまい表現だと思います。このような考え方によれば，犯人が現場から追跡を受けているような場合には，被害者側の支配領域から脱し，安全圏に入ったとはいえないので，窃盗の機会は継続していると解されることになるでしょう。なお，一旦現場を離れた場合でも，最初から戻ってくるつもりであるような場合には窃盗の機会の継続性を肯定できる場合があるでしょう[26]。

　ところで，東京高判平 17・8・16 判タ 1194・289 は，被害者方に侵入して財物を窃取した犯人が，誰からも追跡されることなく隣接する自宅に戻り，約 10 分ないし 15 分後，罪跡隠滅の目的で，被害者方において家人を殺害したという事案に関して，「被害者側の支配領域から完全に離脱したというべきであるから，被害者等から容易に発見されて，財物を取り返され，あるいは逮捕され得る状況がなくなったと認めるのが相当である」として，窃盗の機会の継続性を否定しました。前述した判例の考え方に照らせば，自然な判断であるといえるでしょう。これに敢えて反対するわけではありませんが，これは罪跡隠滅目的の事案であり，このような場合も，「財物を取り返され，あるいは逮捕され得る状況」の存否を基準に判断することには，やや違和感を覚えるところがないではありません。皆さんはどう思われるでしょうか？

　事後強盗に窃盗犯人でない者が関与した場合の擬律は，よく試験に出る問題ですので，簡単に整理しておきましょう。考え方としては，事後強盗罪は真正身分犯（65 条 1 項）であるとする見解（A 説：大阪高判昭 62・7・17 判時 1253・141），事後強盗罪は不真正身分犯（65 条 2 項）であるとする見解（B 説：東京地判昭 60・3・19 判時 1172・155 〔なお，この裁判例については，65 条の適用関係に注意してください[27]〕），財物の取返しを防ぐ目的の場合は 65 条 1 項の身分であるが，逮捕を免れる目的，

---

[25] 西田・各論 193 頁。これに対し，山口先生は，「窃盗の犯行により生じた攪乱状況・緊迫した対立状況の継続」を重視されています（山口厚『新判例から見た刑法〔第 3 版〕』〔2015年〕229 頁）。山口先生のような考え方によれば，窃盗犯人が犯行現場にとどまり続けても，指摘されているような状況がなくなり，いったん平穏化した場合には，窃盗の機会の継続性が否定されるという点に特徴があるといえるでしょう（なお，朝山芳史・最判解平成 14 年度 69 頁参照）。

[26] なお，課題判例 40 の事案では，窃盗目的で再度現場に回帰した後，窃盗の実行に着手する前に脅迫に出ていますが，仮に窃盗の実行に着手していれば事後強盗罪が成立することになります。類似の問題が出されたときには，そういった点にも注意するとよいでしょう。

罪跡を隠滅する目的の場合は65条2項の身分であるとする見解（C説），事後強盗罪は身分犯ではなく，事前の窃盗と事後の暴行・脅迫を結合して強盗罪の罪責を問う結合犯であるとする見解（D説）が主張されています。A説〜C説によれば，窃盗犯人でない者の取扱いは65条の適用によって決められるのに対し，D説によれば承継的共犯の問題として取り扱われることになります。どの考え方に立っても，論理的に筋を通して論じていれば問題はありませんが，個人的には事後強盗罪を身分犯と見ることには疑問を感じています。特に，身分犯説は，窃盗には未遂犯人も含まれるとしながら，事後強盗の既遂・未遂は窃盗の既遂・未遂で区別するという判例・通説の結論を，両立させることができないのではないかという点に疑問を感じます[28]。

　最後に，各種の強盗が競合する可能性について，少し触れておきたいと思います。例えば，甲がXの財物を窃取した後，Xから財物を取り返されそうになったので，暴行を加えて財物を確保して逃走した，というケースについて考えてみましょう。このとき，まず念頭に浮かぶのは，事後強盗罪でしょう。しかし，財物の占有が移転した後もその占有を確保するまでは1項強盗罪が成立すると考えた場合には，1項強盗罪の成立を認めることもできそうです。また，財物の返還を免れたとして2項強盗罪の成立を肯定することも可能でしょう[29]。このような場合，どの強盗の成立を認めるべきでしょうか？　基本的には，どの強盗の成立要件も満たしているのであれば，いずれを認めてもかまわないと思います[30]。もっとも，複数の強盗の成立を認めることはできないでしょうから，一種の法条競合として理解するということにでもなるのでしょうか。ただ，注意が必要なのは，

---

[27]「身分のない被告人……には，刑法65条1項により強盗致傷罪の共同正犯となるものと解するが，その刑は，同法65条2項によって傷害の限度にとどまると判断するのが相当である」とされている。

[28] 山口・前掲新判例230頁以下参照。なお，身分犯説からの反論として，松宮・各論235頁以下。

[29] 最判昭61・11・18刑集40・7・523参照。

[30] 安廣先生は，「実務上は，事後強盗の明文規定があり，これによっても何ら不都合がないため，1項強盗を認めることが可能な事案についても，事後強盗による起訴が行われることが多いのではないかと思われるが，認定上の優先順位もないと思われるので，裁判所としては，起訴された方の法律構成を認めうるのであれば，他方を考慮することなくこれを認めて差し支えないであろう」とされています（安廣・前掲299頁）。なお，高橋則夫先生は，事後強盗罪と2項強盗罪とでは，事後強盗罪の方が優先すると解されているようです（高橋・各論282頁）。

上の例で結局財物を取り返されてしまった場合の取扱いです。この場合，1項強盗，2項強盗の面から見ると未遂ですが，事後強盗としてみると，判例・通説に従えば，既遂になります。このような場合には，事後強盗罪が成立するとするべきでしょう[31]。

授業後の課題

　X は，窃盗目的で A 宅に侵入し，A の留守中に現金や貴金属を見つけてポケットに入れ，更に金目のものはないかと物色していたところ，帰宅した A と鉢合わせになった。そこで，X は，なおも金品を奪おうとして①所持していたナイフを示して「金を出せ」と脅したが，A が「助けて。」と大声を上げたので，犯行が発覚するのを恐れ，とりあえずこの場は逃げようと思い A 宅の外に出た。ところが，A 宅玄関口で，警邏中であった警察官 B に「待ちなさい。」と言われ，逃走を阻止されそうになったので，②ナイフを振り回して逃走を図ったが，B に制圧され，逮捕された。①の脅迫，②の暴行は，いずれも相手方の反抗を抑圧するに足りる程度のものであるということを前提にして，X の罪責について，簡潔に論じなさい（住居侵入罪については触れなくてよい）。

考え方

　現金等をポケットに入れた時点で窃盗罪が既遂となり，なおも金品を奪おうとして脅迫したところで1項強盗の未遂になるという点は問題ないでしょう。問題は，その後に逃走を図って暴行を行った行為の評価です。強盗未遂犯人が逮捕を免れるために暴行を加えたという場合，相手方が負傷すれば強盗致傷罪が成立しますが，負傷しなかった場合には強盗致傷罪の未遂ではなく強盗未遂罪が成立するにとどまると解されています。しかし，窃盗既遂犯人が逮捕を免れるために暴行を加えれば，その時点で事後強盗罪は既遂になると解されていますから，本問の場合も事後強盗罪の既遂を認めるべきではないでしょうか。そのように解した場合には，窃盗罪，1項強盗罪の未遂，事後強盗罪が成立することになりますが，全体が包括一罪となり事後強盗罪の刑で処断されることになるでしょう[32]。

　甲は，強盗に着手した時点で強盗未遂犯人ではありますが，かといって窃盗犯人でなくなったわけではありませんから，依然として 238 条の「窃盗」に当たると解することができるでしょう。また，窃盗後に強盗に着手していますが，窃盗犯人の被害者等から発見されて逮捕され得る状況は継続しているので，依然として「窃盗の機会」は継続していると解することができるでしょう。

　ところで，B が負傷していたら甲の罪責はどうなるでしょうか？　結論として強盗致傷罪が成立することになると思いますが，強盗未遂犯人が強盗の機会に行われた暴行によって負

[31] なお，佐伯・法教 370 号 87 頁参照。
[32] 類似の事案で強盗未遂は事後強盗に吸収されるとしたものとして広島高判昭 32・9・25 高刑集 10・9・701。

傷させたと構成するか，事後強盗の手段である暴行によって負傷させたと構成するかは，迷うところです。もっとも，強盗が未遂でも相手方が負傷すれば強盗致傷罪は既遂になるとすれば，いずれでも結論に違いが出るわけではありません。

第 22 回

詐 欺 罪 ①

基本事項の確認

□詐欺罪の成立要件を確認しなさい

課題判例41

詐欺被告事件

最高裁判所第二小法廷平成 25 年（あ）第 3 号

平成 26 年 3 月 28 日判決

主　　文

原判決及び第 1 審判決を破棄する。

被告人は無罪。

理　　由

弁護人 T，同 I の上告趣意のうち，判例違反をいう点は，事案を異にする判例を引用するものであって，本件に適切でなく，その余は，憲法違反をいう点を含め，実質は事実誤認の主張であって，刑訴法 405 条の上告理由に当たらない。

しかしながら，所論に鑑み，職権をもって調査すると，原判決及び第 1 審判決は，刑訴法 411 条 3 号により破棄を免れない。その理由は，次のとおりである。

第 1　本件各公訴事実及び本件の経過

本件各公訴事実の要旨は，「被告人は，(1) D と共謀の上，平成 23 年 8 月 15 日，宮崎市内所在の B 倶楽部において，同倶楽部は，そのゴルフ場利用細則等により暴力団員の利用を禁止しているにもかかわらず，真実は，被告人及び D が暴力団員であるのにそれを秘し，同倶楽部の従業員に対し，D において「D」と署名した「ビジター受付表」を，被告人において「A」と署名した「ビジター受付表」を，それぞれ提出して被告人及び D による施設利用を申し込み，従業員をして，被告人及び D が暴力団員ではないと誤信させ，よって，被告人及び D と同倶楽部との間でゴルフ場利用契約を成立させた上，被告人及び D において，同倶楽部の施設を利用し，(2) E と共謀の上，同年 9 月 28 日，

同市内所在のＣクラブにおいて，同クラブは，そのゴルフ場利用約款等により暴力団員の利用を禁止しているにもかかわらず，真実は，被告人が暴力団員であるのにそれを秘し，被告人において，同クラブの従業員に対し，「Ａ」と署名した「ビジター控え」を提出して被告人による施設利用を申込み，従業員をして，被告人が暴力団員ではないと誤信させ，よって，被告人と同クラブとの間にゴルフ場利用契約を成立させた上，被告人において，同クラブの施設を利用し，もって，それぞれ人を欺いて財産上不法の利益を得た」というものである。

　第１審判決は，暴力団員であることを秘してした施設利用申込み行為自体が，挙動による欺罔行為として，申込者が暴力団関係者でないとの積極的な意思表示を伴うものと評価でき，各ゴルフ場の利便提供の許否判断の基礎となる重要な事項を偽るものであって，詐欺罪にいう人を欺く行為に当たるとし，各公訴事実と同旨の犯罪事実を認定して，被告人を懲役１年６月，３年間執行猶予に処した。被告人からの控訴に対し，原判決も，第１審判決の認定を是認し，控訴を棄却した。

第２　当裁判所の判断

１　原判決及びその是認する第１審判決の認定並びに記録によれば，本件の事実関係は次のとおりである。

(1)　被告人は，暴力団員であったが，同じ組の副会長であったＤらと共に，平成23年8月15日，予約したＢ倶楽部に行き，フロントにおいて，それぞれがビジター利用客として，備付けの「ビジター受付表」に氏名，住所，電話番号等を偽りなく記入し，これをフロント係の従業員に提出してゴルフ場の施設利用を申し込んだ。その際，同受付表に暴力団関係者であるか否かを確認する欄はなく，その他暴力団関係者でないことを誓約させる措置は講じられていなかったし，暴力団関係者でないかを従業員が確認したり，被告人らが自ら暴力団関係者でない旨虚偽の申出をしたりすることもなかった。被告人らは，ゴルフをするなどして同倶楽部の施設を利用した後，それぞれ自己の利用料金等を支払った。なお，同倶楽部は，会員制のゴルフ場であるが，会員又はその同伴者，紹介者に限定することなく，ビジター利用客のみによる施設利用を認めていた。

　Ｅは，同月25日，仕事関係者を宮崎県に招いてゴルフに興じるため，自らが会員となっていたＣクラブに電話を架け，同年9月28日の予約をした後，組合せ人数を調整するため，被告人らを誘った。被告人は，同月28日，同クラブに行き，フロントにおいて，備付けの「ビジター控え」に氏名を偽りなく記入し，これをフロント係の従業員に提出してゴルフ場の施設利用を申し込んだ。その際，同控えに暴力団関係者であるか否かを確認する欄はなく，その他暴力団関係者でないことを誓約させる措置は講じられていなかったし，暴力団関係者でないかを従業員が確認したり，被告人が自ら暴力団関係者でない旨虚偽の申出をしたりすることもなかった。被告人は，Ｅらと共にゴルフをするなどして同クラブの施設を利用した後，自己の利用料金等を支払った。なお，同クラブは，会員制のゴルフ場で，原則として，会員又はその同伴者，紹介者に限り，施設利

用を認めていた。

(2) B倶楽部及びCクラブは、いずれもゴルフ場利用細則又は約款で暴力団関係者の施設利用を拒絶する旨規定していたし、九州ゴルフ場連盟、宮崎県ゴルフ場防犯協会等に加盟した上、クラブハウス出入口に「暴力団関係者の立入りプレーはお断りします」などと記載された立看板を設置するなどして、暴力団関係者による施設利用を拒絶する意向を示していた。しかし、それ以上に利用客に対して暴力団関係者でないことを確認する措置は講じていなかった。また、本件各ゴルフ場と同様に暴力団関係者の施設利用を拒絶する旨の立看板等を設置している周辺のゴルフ場において、暴力団関係者の施設利用を許可、黙認する例が多数あり、被告人らも同様の経験をしていたというのであって、本件当時、警察等の指導を受けて行われていた暴力団排除活動が徹底されていたわけではない。

2　上記の事実関係の下において、暴力団関係者であるビジター利用客が、暴力団関係者であることを申告せずに、一般の利用客と同様に、氏名を含む所定事項を偽りなく記入した「ビジター受付表」等をフロント係の従業員に提出して施設利用を申し込む行為自体は、申込者が当該ゴルフ場の施設を通常の方法で利用し、利用後に所定の料金を支払う旨の意思を表すものではあるが、それ以上に申込者が当然に暴力団関係者でないことまで表しているとは認められない。そうすると、本件における被告人及びDによる本件各ゴルフ場の各施設利用申込み行為は、詐欺罪にいう人を欺く行為には当たらないというべきである。

　なお、Cクラブの施設利用についても、ビジター利用客である被告人による申込み行為自体が実行行為とされており、会員であるEの予約等の存在を前提としているが、この予約等に同伴者が暴力団関係者でないことの保証の趣旨を明確に読み取れるかは疑問もあり、また、被告人において、Eに働き掛けて予約等をさせたわけではなく、その他このような予約等がされている状況を積極的に利用したという事情は認められない。これをもって自己が暴力団関係者でないことの意思表示まで包含する挙動があったと評価することは困難である。

第3　結論

　したがって、被告人及びDによる本件各ゴルフ場の各施設利用申込み行為が挙動による欺罔行為に当たるとして詐欺罪の成立を認めた第1審判決及びこれを是認した原判決には、判決に影響を及ぼすべき重大な事実の誤認があり、これを破棄しなければ著しく正義に反すると認められる。

　そして、既に第1審及び原審において検察官による立証は尽くされているので、当審において自判するのが相当であるところ、本件各公訴事実については犯罪の証明が十分でないとして、被告人に対し無罪の言渡しをすべきである。

　よって、刑訴法411条3号により原判決及び第1審判決を破棄し、同法413条ただし書、414条、404条、336条により、裁判官小貫芳信の反対意見があるほか、裁判官全員

一致の意見で，主文のとおり判決する。

裁判官小貫芳信の反対意見は，次のとおりである。

本件の論点は欺く行為の有無にあり，多数意見はいずれの事件においてもこれを否定するところ，Ｂ倶楽部の事件については多数意見と意見を同じくするが，Ｃクラブの事件については，以下に述べるとおり，多数意見には賛同できない。

1　詐欺罪にいう人を欺く行為とは，財産的処分行為の判断の基礎となるような重要な事項を偽ることをいう（最高裁平成18年（あ）第2319号同19年7月17日第三小法廷決定・刑集61巻5号521頁，最高裁平成20年（あ）第720号同22年7月29日第一小法廷決定・刑集64巻5号829頁参照）。これによれば，欺く行為は，偽る対象（以下「重要事項」という。）と偽る行為との二つの要素から成り，欺く行為に該当するといえるためには各要素を充たす必要があるが，Ｃクラブの事件についてはこれを充たしていると認められる。以下，順次検討する。

2　まず，重要事項についてみる。

(1)　ゴルフ場にとって暴力団員が施設を利用することは，一般的に，快適なプレー環境を害し，ゴルフクラブの評判を低下させて営業成績に悪い影響を及ぼす可能性が高いので，営業上無視できない事項といえよう。しかし，暴力団排除が法的義務とはされていないゴルフ場においては，暴力団排除をどこまで徹底するかはその経営方針に任されており，暴力団排除が一般的に営業上無視できない事項であるからといって，それは暴力団排除に一応の合理的理由があるというにとどまり，直ちに欺く行為に必要とされる重要事項に当たるとはいえない。重要事項といえるか否かについては，ゴルフクラブごとに，暴力団排除がどのように位置づけられているかを客観的に観察し，財産的処分行為の判断の基礎となる重要な事項と評価できるか否かを検討する必要があり，その位置づけは，具体的には，各ゴルフクラブが暴力団排除のためどのような措置を講じていたかによって判断するのが相当であろう。

(2)　ゴルフ場の暴力団排除の措置については，〔1〕立入禁止の掲示，〔2〕会員の紹介・同伴によるビジターについての人物保証，〔3〕フロントにおける書面・口頭による暴力団関係者でないことの確認，〔4〕その他の排除措置などが考えられる。〔3〕のフロント確認については，仮にこれが実施され，フロントにおいて暴力団所属の有無を偽れば，虚偽事実の表明がされることになるので，偽る行為の問題は解消し，重要事項該当性も容易に肯定できることとなろうが，本件当時ほとんどのゴルフ場でフロント確認の措置までは講じられておらず，フロント確認は，顧客を不愉快な気分にさせ，また相手が暴力団員である場合には混乱が生ずる事態も危惧され，ゴルフ場がこの措置を採ることに躊躇させる事情があり，それが暴力団関係者に起因する事情であることからすると，フロント確認を必須の条件とするのは相当ではないであろう。〔1〕については，宮崎県において多くのゴルフ場が立入禁止の掲示をしているにもかかわらず，少なからず暴力団員がゴルフ場施設を利用する実態があったことからすると，立入禁止の掲示のみを根拠

として，重要事項に該当すると認めるには十分とはいえないように思われる。したがって，具体的に重要事項にあたるか否かを検討する場合には，〔2〕と〔4〕の措置が中心となろう。

(3)　これを C クラブについてみると，同クラブにおいては，玄関に暴力団関係者の立入禁止の掲示をし，原則としてビジターの施設利用を会員の紹介・同伴による場合に限定していた上，本件の数か月前には共犯者であり会員でもある E に対し暴力団員をプレーメンバーとするゴルフ場利用申込みを拒絶しており，また本件時においても従業員は暴力団員がプレーしているとの疑いを抱き，コースに出向いて視察確認を行っているなどの事情が認められるのであって，C クラブが暴力団排除を重要な経営方針としていたことは客観的に明らかであり，同クラブについては暴力団関係者に施設を利用させないことが財産的処分行為の判断の基礎となるような重要な事項であったことは優に認めることができる。

3　次に，偽る行為について検討する。

(1)　偽る行為について積極的な虚偽事実の表明がない事案（挙動による欺罔行為事案）においては，実行行為である申込行為に暴力団関係者でないことの意味が含まれていると評価できるかを吟味してみる必要がある。これをゴルフクラブが暴力団排除のために採っている上記の措置との関係で検討すると，〔1〕の立入禁止の掲示については，暴力団関係者が自発的に施設利用を断念することを期待するところに重点があると解される余地もあり，それ以上の暴力団排除の措置が講じられていない場合，立入禁止の措置のみが講じられた下での申込みを直ちに偽る行為と評価するのは困難であろう。

(2)　ところで，C クラブは，その会則及び利用約款により，暴力団関係者の施設利用を拒絶することを明示し，会員が暴力団関係者であるときは除名等の処分をすることとし，会員は暴力団関係者に対する利用拒絶を前提としてビジターを紹介できるが，ビジターのクラブ内における一切の行為について連帯して責任を負うものとしている。その上で，同クラブは，ビジターのゴルフ場施設利用申込みにつき会員による紹介・同伴を原則としており，会員の人物保証によって暴力団排除を実効性あるものにしようとしていた。このような措置を講じているゴルフ場における会員の紹介・同伴によるビジターの施設利用申込みは，フロントにおいて申込みの事実行為をした者が会員であるかビジターであるかにかかわらず，紹介・同伴された者が暴力団関係者でないことを会員によって保証された申込みと評価することができるのであり，このような申込みは偽る行為に当たるといえる。

(3)　他方，B 倶楽部は，同様の規則等を制定していたものの，ビジターは会員による紹介・同伴がなくても施設利用ができ，本件においてもビジターである被告人らは会員の紹介・同伴がないまま施設利用を許されており，このように会員による人物保証がない状況の下での暴力団員の施設利用の申込みを偽る行為と認めるのは困難であろう。

4　多数意見は，C クラブの偽る行為について，実行行為を行った被告人に，会員であ

るＥによる予約等がされている状況を積極的に利用したような事情が認められないとして、偽る行為の存在を否定している。しかし、会員でないため単独ではＣクラブの施設利用ができず、かつ暴力団員であるため施設利用を拒否されることとなる被告人にとって、プレーをしようとすれば会員の紹介・同伴による人物保証はなくてはならないものであり、このような状況の下における本件の被告人の施設利用申込みは、Ｅの紹介・同伴による人物保証を積極的に利用したものと評価できるのではなかろうか。また、多数意見が積極的利用の例示として挙げる「被告人において、Ｅに働き掛けて予約をさせる」ことは、共謀ないし犯意にかかわる事情ではあるが、偽る行為該当性を判断する際の事情といえるかについては疑問なしとしない。

5　Ｃクラブの事件については、上記のとおり、重要事項及び偽る行為を認めることができ、さらに被告人は同クラブが暴力団関係者の施設利用を拒否していることを知った上で、会員であるＥの紹介・同伴を得て、共にゴルフプレーするために、施設利用の申込みをしているのであるから、Ｅとの共謀を認めるのに欠けるところはない。以上によれば、Ｃクラブの事件については、これを有罪と認めた原判決は結論において是認できる。

　検察官　○○○○　公判出席

（裁判長裁判官　千葉勝美　裁判官　小貫芳信　裁判官　鬼丸かおる　裁判官　山本庸幸）

チェック

□本判決が詐欺罪の成立を否定した理由は何か？

□挙動による欺罔行為とは何か？　不作為による欺罔行為とはどのようにして区別されるか？

課題判例42

詐欺被告事件

最高裁判所第一小法廷平成10年（あ）第806号

平成13年7月19日判決

主　文

原判決を破棄する。

本件を大阪高等裁判所に差し戻す。

理　由

弁護人Ｍ，同Ｔ，同Ｇの上告趣意のうち，判例違反をいう点は，事案を異にする判例

を引用するものであって，本件に適切でなく，その余は，憲法違反をいう点を含め，実質は単なる法令違反，事実誤認の主張であって，適法な上告理由に当たらない。

　しかし，所論にかんがみ，職権をもって調査すると，原判決は，刑訴法411条1号，3号により破棄を免れない。その理由は，以下のとおりである。

1　本件公訴事実の要旨は，「被告人Ａは，Ｉ株式会社（以下「Ｉ」という。）大阪支店に勤務し，Ｉが大阪府から請け負った「大阪府営東大阪春宮第1期高層住宅（建て替え）新築くい工事（第4工区）」（以下「本件工事」という。）の現場所長として，被告人Ｂは，Ｉ東京本店に勤務し，本件工事の主任技術者として，被告人両名とも，同府及び下請け業者との間での工事の進行状況の打合せ及び工事関係書類の整理など本件工事全般を掌理していたものであるが，本件工事に関し，大阪府から工事完成払金の支払を受けるためには，同府の係員の完成検査を受け，同府が工事代金を支出するに必要な検査調書を作成させなければならないところ，くい打ち工事の掘削現場から排出された汚泥のうち，資格のある収集運搬業者及び中間処理・最終処分業者に正規に処理させた汚泥の量が，真実は合計約45立方メートルにとどまり，さらに不法投棄した汚泥もあったため，完成検査に合格せず，検査調書も作成してもらえないことから，あたかも，525立方メートルの汚泥を関係法令に基づき場外搬出処分したかのように装って完成検査を受け，検査調書を作成させ，工事完成払金を騙取しようと企て，本件工事の下請け業者であるＪ株式会社代表取締役Ｃ及び大阪環境事業協同組合代表理事Ｄらと共謀の上，あらかじめ，525立方メートルの汚泥が正規に処理された旨記載された内容虚偽の建設業汚泥排水処理券（以下「処理券」という。）を作成した上，平成4年4月30日ころ，本件工事現場所在の大阪府監理事務所内において，同府技術吏員で本件工事の完成検査検査員であったＥに対し，これを真正なもののように装って提出し，同人をして処理券は真正で，525立方メートルの汚泥はすべて正規に処理された旨誤信させて，本件工事は適正に行われた旨の検査調書を作成させ，さらに，同年5月6日ころ，Ｉ大阪支店長Ｆ名義で，工事完成払金として7288万円の支払を大阪府知事に対し請求し，同検査調書及び工事代金請求書の送付を受けた同府建築部建築監理課課長代理Ｇをして，同様に誤信させて請求金額どおりの工事代金の支払を決裁させ，よって，同年6月5日ころ，同府出納室決算課支払係係員をして，Ｋ銀行大阪北支店のＩ大阪支店名義の当座預金口座に，工事代金として7288万円を振替送金させ，もって，これを騙取した。」というものである。

2　第1審判決は，次のような事実認定及び法律判断をして，被告人両名に詐欺罪の成立を認めた。

(1)　検察官が本件において汚泥の不法投棄に当たると主張するのは，本件工事に使用した安定液を再利用した後に最終的にタンク内に貯留したもののうち沈殿部分を残土とともに投棄したことであるが，この沈殿部分が汚泥に当たるかどうかは，当時の行政サイドの基準によっても必ずしも明確ではないから，それを残土として処理することが汚泥の不法投棄であるとするには，合理的な疑いがある。

(2) 検察官は，仮に架空の処理券を提出せず，そのまま45立方メートル分の処理券を提出した場合，完成検査に合格しないだけでなく，代金額が減額されかねない旨主張するが，本件請負契約においては，請負代金額は総額が定められているだけであって，汚泥の処理量や処理費については定めがないことなどから，汚泥の処理量や処理費が予定より少なかったからといって，代金額が減額され得たとは認められない。

(3) 本件請負契約において，汚泥の処理量は完成検査の対象になっていないが，汚泥を適正に処理することは契約の内容となっており，検査員が処理券の内容が虚偽であることに気付いた場合には，その原因を調査するため，その間工事完成払金支払の前提となる検査調書は作成されず，平成4年4月30日に行われた完成検査において，少なくとも合格が留保されたことが認められる。したがって，被告人両名の行為は，工事が適正に行われた旨の検査調書の作成及びその後の工事完成払金の支払の決裁と因果関係があり，工事完成払金の支払時期を不当に早めたものというべきである。

3　これに対し，被告人両名が控訴を申し立てたところ，原判決は，次のように判示して，第1審判決を破棄した上，おおむね公訴事実どおりの犯罪事実を認めて，被告人両名を有罪とした。

(1) 第1審判決の「罪となるべき事実」と「事実認定の補足説明」との間には理由の食違いがある。また，第1審判決が，汚泥処理量について実際量を申告した場合と本件のような虚偽の申告をした場合とでは支払時期に差異が生じる点で詐欺罪が成立するとしながら，その差異が期間としておよそどの程度かについて何ら判示していないのは，理由の不備に当たる。

(2) 本件工事をめぐる事実関係は，以下のとおりである。

ア　本件工事は，アースドリル工法による場所打ちのくい打ち工事であり，平成3年12月ころ，大阪府とIとの間で，本件工事の定額・一括請負契約が締結された。

イ　本件工事においては，掘削された穴の側壁の崩壊を防ぐため，ベントナイト安定液を穴に入れた後，貯留タンクに戻して上水部分を再利用する方法が予定されており，この作業によって劣化した安定液やタンクの底に堆積する土砂，セメント等が混合した汚泥を産業廃棄物として場外処理する必要があった。大阪府は，本件工事における汚泥の処理量を約522立方メートルと予想し，その処理代金を563万7600円と見積もった。Iは，工事を進めるに当たり，汚泥を残土に混ぜて不法投棄した結果，正規の方法で処理した汚泥の実際量は約45立方メートルで，その処理費用は48万6000円にとどまった。

ウ　被告人両名は，大阪府の委託監督員のHから同府の汚泥処理の見積量を聞き出し，これと実際の処理量との間に大きな食違いがあることを知り，実際の処理量を申告した場合には，工事が設計書類に従っておらず，あるいは汚泥を不法投棄したなどと疑いを持たれ，完成検査の合格を留保された上，その状況について調査を受けるおそれがあり，その結果，工事代金の支払手続に移行しないばかりか，予想量に満たない汚泥処理代金について減額されるおそれを感じた。このため，被告人両名は，内容虚偽の処理券を提

出し，完成検査の合格を得て代金の支払を受けようと企て，下請業者等を介してＤと意思を通じた上，Ｄが上記予想量とほぼ符合する 525 立方メートルの汚泥が適法に処理されたとする内容虚偽の処理券を作成した。

エ　被告人両名は，完成検査において上記処理券を提出し，これを確認した大阪府の検査員らは，予想量とほぼ同程度の量の汚泥が適法に処理されたものと誤信して検査を合格させ，合格を確認した同府の職員らは，工事代金支払の決裁をして，Ｉに 7288 万円を支払った。

(3)　本件請負契約には，その内容の重要な要素として，ベントナイト安定液による汚泥の処理が含まれており，定額・一括請負契約であったとはいえ，汚泥の不法投棄によりその汚泥処理費用の実際額が大阪府の見積額を大幅に下回った場合には，契約の解釈上，不完全履行としてそれ相応の請負代金が減額されるべきであった。

(4)　本件工事におけるベントナイト安定液の繰り返し使用に際してタンク底に生じる残留物は，産業廃棄物である汚泥に当たるものであり，本件請負契約の当事者や工事関係者の間には，その認識があったと認められる。

(5)　Ｉは，産業廃棄物であるベントナイト廃液の汚泥の一部を不法投棄したほか，その処理した汚泥の実際量と大阪府の予想量との間に顕著な差があったから，これらの事実が判明した場合には，それ相応の工事代金の減額がされるべきであったにもかかわらず，被告人両名は，実費を大幅に上回る汚泥処理費用を含めた工事代金を請求して，大阪府を欺罔したものである。

4　そこで，原判決の当否について検討する。

記録によれば，本件請負契約は，競争入札による定額・一括請負契約であって，請負代金の総額が定められているだけで，汚泥処理費用等その内訳については一切定めがないと認められるから，汚泥処理費用の実際の額が発注者の見積額を大幅に下回った場合においても，この点について特段の約定がない限り，発注者は請負代金の減額請求をすることができない。また，本件請負契約の施工方法の細目を定めた現場説明事項 11 項には，「くい工事にて発生する汚泥は，すべて関係法令に基づき，場外搬出処分とする」旨定められているところ，汚泥が工事現場に残存している状態では，くい打ち工事が完成したということはできないから，汚泥を場外搬出することは，請負契約上の義務に当たるが，場外搬出した汚泥の処分を関係法令に従って行ったか否かということは，業者としての公法上の義務に係るものであって，請負代金の支払請求権とは対価関係に立つものでなく，これを理由に，発注者に請負代金の減額請求権が発生するとはいえない。したがって，原判決が，汚泥の不法投棄によって汚泥処理費用の実際の額が発注者の見積額を大幅に下回った場合に発注者が請負代金の減額を請求できることを前提として，被告人両名が内容虚偽の処理券を提出して完成検査に不正に合格し，工事完成払金を騙取したと判断する点は，到底是認することができない。

5　ところで，第 1 審判決は，内容虚偽の処理券を提出した被告人両名の行為が工事完

成払金の支払時期を不当に早めたものとして，詐欺罪の成立を認めているところ，この判断が是認できるものであれば，主文において第1審判決と同じ刑を言い渡した原判決を破棄しなければ著しく正義に反するとは認められないと考える余地もあるので，第1審判決の当否について検討する。

被告人両名が正規に処理された汚泥の量約45立方メートル分についてのみ処理券を提出したとすれば，大阪府の汚泥処理の予想量を大幅に下回っているため，汚泥の不法投棄を行ったのではないかという疑惑が生じ，これに関する調査が行われる結果，本件工事の完成検査が実際より遅れ，そのため，工事完成払金の支払時期が遅れた可能性は否定できないところである。しかし，記録によれば，本件請負契約の目的物であるくい打ち工事は，瑕疵なく完成したものと認められるところ，同契約によれば，発注者である大阪府は，請負人であるIから工事完成の通知を受けた日から14日以内に工事完成検査を完了しなければならず，工事完成検査に合格後，大阪府は，書面による代金請求がされた日から40日以内に請負代金を支払わなければならないとされている。

請負人が本来受領する権利を有する請負代金を欺罔手段を用いて不当に早く受領した場合には，その代金全額について刑法246条1項の詐欺罪が成立することがあるが，本来受領する権利を有する請負代金を不当に早く受領したことをもって詐欺罪が成立するというためには，欺罔手段を用いなかった場合に得られたであろう請負代金の支払とは社会通念上別個の支払に当たるといい得る程度の期間支払時期を早めたものであることを要すると解するのが相当である。これを本件についてみると，第1審判決は，被告人両名が内容虚偽の処理券を提出したことにより，これを提出しなかった場合と比較して，工事完成払金の支払時期をどの程度早めたかを認定していないから，詐欺罪の成立を認める場合の判示として不十分であるといわざるを得ない。また，被告人両名の行為が工事完成払金の支払時期をどれだけ早めたかは，記録上，必ずしも明らかでない。

したがって，被告人両名に詐欺罪の成立を認めた第1審判決の判断も，是認し難いものである。

6 以上のとおり，被告人両名に詐欺罪の成立を認めた原判決には，判決に影響を及ぼすべき法令解釈の誤り及び重大な事実の誤認があるといわざるを得ず，原判決を破棄しなければ著しく正義に反するものと認められる。

よって，刑訴法411条1号，3号，413条本文により，原判決を破棄した上，本件における詐欺罪の成否について更に審理を尽くさせるため，本件を原審である大阪高等裁判所に差し戻すこととし，裁判官全員一致の意見で，主文のとおり判決する。

検察官 ○○○○ 公判出席

（裁判長裁判官 町田顯 裁判官 井嶋一友 裁判官 藤井正雄 裁判官 深澤武久）

チェック

□本判決は，詐欺罪の成立を認めた原判決を破棄し，第1審判決の判断も是認し

授　業

　今回のテーマは「詐欺罪」です。詐欺罪は，近時，非常に議論の多い犯罪ですが，その理由の１つは特殊詐欺が激増したことにあります[1]。次から次へと新手の手法が現れ，その対応を迫られたことが詐欺罪の解釈論議を盛んにしました。犯罪の増加が理論的深化をもたらすのは皮肉ですが，疫病の蔓延が医学の進歩を促すように，マイナスをプラスに転ずることができるところに人間の賢慮が表れているといえるでしょう。

　詐欺罪は，人を欺いて錯誤を生じさせ，その錯誤により瑕疵ある意思に基づいて財物や財産上の利益を交付させる犯罪です。欺く行為（欺罔行為）→錯誤→交付（処分）行為→財物・財産上の利益の移転という因果経過を経る必要があります。従って，欺く行為は，錯誤，そして，それに基づく交付行為に向けられたものでなければならないことになります。例えば，虚言を弄して注意をそらし，その隙に所持品を持ち去るような場合は，交付行為に向けられた嘘がありませんから，欺く行為は認められません。ですから，このケースでは，詐欺未遂罪も成立せず，窃盗罪が成立することになります（このような場合をトリック窃盗と呼ぶ人もいるようです）。イメージ的に言うと，行為者が計画している通りに事が運んだとしても，相手方の交付行為が肯定できないようなケースならば，そこで何らかの嘘がつかれていても，それは詐欺罪の成立要件としての欺く行為には当たらない（従って，詐欺未遂も成立しない）とでもいえるでしょうか。このあたりを時々誤解している人がいるので，気をつけてください。

---

[1] 大変有意義な包括的な検討として，「特殊詐欺と刑事上の諸問題」法時 92 巻 10 号（2020年）4 頁以下があります。

不作為による欺罔と挙動による欺罔

①X は，お店で 500 円の買物をし，1000 円札を出したところ，店主 A が 10000 円札を受け取ったと勘違いし，9500 円のつり銭を返却した。X は，つり銭を受け取る時点で，既につり銭が多いことに気づいていたが，そのまま受け取った。

②Y は，高級レストランで最初から料金を支払う意思も能力もないのに，高級料理を注文して食べた。

☞不作為による欺罔と挙動による欺罔とはどのようにして区別されるのか？

　欺く行為は，不作為によっても可能だとされます。その場合には，真実を告げる義務（告知義務）が認められなければなりません。例えば，誤振込であることを秘して預金の払戻しを受けた事例において，「誤った振り込みがあった旨を銀行に告知すべき信義則上の義務がある」とした判例があります（最決平15・3・12刑集57・3・322）。ところで，皆さんは，生協で 500 円の買い物をして 1000 円札を出したところ，店員さんがお釣りとして 9500 円を返したら，どう反応するでしょうか？　当然，「お釣りが多いですよ」と告げますよね（告げてくださいね！）。通説は，この場合も信義則上の告知義務があるとするので，お釣りが多いことを告げずにそのままもらうと詐欺罪に当たるとしています（釣銭詐欺）。これに対しては，そのような義務を肯定することは，相手方の財産を保護する義務を肯定することになり，そのような義務が通常の取引関係から生ずるとするのは不合理であるとする批判があります[2]。確かに，一般的に取引の相手方の財産を保護する義務を肯定することはできないでしょうが，典型的な釣銭詐欺のケースでは，対面取引で容易に相手方の錯誤を解くことができる状態であるにもかかわらず，ことさらにその状況を利用しようとするものですから，真実を知っているという優越的な知識に基づいて因果の流れを支配し得る立場にあるとして告知義務を認めても不当ではないように思われます。

　これに対して，例えば，レストランで食事をする際に，最初から代金支払の意思なく注文し飲食をした場合も詐欺罪が成立するとされますが（無銭飲食），この場合の欺く行為は注文するという作為によるものだと解されています。いわゆ

---

[2] 中森・各論 136 頁以下。

る，挙動による欺罔[3] と呼ばれるものです。この挙動による欺罔と不作為による欺罔とは，どのようにして区別されるのでしょうか？　ここはいろいろな見方があるかもしれませんが，既に錯誤の状態に陥っている者に真実を告知しない場合は不作為による欺罔で，行為者が事実を秘してなした振る舞いが相手方にその事実の不存在を黙示的に伝達する効果をもつような場合が挙動による欺罔であると一応は解することができるのではないかと思います[4]。もっとも，挙動による欺罔が認められる場合でも大抵は告知義務を肯定することが可能でしょうから，不作為による欺罔と挙動による欺罔を区別することに，実際上それほど大きな意義はないかもしれません（でも，試験の時には，何が欺く行為かを認定しなければならないでしょうから，一応，区別の基準は立てておいた方が無難でしょう）。

　さて，課題判例 41（最判平 26・3・28 刑集 68・3・582）では，被告人らによるゴルフ場の各施設利用申込み行為は挙動による欺罔行為に当たらないとされています。この事案におけるゴルフクラブでは，「ゴルフ場利用細則又は約款で暴力団関係者の施設利用を拒絶する旨規定していたし，九州ゴルフ場連盟，宮崎県ゴルフ場防犯協会等に加盟した上，クラブハウス出入口に『暴力団関係者の立入りプレーはお断りします』などと記載された立看板を設置するなどして，暴力団関係者による施設利用を拒絶する意向を示していた」のですから，暴力団員であることを秘して施設利用申込みをする行為は，一見すると挙動による欺罔行為であるように見えます。しかし，これらのゴルフクラブで被告人らが施設利用を申し込む際，「受付表に暴力団関係者であるか否かを確認する欄はなく，その他暴力団関係者でないことを誓約させる措置は講じられていなかったし，暴力団関係者でないかを従業員が確認したり，被告人らが自ら暴力団関係者でない旨虚偽の申出をしたりすることもなかった」「控えに暴力団関係者であるか否かを確認する欄はなく，その他暴力団関係者でないことを誓約させる措置は講じられていなかったし，暴力団関係者でないかを従業員が確認したり，被告人が自ら暴力団関係者でない旨虚偽の申出をしたりすることもなかった」という事実が指摘されています。このような事実からすると，形式的には暴力団関係者お断りとしているけれども，本気で暴力団排除に向けて徹底した取組みをしているわけではないことがうかが

---

[3] 推断的欺罔という言葉が用いられる場合もありますが，私は，あまり分かりやすい表現ではないような気がします。
[4] なお，高橋・各論 319 頁参照。

かがわれます。ここでは，施設利用を許諾するかどうかを判断する際に，暴力団関係者かどうかという点をそれほど重視してはいないのではないかという疑念が生ずるのではないでしょうか。更に，本判決は，「本件各ゴルフ場と同様に暴力団関係者の施設利用を拒絶する旨の立看板等を設置している周辺のゴルフ場において，暴力団関係者の施設利用を許可，黙認する例が多数あり，被告人らも同様の経験をしていたというのであって，本件当時，警察等の指導を受けて行われていた暴力団排除活動が徹底されていたわけではない」という事実も指摘しています。この当時の周辺の状況からすると，暴力団関係者の施設利用が実際に厳格に禁止されているわけではなかったとすれば，施設利用を申し込む行為が一般に暴力団関係者ではないという意味をもつ行為だとまでは言いにくいところがあるでしょう。このように見ると，本判決は，被告人の施設利用申込み行為が一般に暴力団関係者ではないことまで意味しているとは言いにくいという事情と，当のゴルフクラブ関係者も申込者が暴力団関係者かどうかにあまり頓着していないという事情を併せて考慮することにより，挙動による欺罔行為を否定したと解することができそうです[5]。

　このような考え方をするならば，前提となる事実が変われば，挙動による欺罔行為が肯定される場合もあるということになるでしょう。実際，課題判例41と同日付の最決平26・3・28刑集68・3・646では，「入会の際に暴力団関係者の同伴，紹介をしない旨誓約していた本件ゴルフ倶楽部の会員であるAが同伴者の施設利用を申し込むこと自体，その同伴者が暴力団関係者でないことを保証する旨の意思を表している上，利用客が暴力団関係者かどうかは，本件ゴルフ倶楽部の従業員において施設利用の許否の判断の基礎となる重要な事項であるから，同伴者が暴力団関係者であるのにこれを申告せずに施設利用を申し込む行為は，その同伴者が暴力団関係者でないことを従業員に誤信させようとするものであり，詐欺罪にいう人を欺く行為にほかなら」ないと判示しています[6]。2つの判例を比較し

---

[5] 本件で，例えば，立て看板を見た利用者が，利用を申し込む際に，「最近は暴力団排除が徹底しているね。みんな安心してプレーできるからいいことだね。」などと，あたかも自分は暴力団関係者ではないかのような言動をしていたとしたら，どうなるでしょうか？　言動の具体的な態様にもよるでしょうが，暴力団関係者ではないことを明示したとみられる場合には「挙動による欺罔行為」の問題として処理することは難しいでしょう。その場合には，暴力団関係者でないことが，相手方による施設利用許否の判断の基礎となる重要な事項に当たるかどうかが問題とされることになるのではないかと思われます。

て，どのような事実関係の違いが結論の違いをもたらしたのかを確認しておくとよいでしょう[7]。

次に，交付行為について，少し言及しておきたいと思います。

交付行為の肯否

①X は，試乗車を乗り逃げしようと考え，購入客を装って車の見積書に虚偽の氏名などを記入して，「少し試乗してみたい」と申し向け，誤信した営業員が試乗車に X を乗車させて一人で試乗してくるように勧めたことから，乗り逃げする意図のもとに車を発車させた。同車は試乗用のため，僅かのガソリンしか入っていなかったが，X は途中でガソリンを補給し，2 日間に渡って同車を乗り回した。　⇒占有移転の認識

②A は，大量にある本を処分したいと思い，知人の X に欲しい本があればどれでも 100 円で売ることにした。品定めしていた X は，パラパラと何冊か見ていたところ，そのうちの一冊に 1 万円札が挟まっているのをみつけたが，A が気づいていないのをいいことに，そのまま 100 円で買い受けた。　⇒交付意思

詐欺罪が成立するためには，被欺罔者の瑕疵ある意思に基づいて財物・財産上の利益が交付されることが必要です。この交付行為の有無によって，財物の場合には窃盗罪と 1 項詐欺罪が区別され，財産上の利益の場合には 2 項詐欺罪の成立範囲が画されることになります。交付行為の有無が問題となるのは，主として，被欺罔者の「意思に基づいて」財物・財産上の利益が移転したといえるかどうかが問われるケース，すなわち，交付意思を認めることができるかが問われるケースです。これには問題の所在を異にする 2 つの類型があります。

1 つは，占有移転の認識が問題となる場合です。冒頭でも挙げましたが，虚言

---

[6] 仮に，本件で，近辺のゴルフ場は暴力団排除対策が全く杜撰で，このゴルフ場だけが特別厳格な対応をとっているというようなケースだとしたらどうなるでしょうか？　欺罔行為に当たるかどうかを判断する際には，相手方当事者の対応が基礎に置かれるべきでしょうから，当該ゴルフ場が厳格な暴力団排除対策を講じている場合には欺罔行為を肯定することができるでしょう。ただ，その場合，近辺の状況から考えて，申込者に欺罔行為についての故意が欠けるとされる可能性はあるかもしれません。

[7] 近辺のゴルフ場も当該ゴルフ場も厳格な暴力団排除対策を講じているが，実は，当該ゴルフ場は，所属する協会の申し合わせに渋々従っているだけで，経営者の方針として，暴力団関係者であることが判明してもプレーさせることにしていたというような場合は，どうなるでしょうか？　考えてみてください。

を弄して被害者の注意を逸らしているうちに，財物を取得する行為は，交付行為がない（従って欺く行為もない）から詐欺罪には当たらず，窃盗罪が成立します。客観的に占有が移転していても，被欺罔者に当の行為によって占有が移転するとの認識がなければ，意思に基づく占有移転は認められず，交付行為は否定されます。従って，交付行為が認められるためには，財物の占有が被害者から行為者に移転する過程（＝財物の占有が終局的に移転したこと）を被害者が認識していることが必要となります[8]。これに対し，被害者の占有状態を不安定なものにするに止まる処分は，占有を移転させるのではなく占有を弛緩させるに止まるものですから，そのような処分をする認識しかない場合には，占有が移転することについての認識が欠けるので交付行為は否定されます。裁判例としては，広島高判昭30・9・6高刑集8・8・1021（洋服の試着を許された者が，店員の隙を見て逃走する行為について窃盗罪が成立するとした事例），東京地八王子支判平3・8・28判タ768・249（自動車販売店の試乗車を乗り逃げしようとして，購入客を装って，試乗車に単独試乗した事案において，被害者が被告人に試乗車の単独乗車をさせた時点で，同車に対する占有が被害者の意思により被告人に移転しているので詐欺罪が成立するとした事例）あたりを読んでおくと，勘所がつかめるのではないかと思います。

　もう1つは，移転する財物や財産上の利益の存在や価値についての認識が問題となる場合です。XはYの本に1万円札がはさまっていることに気づきながら，その本を100円で買い受けたという場合（例1）や，Xは，Y宅で，都内に電話をかけさせてくれと偽り，実際には国際電話を利用しながら10円しか払わなかったという場合（例2）に詐欺罪が成立するか，といった問題がこれです。この点に関しては，移転する財物・利益に関する認識が必要であるとする「意識的交付行為説」と，移転する財物・利益に関する認識は不要であるとする「無意識的交付行為説」とが主張されています（「無意識的交付行為説」と言っても，前述した占有移転の認識は必要であることに注意してください）。無意識的交付行為説によれば，例1では1項詐欺罪，例2では2項詐欺罪が成立することになります[9]。問題は意識的交付行為説に立った場合です。交付意思を厳格に要求するならば，例1では窃盗罪が

---

[8] 一時預けただけで当然返却されると思っている場合には，財物の占有が「終局的に」移転することの認識はない，と書いてくる答案が時々見受けられます。しかし，これは誤解です。問題なのは「占有」の移転であって「所有権」の移転ではありません。従って，返却を前提として貸与した場合であっても，占有は移転します。
[9] 西田・各論212頁。

成立し，例 2 は利益窃盗で不可罰ということになりそうですが，これでは財産上の利益が客体である場合，2 項詐欺罪の成立範囲が限定されすぎるのではないかという問題があります。そこで，意識的交付行為説に立つ論者も，「物・利益の外形的移転の意思・認識」[10] があれば足りる（従って，例 2 の場合も 2 項詐欺罪を肯定し得る[11]）とする場合が多く，このような考え方をするのであれば，無意識的交付行為説との違いはほとんどないということになりそうです。

　ところで，無意識的交付行為説に立った場合，あるいは，意識的交付行為説に立っても交付意思の内容を上述のように緩和した場合には，窃盗罪と詐欺罪の区別の局面において，従来窃盗罪とされていた行為についても詐欺罪の成立が肯定されることにならないでしょうか？　例えば，スーパーマーケットのカートの下に商品を隠してレジを通過した場合，具体的に移転する物の存在は認識されていなくともよいとすれば，レジ係員に交付行為を認めることは可能であるようにも思われます。だとすれば，このような場合も窃盗罪ではなく詐欺罪とするというのも一案でしょうが，犯行態様としてはいわゆる「万引き」の類に属し，これを詐欺だとすることには違和感があります。また，詐欺罪にすると，罰金刑を科し得なくなりますし，事後強盗罪が成立し得なくなるといった問題も出てきそうです。そこで，1 項詐欺罪と 2 項詐欺罪とでは交付行為の意義が異なるとして 1 項詐欺罪では交付意思を厳格に要求するという見解[12] や，窃盗罪と詐欺罪が競合する場合を認めるといった見解[13] も主張されているところです。私は，窃盗と詐欺の競合を正面から認めることにはやや躊躇するところがあり[14]，1 項詐欺罪と 2 項詐欺罪とでは交付行為の意義が異なるとする見解に魅力を感じますが，皆さんは

---

[10] 山口厚『問題探究刑法各論』（1999 年）153 頁，同・各論 259 頁。

[11] 山口先生は，債権の金額をゼロであると誤信したために支払いの請求をせず，結果として支払いを免れさせる場合にも，「（弁済すべき債務があったとしても）支払いを免れさせてしまう」「これで決済することとなる」という認識があれば，交付意思を肯定することができる，とされます（山口・前掲探究 153 頁）。

[12] 井田・各論 297 頁。

[13] 林・各論 235 頁。このように考えた場合には，窃盗罪と詐欺罪の両罪が成立する場合の罪数関係が問題となります。かつて平野先生は，窃盗罪の方が重いから窃盗罪が優先するという見方を示唆されていましたが，佐伯先生は，窃盗罪に罰金刑が選択刑として付加された現在ではこのように言うことは難しくなったとされます。（佐伯・法教 373 号 119 頁。なお，山口厚『新判例から見た刑法〔第 3 版〕』［2015 年］239 頁）。林先生は，窃盗と詐欺の包括一罪とするべきであり，どちらかで起訴されたときには，その罪の成否のみを問題とすればよいとされています（林・各論 235 頁）が，皆さんはどう思われますか？

128

どのように思われるでしょうか？[15]

　判例では，無銭飲食・宿泊をした者が「自動車で帰宅する知人を見送る」と欺いて店先に出て，そのまま逃走した事案について，2項詐欺罪において，財産上不法の利益が，債務の支払を免れたことであるとするには，「相手方たる債権者を欺罔して債務免除の意思表示をさせることを要し，単に逃走して事実上支払をしなかっただけで足りるものではない」として2項詐欺罪の成立を否定したものがあり（最決昭30・7・7刑集9・9・1856），また，この判例に従って，旅館に宿泊していた者が宿泊料を踏み倒して逃走しようと企図し，女中に対し「映画を見に行ってくる」と嘘を言ってそのまま逃走した事案につき，「被欺罔者が錯誤に基づき債務を免除するとか，支払の猶予を与えるとか，その他なんらかの財産上の利益供与に関する積極的な処分行為を必要とする」として2項詐欺罪の成立を否定したものもあります（東京高判昭31・12・5東高刑時報7・12・460）。これらは交付意思必要説に立っているように思われますが，前掲最決昭30・7・7の事案では，被欺罔者において欺罔行為者が店先に出ることの認識しかなく，財産上の利益が移転する状況の認識が欠けると考えれば，意識的交付行為説か無意識的交付行為説かにかかわらず，2項詐欺罪の成立は否定されるともいえそうです[16]。これに対して，前掲東京高判昭31・12・5の場合は，映画を見に行くとなると旅館主の支配が及ばないところに行ってしまうことになりそうなので，財産上の利益が移転する状況の認識はあると見て，2項詐欺罪の成立を肯定するということも可能であるように思われます[17]。もっとも，そのように考える場合には，債務免除や支払い猶予の認識がなくとも，交付行為は認められると解することになります。東京高判

---

[14] 佐伯先生は，横領と背任，詐欺と恐喝について競合が認められるのであれば，窃盗と詐欺にも競合を認めることは可能ではないかとされています（佐伯・法教373号118頁以下），窃盗では相手方の意思に反して占有が移転するのに対し，詐欺は（瑕疵ある）相手方の意思に基づいて占有が移転すると考えるのであれば，両罪は概念として非両立の関係にあるのではないでしょうか。確かに，被害者の真意に反しているという点は両罪に共通するといえるでしょうが（橋爪・法教436号81頁），これは占有移転を行為者に帰責できる根拠に関わることであり，両罪の概念的な区別とは次元が異なるように思われます。両罪は，いずれも占有移転が被害者の真意に反していることを前提としつつ，現実の占有移転がその時点での被害者の意思に基づいているかどうかによって区別されるのであり，（その線引きに困難があるとしても，どこかで線引きをする限り）やはり非両立の関係にあると考えるべきでしょう。
[15] このような二元的見解に批判的な見方として，山口厚「コメント」山口＝井田＝佐伯『理論刑法学の最前線Ⅱ』（2006年）139頁，橋爪・法教436号82頁。
[16] 橋爪・法教436号85頁参照。
[17] 橋爪・法教436号85頁。

昭 33・7・7 裁特 5・8・313 では, 旅館の宿泊客が「今晩必ず帰ってくるから」と嘘を言って宿泊代金を支払わずに立ち去った事案について,「旅館主において被告人の支払を少なくとも一時猶予する旨の意思を暗黙に表示させた」として 2 項詐欺罪の成立が肯定されていますが, 実際に行為者が得たのは支払の一時猶予ではなく免除であると思われるので, そうだとすれば, 被害者にその点に関する交付意思がなくとも 2 項詐欺罪の成立を認めていることになるでしょう。

　なお, 大判昭 9・3・29 刑集 13・335 では, 電気事業者が設置した電気計量器の指針を逆回転させることにより, 電気を消費していないと検針員を誤信させて電気料金の支払を免れた事案について, 詐欺罪の成立が認められています。これは, 移転する利益についての認識がなくとも 2 項詐欺罪の成立を認めたものだといえそうです。もっとも, この場合には, 検針員に電気料金の請求に関わる行為を行っていることの認識はあると思われますので, 何らかの財産的な意味のある行為をしている認識はあるといえるでしょう。そのような財産的意味のある行為をしているという認識がなくても交付行為が認められるとすると, 例えば, 誓約書だと騙して債務証書に署名させるようなケースでも 2 項詐欺罪が成立するということになりそうです[18]。それでよいとするのも一つの考え方ですが, 個人的にはやや行き過ぎではないかと感じています。2 項詐欺罪においても利益が移転する状況の認識は必要だとする理解を前提とすれば, 財産的な意味のない書類に署名するという行為は, 財産上の利益の移転を徴表するような性質のものではないので利益が移転する状況の認識が欠けると見るべきではないでしょうか (これに対して, 逃走型無銭飲食の事例では, 行為者が債権者から離れていくことによって債権者による追及が困難になり事実上支払いを免れることになるので, 行為者が債権者から離れていくことは利益の移転を徴表する性質のものだということができると思います。従って, 行為者が自己の支配の及ばない領域に移動することの認識があれば, それが特に財産的に意味のある行為だという認識がなくとも, 利益が移転する状況の認識はあると見ることができるでしょう)。皆さんは, どう考えるでしょうか?

　次に, 財産的損害の問題に移りましょう。

---

[18] 橋爪先生は, この場合について,「被害者が自らの行為の (財産的) 意味を認識していないことから, 債務負担について交付行為を認めることはできないと思われる」とされています (橋爪・法教 436 号 86 頁)。

```
財産的損害の要否・位置づけ

A 説：詐欺罪も財産犯である以上，財産的損害の発生が必要である
      が，欺罔行為によって錯誤に陥り個別の財産を失ったこと自
      体が財産的損害に当たる（形式的個別財産説）
B 説：詐欺罪は個別財産に対する罪であるが，交付自体が財産的損
      害であるとするのは妥当でなく，より実質的な財産上の損害
      が必要である（実質的個別財産説）
C 説：詐欺罪は全体財産に対する罪であるから財産上の損害が発生
      することが必要である（全体財産説）
D 説：財産的損害は詐欺罪の独立した成立要件ではなく，被欺罔者
      ＝処分行為者の法益関係的錯誤に基づく処分行為によって
      物・利益が移転した場合に詐欺罪の法益侵害性が肯定される
      （法益関係的錯誤説）
```

　詐欺罪が成立するためには財産的損害が必要なのか，また，必要だとした場合，その内容はどのようなものか，という点に関しては，見解が分かれています。主な見解としては，次のようなものを挙げることができるでしょう。すなわち，詐欺罪も財産犯である以上，財産的損害の発生が必要であるが，欺罔行為によって錯誤に陥り個別の財産を失ったこと自体が財産の損害に当たるとする「形式的個別財産説」[19]，詐欺罪は個別財産に対する罪であるが，交付自体が財産的損害であるとするのは妥当でなく，より実質的な財産上の損害が必要であるとする「実質的個別財産説」[20]，詐欺罪は全体財産に対する罪であるから財産上の損害が発生することが必要であるとする「全体財産説」[21]，財産的損害は詐欺罪の独立した成立要件ではなく，被欺罔者＝交付行為者の法益関係的錯誤に基づく交付行為によって物・利益が移転した場合に詐欺罪の法益侵害性が肯定されるとする「法益関係的錯誤説」[22] がそれです。

　詐欺罪は個別財産に対する罪であるとする一般の理解を前提にすれば，個別財産の喪失自体が財産的損害に当たるとする形式的個別財産説に至るように思われますし，現にこれがかつての通説でもありました。しかし，この立場に対しては，近時，それでは，結局，財産的損害を不要とするのと変わらないという批判が強

[19] 大塚・各論 256 頁，大谷・各論 281 頁など。
[20] 西田・各論 220 頁，高橋・各論 340 頁以下，松原・各論 289 頁以下など。
[21] 林・各論 142 頁以下。
[22] 山口・各論 267 頁以下，佐伯仁志「詐欺罪の理論的構造」山口厚ほか・前掲『最前線Ⅱ』106 頁以下，橋爪・法教 434 号 103 頁など。

まっています。他方，全体財産説は，詐欺罪を背任罪と同じように全体財産に対する罪と解し，財産上の損害の発生を要求するものですが，両罪の規定の仕方の違いは無視できませんし，勝手に他人の物をもっていっても相当対価を置いていけば窃盗は成立しないとする結論[23]（この見解は窃盗罪も全体財産に対する罪であるとします）にも疑問があるでしょう。

　そこで，現在は実質的個別財産説が有力化していますが，この見解による場合には，どのような場合にいかなる理由で実質的損害が肯定されるかの判断基準が問題になります。「実質的な財産上の損害の有無は被害者が獲得しようとして失敗したものが，経済的に評価して損害といいうるものかどうかにより決定すべきである」という見解[24]が有力ですが，具体的な適用に当たってはまだ不明確な部分があるように思われます。

　他方，法益関係的錯誤説は，結論的には実質的個別財産説と同じようなところに落ち着く場合が多いですが，詐欺罪では条文上財産的損害が要求されているわけではないから，それを独立の要件とするよりも，明文の要件である欺く行為の解釈によって解決する方が妥当である，と主張しています。確かに，財産の損害を個別の要件とした場合[25]，他の要件との関係が不分明である感は否めません。しかし，実質的個別財産説の論者も，財産的損害が否定される場合には，詐欺未遂罪の成立も否定するのが通常ですので，そうすると結局は財産的損害を発生させる危険のない行為は欺く行為に当たらないと解することになるでしょう[26]（時々，欺く行為等の要件を認めながら，財産的損害がないとして詐欺罪不成立とする答案を見かけるのですが，未遂罪の成立可能性などに無頓着すぎると思います）。そうだとすると，欺く行為の意義を考える上で，法益関係的錯誤説は，法益関係的錯誤を生じさせるような行為かどうかという観点からアプローチするのに対し，実質的個別財産説は，財産的損害を発生させる危険のある行為かどうかという観点からアプローチするものであって，前者では詐欺罪の法益の，後者では財産的損害の，それぞれ内実理解が問題となりますが，実質的には同じような考え方であると見

---

[23] 林先生は，「タバコ売店に売主が居なかったので，代金を置いてタバコをもってきた場合に，窃盗罪の成立を認めるというのは不当である」とされます（林・各論146頁）。

[24] 西田・各論221頁。

[25] 実質的個別財産説は，財産的損害を「書かれざる構成要件要素」と位置付けます（高橋・各論339頁）。

[26] この点に関しては，松原・各論276頁以下，292頁参照。

ることもできるように思います。そして，そのような理解は，欺く行為について「交付の判断の基礎となる重要な事項」に関して錯誤を生じさせるかどうかを問題とする近時の判例の傾向とも平仄が合うといえるでしょう[27]。

財産的損害と詐欺罪の成立要件

欺罔行為→錯誤→（錯誤に基づく）処分行為（交付行為）
→財物・財産上の利益の移転（詐取）
☞これとは別に「財産的損害」が要件となるのか？
★「欺罔行為」の解釈への解消
欺罔行為…交付の判断の基礎となる重要な事項を偽ること
　　・何が「重要な事項」なのか？

　以下では，財産的損害との関連で問題となる事例をいくつか見てみることにしましょう。

財産的損害との関連で問題となる諸事例

①Xは，医師免許をもっていないにもかかわらず医者であると詐称し，患者Aを診察した上で，Aの病状に適する売薬をもっている旨Aに申し向けてAにその売薬を定価で売った。Xは医学的知識を有しており，Aの病状に適応する売薬を定価で売却したのであった。
②Xは，医師あるいは県知事指定の電気医療器販売業者であるかのように装い，Aに対して，一般に市販され容易に入手し得る電気アンマ器（ドル・バイブレーター）を，一般に入手困難な中風や小児麻痺に特効のある新しい特殊治療器で高価なもののように偽り，売買代金として2200円を騙し取った。同ドル・バイブレーターは，市価2100円のものであった。
③Xは，未成年であるにもかかわらず成人であると偽り，書店の店主Aから，未成年者への販売が制限されている書籍を定価で購入した。
＊「欺く行為」の限定以外の関心？
＊社会目的達成のための手段としての詐欺罪？

　まず，相当対価を給付しているケースが問題になります。最決昭34・9・28刑集13・11・2993は，市価2100円の電気アンマ器（ドル・バイブレーター）を一般

---

[27] なお，井田・各論306頁以下参照。

に入手困難な中風や小児麻痺に特効のある新しい特殊治療器で高価なもののように偽り，売買代金名等の名義で現金（2200 円ないし 2400 円）の交付を受けたという事案に関し，「たとえ価格相当の商品を提供したとしても，事実を告知するときは相手方が金員を交付しないような場合において，ことさら商品の効能などにつき真実に反する誇大な事実を告知して相手方を誤信させ，金員の交付を受けた場合は，詐欺罪が成立する」として詐欺罪の成立を肯定しています。これは形式的個別財産説に立っているようにも見えますが，実質的個別財産説からも，被害者が得ようとしたものは購入価格以上の価値であるとすれば，それが得られていない以上財産的損害は肯定できると解されています。また，法益関係的錯誤説からも，詐欺罪において財産は「交換手段・目的達成手段」として保護されているとの立場に立ち，標榜する効能が獲得されなかった以上，目的が達成されておらず法益関係的錯誤が認められるから詐欺罪が成立するとの主張がなされています。いずれの理解もあり得るところですが，医師でない者の診断を受け売薬を所定の代価で購入した事案について，相手方は財産上不正の損害を被っていないとして詐欺罪の成立を否定した事例（大決昭 3・12・21 刑集 7・772）があることなども考えると，形式的個別財産説ではやや割り切りすぎという感じがします。

　課題判例 42（最判平 13・7・19 刑集 55・5・371）も財産的損害との関連で問題とされているものです。本判決は，「本来受領する権利を有する請負代金を不当に早く受領したことをもって詐欺罪が成立するというためには，欺罔手段を用いなかった場合に得られたであろう請負代金の支払とは社会通念上別個の支払に当たるといい得る程度の期間支払時期を早めたものであることを要する」としています。形式的個別財産説を徹底するのであれば，1 日でも支払時期を早めれば，本来支払を受けられない時期に弁済を受けたとして 1 項詐欺罪の成立を肯定することが可能でしょうが，本判決は，より実質的な損害を要求しているように思われます。そのため，本判決は実質的個別財産説に立つものだといわれることがあるのです[28]。ただ，少し気になるのは，もしこのような場合に詐欺罪の成立が否定されるとすると，その理由は何だろうかという点です[29]。先に見ましたが，近時の議

---

[28] 西田・各論 220 頁。
[29] 樋口先生は，詐欺罪の要件には複数の観点があることを踏まえ，「重要事項性」だとか「実質的個別財産説」といった呼称を用いることによって，真の問題点が不明瞭になるおそれがあることに注意を促しています（樋口亮介・百選Ⅱ［第 8 版］100 頁以下）。

論では，財産的損害の問題を欺く行為の解釈に還元して論ずる傾向が強いと思われ
ます。それでは，この事案も，そのように欺く行為の解釈によって処理すべき
でしょうか？　ここで関心がもたれるのは，2項詐欺罪に関して，「すでに履行遅
滞の状態にある債務者が，欺罔手段によって，一時債権者の督促を免れたからと
いって，ただそれだけのことでは，刑法246条2項にいう財産上の利益を得たも
のということはできない」とする判例があることです（最判昭30・4・8刑集9・4・
827）。ここでは，被害の軽微性に着目して「財産上の利益」に当たるかというこ
とが問題とされているように思われますが[30]，そのような目線で見ると，課題判
例42のような場合も端的に被害の軽微性に着目した説明の仕方が考えられるか
もしれません。これは可罰的違法性論の考え方に通ずるものがありますが，その
ような思考を詐欺罪の解釈の中でどのように反映させるのかといったあたりが今
後の理論的な課題といえるでしょう。

　最後に，詐欺罪の保護法益あるいは財産的損害の内実理解に関わる種々の事例
群があります。よく引き合いに出されるのは，未成年者が成人と偽って，書店主
から「未成年者販売お断り」の成人雑誌を購入した，というケースです。形式的
個別財産説を徹底すると，書店主が「未成年であるということを知っていれば雑
誌を交付しなかった」という関係が認められるのであれば詐欺罪が成立すること
になるが，それは不当ではないかという批判が向けられています。そこで，書店
主が雑誌を交付する目的は一般に代金の獲得であり，仮に未成年者には絶対に販
売しないと考えていたとしても，そのような書店主の個人的な関心は経済的に評
価して損害といえるものではない（実質的個別財産説からの説明）とか，商品の交付
は対価の支払いと交換関係に立つものであるから，その交換目的の達成の点に錯
誤が生じている場合に法益関係的錯誤が認められることになるが，この例の書店
主にはその点に関する錯誤は生じていないので法益関係的錯誤は認められない
（法益関係的錯誤説からの説明）といった理由で，詐欺罪の成立を否定する見解が有
力です。要するに，このようなケースでは，書店主の主義，主張，信念といった
ものに沿わない結果となっているけれども，それは財産犯で保護すべきものでは
ないのではないか，といった見方がここには表れているということができるで
しょう。個人の主観的利益を，常にそのままの形で詐欺罪により保護することに

---

[30]　なお，木村光江「詐欺罪における損害概念と処罰範囲の変化」曹時60巻4号（2008年）
28頁参照。

対する疑問と言ってもよいかもしれません[31]。これに対しては，未成年者保護という社会的な目的の達成を重視して詐欺罪の成立を肯定するような見方も出てくる可能性がありますが，そうなると財産犯としての詐欺罪の性格は一層希薄化していくことになるでしょう[32]。

　そのような視点で見ると，預金通帳の不正取得，搭乗券の不正取得，暴力団関係者のゴルフ施設利用，暴力団関係者による預金通帳の取得等々のケースにおいて，本当に詐欺罪で保護するにふさわしい利益があるのかということは，改めて検討を要する事柄であるように思われます。「預金通帳が振り込め詐欺などの犯罪に利用された場合，銀行は不当利得返還請求を受ける可能性がある」，「ゴルフ場が暴力団関係者の施設利用を拒絶するのは，利用客の中に暴力団関係者が混在することにより，一般利用客が畏怖するなどして安全，快適なプレー環境が確保できなくなり，利用客の減少につながることや，ゴルフ倶楽部としての信用，格付け等が損なわれることを未然に防止する意図によるものであって，ゴルフ倶楽部の経営上の観点からとられている措置である」など，経済的関心に引き寄せた説明が試みられており，実際，そのような点もあることは確かでしょうが，むしろ，背景事情としては，振り込め詐欺の防止，マネーロンダリングの防止，反社会的勢力の排除等々の社会目的の達成の方が重大な関心事になっているのではないでしょうか？　これらが社会的に重大な問題であることは，間違いありません。しかし，詐欺罪で対処すべき問題なのかどうかは，考えてみる必要があります。佐伯先生は，「詐欺罪が社会政策の実現に広範に利用される社会というのは，恐るべき社会である」と喝破しておられます[33]。皆さんは，どう思われるでしょ

---

[31]　なお，井田・各論 313 頁。

[32]　未成年者が成人と偽って酒類やタバコ等を購入するケースについては「学説上これを詐欺罪に問擬すべきではない，というコンセンサスが形成されているようである。しかし，上記のようなコンセンサスは，それらに対する規制及びその運用やこれを取り巻く社会の意識が『おおらかな時代』には妥当したものと思われるが，決して所与のものでも不動のものでもないのではなかろうか。この設例についても，現今の法規制や社会情勢を踏まえ，成人のみに対する販売を重視し，励行しているという販売者が決して珍しくない中で，そのような販売者に対して敢行されたのであれば，上記行為について詐欺罪の成立は妨げられないという解釈をするのがむしろ自然であるように思われる」という指摘（前田巌・最判解平成 19 年度 332 頁）があります。皆さんは，どう思われるでしょうか？

[33]　佐伯・法教 372 号 115 頁。なお，佐伯先生は，詐欺罪の「拡張的」適用に抗って，「それでも詐欺罪は成立しない」と呟かれています（佐伯仁志「ガリレオ裁判」法教 427 号［2016年］1 頁）。

136

うか？

授業後の課題

　X書店では未成年者への販売が禁止されている書籍を取り扱っていたが，店主Aは，購入希望者が未成年者である場合には絶対に販売しないことにしており，疑わしい場合には年齢確認を行っていた。

　未成年者である甲は，X書店において，未成年者への販売が禁止された書籍を定価で購入した。購入の際，甲は，Aから年齢確認を求められたが，年齢部分に細工をした運転免許証を提示して，Aに成人だと誤信させていたものである。この場合，甲に詐欺罪が成立するかどうかについて自分の考えを簡潔に示しなさい（文書偽造・同行使罪については触れなくてよい）。

考え方

　授業でも触れたように，①形式的個別財産説を徹底して，書店主が「未成年であるということを知っていれば書籍を交付しなかった」という関係が認められるから詐欺罪が成立する，②書店主が書籍を交付する目的は一般に代金の獲得であり，仮に未成年者には絶対に販売しないと考えていたとしても，そのような書店主の個人的な関心は経済的に評価して損害といえるものではないから詐欺罪は成立しない（実質的個別財産説からの説明。なお，この場合も，財産的損害を発生させる危険のない行為は欺く行為に当たらないと解して未遂犯の成立も含めて詐欺罪の成立を否定するでしょう），③商品の交付は対価の支払いと交換関係に立つものであるから，その交換目的の達成の点に錯誤が生じている場合に法益関係的錯誤が認められることになるが，この例の書店主にはその点に関する錯誤は生じていないから法益関係的錯誤は認められないので詐欺罪は成立しない（法益関係的錯誤説からの説明）といった説明が考えられるところです。いずれでも構いませんので，きちんと理由を付して説明できるようにしておいてください。

　ところで，事例が次のように変わったならば，どうなるでしょう？

　「未成年者である甲は，X書店において，未成年者への販売が禁止された書籍を定価で購入した。購入の際，甲は，Aから年齢確認を求められたが，『何疑ってんだよ，この野郎。ふざけたこと言うと店に火つけてやるぞ』などと言ってAを脅したため，Aは畏怖して当該書籍を販売したものである。この場合，甲に恐喝罪が成立するかどうかについて自分の考えを簡潔に示しなさい（甲の脅迫は，相手方の反抗を抑圧するに足りる程度のものではなかっ

---

[34] 佐伯先生は，実質的個別財産説に立つ論者も，このようなケースでは恐喝罪の成立を肯定するのではないかと思われるとして，そうだとすると，詐欺罪の限定は，詐欺罪固有の要件で行う方が望ましいということから法益関係的錯誤説を支持されています（佐伯・法教372号107頁以下）。さて，実質的個別財産説の論者も，このようなケースにおいて恐喝罪の成立を肯定するのでしょうか（なお，松原・各論292頁参照）？　更に，そもそもこのようなケースで恐喝罪が成立するというのは自明のことなのでしょうか（強要罪が成立するにとどまるという見方はできないのでしょうか）？　考えてみてください。

たが，相手方を畏怖させるには十分なものであったということを前提としてよい）。」

　この場合に恐喝罪の成立は認められるでしょうか？　詐欺罪の場合と比較しながら考えてみてください[34]。

▸第 **23** 回◂

詐 欺 罪 ②

基本事項の確認

□クレジットカードの不正使用に関する刑法上の処理について確認しなさい

□誤振込をめぐる財産犯の成否について，どのような問題があるのかを確認しなさい

課題判例43

詐欺被告事件

最高裁判所第二小法廷平成 14 年（あ）第 1647 号

平成 16 年 2 月 9 日決定

　　　　　　　主　　　文

　本件上告を棄却する。

　当審における訴訟費用は被告人の負担とする。

　　　　　　　理　　　由

　弁護人 W の上告趣意は，単なる法令違反，事実誤認の主張であって，刑訴法 405 条の上告理由に当たらない。

　なお，所論にかんがみ，詐欺罪の成否について，職権をもって判断する。

1　原判決及びその是認する第 1 審判決並びに記録によれば，本件の事実関係は，次のとおりである。

(1)　A は，友人の B から，同人名義の本件クレジットカードを預かって使用を許され，その利用代金については，B に交付したり，所定の預金口座に振り込んだりしていた。

　その後，本件クレジットカードを被告人が入手した。その入手の経緯はつまびらかではないが，当時，A は，バカラ賭博の店に客として出入りしており，暴力団関係者である被告人も，同店を拠点に賭金の貸付けなどをしていたものであって，両者が接点を有していたことなどの状況から，本件クレジットカードは，A が自発的に被告人を含む第三者に対し交付したものである可能性も排除できない。なお，被告人と B との間に面識はなく，B は A 以外の第三者が本件クレジットカードを使用することを許諾したことは

なかった。

(2) 被告人は，本件クレジットカードを入手した直後，加盟店であるガソリンスタンドにおいて，本件クレジットカードを示し，名義人の B に成り済まして自動車への給油を申し込み，被告人が B 本人であると従業員を誤信させてガソリンの給油を受けた。上記ガソリンスタンドでは，名義人以外の者によるクレジットカードの利用行為には応じないこととなっていた。

(3) 本件クレジットカードの会員規約上，クレジットカードは，会員である名義人のみが利用でき，他人に同カードを譲渡，貸与，質入れ等することが禁じられている。また，加盟店規約上，加盟店は，クレジットカードの利用者が会員本人であることを善良な管理者の注意義務をもって確認することなどが定められている。

2　以上の事実関係の下では，被告人は，本件クレジットカードの名義人本人に成り済まし，同カードの正当な利用権限がないのにこれがあるように装い，その旨従業員を誤信させてガソリンの交付を受けたことが認められるから，被告人の行為は詐欺罪を構成する。仮に，被告人が，本件クレジットカードの名義人から同カードの使用を許されており，かつ，自らの使用に係る同カードの利用代金が会員規約に従い名義人において決済されるものと誤信していたという事情があったとしても，本件詐欺罪の成立は左右されない。したがって，被告人に対し本件詐欺罪の成立を認めた原判断は，正当である。

よって，刑訴法 414 条，386 条 1 項 3 号，181 条 1 項本文により，裁判官全員一致の意見で，主文のとおり決定する。

（裁判長裁判官　福田博　裁判官　北川弘治　裁判官　亀山継夫　裁判官　滝井繁男）

チェック

□本決定は何を欺罔行為と解しているのか？

□本決定の論理に従うと，子供が親のカードを承諾を得て使用する場合も詐欺罪に当たることになるのか？

□口座名義人の同意を得て同人のキャッシュカードを用いて ATM から現金を引き出す行為は窃盗罪に当たるか？

課題判例44
詐欺被告事件
最高裁判所第二小法廷平成 10 年（あ）第 488 号
平成 15 年 3 月 12 日決定

　　　　　　主　　文

本件上告を棄却する。

当審における訴訟費用は被告人の負担とする。

理　由

　弁護人Ｈの上告趣意のうち，判例違反をいう点は，所論引用の判例が所論の主張する
ような趣旨まで判示したものではないから，前提を欠き，その余は，憲法違反をいう点
を含め，実質は単なる法令違反，事実誤認の主張であって，刑訴法405条の上告理由に
当たらない。
　所論にかんがみ，詐欺罪の成否について判断する。
1　原判決及び原判決が是認する第1審判決によれば，以下の事実が認められる。
(1)　税理士であるＡは，被告人を含む顧問先からの税理士顧問料等の取立てを，集金事
務代行業者であるＢ株式会社に委託していた。
(2)　同社は，上記顧問先の預金口座から自動引き落としの方法で顧問料等を集金した
上，これを一括してＡが指定した預金口座に振込送金していたが，Ａの妻が上記振込送
金先を株式会社Ｓ銀行Ｋ支店の被告人名義の普通預金口座に変更する旨の届出を誤って
したため，上記Ｂ株式会社では，これに基づき，平成7年4月21日，集金した顧問料
等合計75万0031円を同口座に振り込んだ。
(3)　被告人は，通帳の記載から，入金される予定のない上記Ｂ株式会社からの誤った振
込みがあったことを知ったが，これを自己の借金の返済に充てようと考え，同月25日，
上記支店において，窓口係員に対し，誤った振込みがあった旨を告げることなく，その
時点で残高が92万円余りとなっていた預金のうち88万円の払戻しを請求し，同係員か
ら即時に現金88万円の交付を受けた。
2　本件において，振込依頼人と受取人である被告人との間に振込みの原因となる法律
関係は存在しないが，このような振込みであっても，受取人である被告人と振込先の銀
行との間に振込金額相当の普通預金契約が成立し，被告人は，銀行に対し，上記金額相
当の普通預金債権を取得する（最高裁平成4年（オ）第413号同8年4月26日第二小法
廷判決・民集50巻5号1267頁参照）。
　しかし他方，記録によれば，銀行実務では，振込先の口座を誤って振込依頼をした振
込依頼人からの申出があれば，受取人の預金口座への入金処理が完了している場合で
あっても，受取人の承諾を得て振込依頼前の状態に戻す，組戻しという手続が執られて
いる。また，受取人から誤った振込みがある旨の指摘があった場合にも，自行の入金処
理に誤りがなかったかどうかを確認する一方，振込依頼先の銀行及び同銀行を通じて振
込依頼人に対し，当該振込みの過誤の有無に関する照会を行うなどの措置が講じられて
いる。
　これらの措置は，普通預金規定，振込規定等の趣旨に沿った取扱いであり，安全な振
込送金制度を維持するために有益なものである上，銀行が振込依頼人と受取人との紛争
に巻き込まれないためにも必要なものということができる。また，振込依頼人，受取人

等関係者間での無用な紛争の発生を防止するという観点から，社会的にも有意義なもの
である。したがって，銀行にとって，払戻請求を受けた預金が誤った振込みによるもの
か否かは，直ちにその支払に応ずるか否かを決する上で重要な事柄であるといわなけれ
ばならない。これを受取人の立場から見れば，受取人においても，銀行との間で普通預
金取引契約に基づき継続的な預金取引を行っている者として，自己の口座に誤った振込
みがあることを知った場合には，銀行に上記の措置を講じさせるため，誤った振込みが
あった旨を銀行に告知すべき信義則上の義務があると解される。社会生活上の条理から
しても，誤った振込みについては，受取人において，これを振込依頼人等に返還しなけ
ればならず，誤った振込金額相当分を最終的に自己のものとすべき実質的な権利はない
のであるから，上記の告知義務があることは当然というべきである。そうすると，誤っ
た振込みがあることを知った受取人が，その情を秘して預金の払戻しを請求すること
は，詐欺罪の欺罔行為に当たり，また，誤った振込みの有無に関する錯誤は同罪の錯誤
に当たるというべきであるから，錯誤に陥った銀行窓口係員から受取人が預金の払戻し
を受けた場合には，詐欺罪が成立する。

　前記の事実関係によれば，被告人は，自己の預金口座に誤った振込みがあったことを
知りながら，これを銀行窓口係員に告げることなく預金の払戻しを請求し，同係員から，
直ちに現金の交付を受けたことが認められるのであるから，被告人に詐欺罪が成立する
ことは明らかであり，これと同旨の見解の下に詐欺罪の成立を認めた原判決の判断は，
正当である。

　よって，刑訴法 414 条，386 条 1 項 3 号，181 条 1 項本文により，裁判官全員一致の意
見で，主文のとおり決定する。

（裁判長裁判官　亀山継夫　裁判官　福田博　裁判官　北川弘治　裁判官　梶谷玄　裁
判官　滝井繁男）

　チェック

　□誤振込された預金について，振込先の口座名義人は預金債権を取得するか？
　□被告人は銀行に対する関係で払戻権限を有するか？
　□仮に被告人が ATM で預金を引き出したとしたら窃盗罪は成立するか？

授　業

　今回も「詐欺罪」を取り扱います。もっとも，後半では，詐欺罪に限らず，預
金に関連する財産犯の成否について，概括的に取り扱いたいと思います。

　詐欺罪に関しては，その成否が問題となる特徴的なケースを挙げて説明するこ
とがよくあります。釣銭詐欺，無銭飲食，キセル乗車[1]，訴訟詐欺などがその例で

す。ここでは，その中からクレジットカードの不正使用の問題を取り上げることにしましょう。この問題は，自己名義のクレジットカードの不正使用と他人名義のクレジットカードの不正使用とを区別して論ずるのが一般的ですので，ここでもそれに従って検討してみることにします。

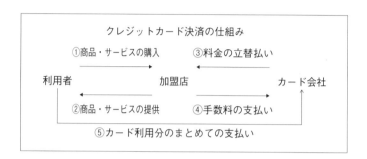

まず，自己名義のクレジットカードの不正使用から考えてみましょう。

```
自己名義のクレジットカードの不正使用

1  自己名義のクレジットカードを不正に使用する場合
   例：クレジットカード会員が，代金支払の意思も能力もないのに，
   自己名義のクレジットカードを加盟店で使用して物・サービスを
   購入した
2  学説
   A説：詐欺罪否定説
   B説：加盟店を被欺罔者・処分行為者・被害者とする詐欺罪（財物
       の交付を受けた場合は1項詐欺罪，サービスの提供を受けた
       場合には2項詐欺罪）が成立する（福岡高判昭56・9・21刑
       月13・8＝9・527，東京高判昭59・11・19判タ544・251）
   C説：カード会社を被欺罔者・処分行為者・被害者とする2項詐
       欺罪が成立する
   D説：加盟店を被欺罔者・処分行為者，カード会社を被害者とす
       る詐欺罪（三角詐欺）が成立する
```

---

[1] 自動改札機が普及した今日では既に過去の問題かと思っていましたが，電子計算機使用詐欺罪の成立を肯定した裁判例が現れたりしており（東京地判平24・6・25判タ1384・363，名古屋高判令2・11・5 LEX/DB25567115），依然としてアクチュアリティがあることを再認識しました。

　ここで，問題となるのは，クレジットカード会員が代金支払の意思も能力もないのに，自己名義のクレジットカードを加盟店で使用して物・サービスを購入したというケースです。以下では，話を分かりやすくするために，物を購入したケースを前提にすることにします。このようなケースについては，詐欺罪の成立は否定されるとする見解（A説）[2]，加盟店を被欺罔者・交付行為者・被害者とする1項詐欺罪が成立するとする見解（B説）[3]，カード会社を被欺罔者・交付行為者・被害者とする2項詐欺罪が成立するとする見解（C説）[4]，加盟店を被欺罔者・交付行為者，カード会社を被害者とする詐欺罪（三角詐欺）が成立するとする見解（D説）が主張されています。

　A説は，①信用取引というカード取引の本質からして，加盟店はカードの有効・無効，署名の同一性だけを問題にすれば足りるのであって，会員の支払意思や支払能力までも考慮する必要はないのであるから，加盟店に対する欺罔行為及び加盟店の錯誤は存在しない，②加盟店はカード会社に売上票を送付すれば，必ずカード会社から立替払いを受けるから，加盟店に財産上の損害はない，といったことを論拠とします。これに対しては，もし，加盟店が会員に支払意思・能力がないことを知っていたならば，カード会社は信義則違反を理由に立替払いを拒絶できるはずであるから，加盟店は会員の支払意思・能力に無関心ではあり得ず，その点で欺罔行為・錯誤を肯定することはできる，という批判がなされています。そして，この批判的な立場からすれば，会員に支払意思・能力がないことを知っていたならば，商品を交付しなかったのであるから，支払意思・能力がないのに加盟店に対してカードを提示する行為が（挙動による）欺罔行為に当たり，それによって加盟店が錯誤に陥り，錯誤に基づいて物を交付しており，物の交付それ自体が財産的損害に当たる，と解されることになり，B説に至ります。

　おそらく，加盟店側は，会員に支払意思・能力がないことを知っていたならば，商品を交付しないでしょう（そのような場合でも堂々と商品を交付するお店はどうかしています）。ここで問題となるのは，なぜ，そうなるかという理由です。その理由が，このような場合にはカード会社から立替払いを受けられなくなる可能性があるという点に求められるのであれば，それは，加盟店が自らに発生する可能性の

---

[2] 松宮・各論259頁など。
[3] 福岡高判昭56・9・21刑月13・8＝9・527，大谷・各論265頁など。
[4] 藤木英雄『刑法各論』（1972年）370頁。

ある経済的損害を回避するという関心に基づいていることになります。このように考えるのであれば，会員の支払能力の意思・有無は，加盟店側にとって「交付の判断の基礎となる重要な事項」であるということができるでしょう⁵。

　しかし，加盟店にとっては，信用販売取引でありながら顧客が無資力であるリスクから解放される点にクレジットカード取引がもつ重要なメリットがあるでしょう。そして，実際に問題となるのは，加盟店がカード会社から立替払いを受けられるケースでも詐欺罪が成立するか，ということです（この点で，B説に対しては，加盟店はカード会社から立替払いを受けるのだから財産的損害は発生していない，という批判が向けられることになります）。

　そのような視点からすると，会員の支払意思・能力に最も強い関心をもっているのはカード会社であると思われます。そこで，カード会社は，加盟店が送付する売上票を受け取り，それが後日支払われると誤信して立替払いをするので，カード会社に対する欺罔行為，及び，カード会社の錯誤を肯定することができるとC説は主張するのです。しかし，カード会社は，会員に資力がないことを知ったとしても，加盟店に対する支払いを拒絶することはできませんから，錯誤がなくても支払わなければならないという意味で錯誤に基づく交付行為を認めることはできないでしょう。とすると，このようなケースで詐欺罪の成立が認められるとすれば，やはり欺かれた者（被欺罔者）は加盟店であり，加盟店がその錯誤に基づいて交付行為を行ったのだけれども，被害者はカード会社である，という三角詐欺の形で説明しなければならなくなるように思われます。これがD説であり，現在では多数説であるといってよいでしょう。

　なお，三角詐欺とは，被欺罔者と被害者が異なる詐欺罪の類型を指す言葉です（欺罔者・被欺罔者・被害者の三者が関係することからこのように呼ばれます）。例えば，店の従業員を欺罔して，店主が所有する商品の交付を受けた場合は，従業員が被欺罔者＝交付行為者ですが，被害者は店主ということになります。学説の中には被欺罔者と交付行為者とが別人でも詐欺罪が成立する場合はあるとする見解⁶もありますが，詐欺罪が成立するためには錯誤に基づく交付行為が必要ですから，被欺罔者と交付行為者は同一でなければならないでしょう。判例は，三角詐欺が成立するためには，「被欺罔者において被害者のためその財産を処分しうる権能

---

⁵ なお，橋爪・法教 435 号 99 頁参照。

⁶ 大塚・各論 252 頁以下。

または地位のあることを要する」としています（最判昭 45・3・26 刑集 24・3・55）。クレジットカード取引の場合，加盟店は，売上票を作成してカード会社に送付することにより，カード会社から代金相当額の支払を受けることができるので，加盟店はカード会社のためその財産を処分し得る権能または地位を有している，と考えることは可能でしょう。

　もっとも，D 説も，その内部において様々な見解が主張されています。すなわち，カード会社が加盟店に立替払をすることによって行為者は商品代金を騙取したことになり 1 項詐欺罪が成立するとする見解（D-1 説）[7]，カード会社が加盟店に立替払をすることによって行為者は加盟店への支払を免れることになり 2 項詐欺罪が成立するとする見解（D-2 説）[8]，行為者が加盟店で商品を得ることによって利得し，カード会社が債務を負担して損害を受けた点を捉え，商品購入の時点で 2 項詐欺罪が成立するとする見解（D-3 説）[9]，行為者が加盟店で商品を購入した時点で，カード会社がその債務を引き受けることにより代金債務を免れるという利益を得たから 2 項詐欺罪が成立するとする見解（D-4 説）[10]，カード会社から加盟店に代金相当額の支払を受ける地位を与えた点で，第三者に対する交付として 2 項詐欺罪が成立するとする見解（D-5 説）[11] がそれです。

　このうち，D-1 説は，商品代金を得たとしますが，カード会社が立替払をしたことで会員が商品代金を得たとするのは無理筋でしょう。カード会社に損害が発生していると考えるのであれば，その損害に対応して行為者が得たものは債務を免れるという利益であると考えるのが素直です[12]。その点で，D-2 説には正しいものがあると思われますが，これによると，カード会社が立替払をするまで詐欺は未遂に止まることになり，既遂時期が遅くなる点でやや疑問が残ります。他方，D-3 説は，商品購入時点で既遂としますが，行為者が得たものが商品であるとするとカード会社が失ったものとの間に対応関係がないという点がやや疑問視されるところです。このような事情に鑑みるならば，D-4 説あるいは D-5 説が，比較

---

[7] 芝原邦爾「クレジットカードの不正使用と詐欺罪」法セ 334 号（1982 年）116 頁以下。

[8] 山口厚・百選 II 各論（2 版）97 頁。

[9] 中森喜彦「クレジット・カードの不正使用と詐欺罪の成立」判タ 526 号（1984 年）79 頁。

[10] 西田・各論 219 頁。

[11] 山口・各論 266 頁。

[12] 林美月子先生は，カード会社を被害者としつつ，商品の交付について 1 項詐欺罪の成立を肯定されています（林美月子「クレジットカードの不正使用と詐欺罪」平野古稀（上）486 頁以下）。

的難の少ない理論構成であるということになるでしょう。

　ところで，三角詐欺の構成をとる場合でも，被欺罔者は加盟店なわけですが，加盟店は何を欺かれたのでしょうか？　被害者はカード会社であるということを前提とすると，加盟店側は自己の経済的損害ではなくカード会社の経済的損害に留意しなければならない立場にいることから，会員の支払意思・能力に関心をもたざるを得ないという意味で，会員の支払意思・能力の有無は「交付の判断の基礎となる重要な事項」に当たるとするのが理論的な説明としては妥当であると思います。学説の中には，そこから更に進めて，加盟店固有の立場として，クレジットカードを使用する信用販売取引はカード会社に対してカード利用者が代金を支払う能力・意思を有するという前提で行われるのであるから，代金支払能力・意思のない者には商品を販売しないことにクレジットカード取引の重要な意義があるとして，1項詐欺罪の成立可能性を示唆する見解も登場しています[13]（2項詐欺罪だとすると盗品関与罪が成立しなくなるので，1項か2項かは，実際上は案外重要な問題になるかもしれません）。

　さて，学生さんの中には，このような議論状況を見て，細かすぎて勘弁してほしいと感じている人もいるのではないでしょうか？[14]　その感覚は真っ当なものだと思います。このような議論についていける人は，そうそういません。ある種の職人芸とでもいえるでしょうか。このような議論の詳細について理解できなくても，当面は全く問題ありませんので，ご心配なく。まずは，欺く行為（欺罔行為）→錯誤→交付（処分）行為→財物・財産上の利益の移転という流れに即して，詐欺罪の成立要件を充足しているといえるかを，一定の立場から論理矛盾を犯すことなく説明を与えることができれば，十分に及第点は得られると考えてよいと思います。

　次に，他人名義のクレジットカードの不正使用について考えてみましょう。

---

[13] 山口厚『新判例から見た刑法〔第3版〕』（2015年）250頁。なお，橋爪・法教435号99頁参照。
[14] 更に，内田先生は，加盟店に対する1項詐欺罪とカード会社に対する2項詐欺罪の包括一罪になるとされます（内田幸隆「現金がなくてもイイんです！」高橋則夫ほか『財産犯バトルロイヤル』［2017年］221頁）。ここまでくると，学生さんとしては，もう勘弁してくれと言いたくもなるのではないでしょうか？　ちなみに，この本には「絶望しないための方法序説」というサブタイトルが付されています。

他人名義のクレジットカードの不正使用

1　欺罔行為は何か？
　A 説：名義を偽ることが欺罔行為である
　B 説：支払意思・能力を偽ることが欺罔行為である

2　最決平 16・2・9 刑集 58・2・89（「被告人は，本件クレジット
　カードの名義人本人に成り済まし，同カードの正当な利用権限が
　ないのにこれがあるように装い，その旨従業員を誤信させてガソ
　リンの交付を受けたことが認められるから，被告人の行為は詐欺
　罪を構成する。仮に，被告人が，本件クレジットカードの名義人か
　ら同カードの使用を許されており，かつ，自らの使用に係る同カー
　ドの利用代金が会員規約に従い名義人において決済されるものと
　誤信していたという事情があったとしても，本件詐欺罪の成立は
　左右されない」とした事例）
　☞家族のカードを本人の許諾を得て使用した場合にも詐欺罪は成
　　立するか？

　カード名義人の意思に反し，名義人に成り済まして他人名義のカードを使用する行為に関しては，その理論構成はともかく，詐欺罪が成立すると考えることに異論はないでしょう。問題は，カードの名義人の承諾を得ていた場合です。課題判例 43（最決平 16・2・9 刑集 58・2・89）では，「被告人は，本件クレジットカードの名義人本人に成り済まし，同カードの正当な利用権限がないのにこれがあるように装い，その旨従業員を誤信させてガソリンの交付を受けたことが認められるから，被告人の行為は詐欺罪を構成する。仮に，被告人が，本件クレジットカードの名義人から同カードの使用を許されており，かつ，自らの使用に係る同カードの利用代金が会員規約に従い名義人において決済されるものと誤信していたという事情があったとしても，本件詐欺罪の成立は左右されない」と判示されています。この下線部からすると，名義人の承諾があり，名義人において決済される場合であっても，名義の偽りがあれば詐欺罪が成立すると解しているように見えます。確かに，クレジットカード・システムにおいては，名義人以外の者がカードを利用することは，たとえ名義人が使用を許諾していたとしても許されませんから，この点を強調すれば名義の偽りがあれば詐欺罪が成立するともいえそうです。

　ただ，現実には，例えば，家族のカードを，その許諾を得て使用するようなケースもあるといわれており（私はカードをほとんど使わないので経験がないのですが，授業の時に聞くと，何人かはそういった経験があるといいます），名義の偽りをもって詐欺

罪が成立するとなると，そのような場合でも詐欺罪が成立することになってしまい不当ではないか，という疑問が提起されています[15]。

そこから，このような場合には例外的に詐欺罪の成立を否定すべきであるという見解も有力なのですが，問題はその理由をどこに求めるかです。すぐに思いつくのは，支払意思・能力を偽っていなければ，欺罔行為は認められないとする構成でしょう[16]。これは，自己名義のカードの不正使用の場合と，基本的には同じ考え方をするものだといえます。このような考え方によれば，名義人の承諾があれば基本的に詐欺罪は成立しない，ということになりそうです。しかし，これでは，カードの貸し借りが刑法上は放任されているかのような印象を与えるところがあり，クレジットカード・システムの基本的な考え方に反するように思われます。実際にも，加盟店にとって，カード利用者とカード会員の同一性確認は，（形骸化している場合があるにせよ）無関心でよい事項ではないでしょう[17]。

このように見ると，家族間で許諾を得て使用するような特別なケースにおいて詐欺罪の成立を否定する理論構成が，結論としては比較的穏当な線だと思われるのですが，どのような理由付けでどのあたりに線引きするかは難問です。また，このような関心を，欺罔行為自体を限定する形で考慮するのか[18]，それとも，名義の偽りがあれば詐欺罪の構成要件該当性は認められるとしつつ，実質的違法性阻却の問題として考慮するのか[19]，といった体系的な整理の問題もあるでしょう。課題判例43は，家族間での貸し借りが問題となったケースではないので，このような場合がどのように取り扱われるのかは今後の判断に委ねられているといえるでしょう。

少し，長くなりましたが，クレジットカードの不正使用については，これくらいにしましょう。私は，個人の財産を保護することを建前とする詐欺罪の解釈の

---

[15] もっとも，そのような問題は家族カードを発行してもらえば解消する，という人もいます。以前，授業でこの問題を取り上げたとき，米国で暮らしていた経験のある方が，「クレジットカードは個人のものです。他人に使わせるなんて考えられません。米国では当然のことです」と言っていました。外国の事情については疎いのですが，日本での感覚は，まだそこまではいっていないように思われます。

[16] 上嶌一高「クレジットカードの使用と詐欺罪」神山古稀（2）280頁以下，松原・各論307頁など。

[17] 橋爪・法教435号101頁以下参照。

[18] 橋爪・法教435号102頁。

[19] 多和田隆史・最判解平成16年度83頁。

中で，実質的にクレジットカード制度を保護するという視点を組み入れようとするところに，この問題の難しさがあるように感じていますが，皆さんはどう思われるでしょうか？

　次に，財産的損害との関連でよく取り上げられる文書の不正取得について，簡単に触れておきたいと思います。判例では，①印鑑証明書（大判大 12・7・14 刑集 2・650），②旅券（最判昭 27・12・25 刑集 6・12・1387），③自動車運転免許証（高松地丸亀支判昭 38・9・16 下刑集 5・9＝10・867）については詐欺罪の成立が否定され，④簡易生命保険証書（最決平 12・3・27 刑集 54・3・402），⑤国民健康保険被保険者証（最決平 18・8・21 判タ 1227・184），⑥他人名義の預金通帳（最決平 14・10・21 刑集 56・8・670），⑦自己名義の預金通帳（最決平 19・7・17 刑集 61・5・521），⑧搭乗券（最決平 22・7・29 刑集 64・5・829）については詐欺罪の成立が肯定されています。

　詐欺罪の成立が否定されるケースについての理由付けとしては，ⓐ証明書類は証明手段に過ぎず独立の財産的価値を有しないから財物とはいえない，ⓑ157 条 2 項は内容虚偽の証明書の受交付を当然に包含すると考えられるが，この場合に詐欺罪の成立を認めると同条項の法定刑が低く定められている趣旨が没却される（更に，157 条 2 項の客体である文書と同様に経済的価値の低い証明書類の不正取得についても詐欺罪の成立が否定される余地がある），といったことが指摘されています。しかし，ⓐについては，旅券なども窃取すれば窃盗罪が成立するでしょうから，財物性自体を否定するのは妥当ではないでしょう。他方で，ⓑには一定の意義が認められると思いますが，他に成立する犯罪があるから詐欺罪は成立しないと直ちにはいえないでしょう[20]。詐欺罪が成立しない実質的な理由が問題なのだとすれば，157 条 2 項の存在を指摘するだけでは不十分だと思われます（この点は，免状，鑑札，旅券以外の文書の不正取得について詐欺罪の成立を否定する場合に表面化してくるでしょう）。

　そのような観点から見ると，当該文書が単なる証明手段にすぎないのか，それとも，重要な経済的利益を付与する書類なのか，という点が重要な考慮要素になるのではないかと思われます。例えば，判例の①②③においては，当該文書の交付者が，重要な経済的利益の付与を目的としているとは思われません。これに対し，簡易生命保険証書の交付は保険金支払いを請求し得る財産的地位の付与も目

---

[20]　なお，山口・前掲新判例 268 頁参照。

的の一つと考えられ，また，健康保険被保険者証の交付は健康保険を適用して治療を受けられる地位の付与が目的とされていると考え得るので，詐欺罪の成立を認めた④⑤は妥当だといえるでしょう。このような関心は，いわゆる財産的損害の問題に関連していますので，詐欺罪の成立要件との関係については前回の授業を思い起こしてください。

　ところで，判例は他人名義で預金口座を開設して預金通帳の交付を受けた場合（⑥）だけでなく，第三者に譲渡する意図を秘して，自己名義の預金口座の開設を申し込み，預金通帳の交付を受ける行為についても詐欺罪の成立を認めています（⑦）。これは形式的個別財産説からは当然の帰結ですが，それ以外の見解からは評価が分かれるところでしょう。金融機関にとって経済的に重要なことは預金の受け入れであって，誰が預金口座を利用するかは経済的に重要な事実ではない，預金口座が犯罪に利用されるおそれを金融機関にとっての財産的損害とみることはできない，といった理由で，詐欺罪の成立を否定する見方[21]がある一方で，預金通帳が振り込め詐欺などに利用され，預金口座に被害者から振り込まれた金銭の払戻を受けた者がいる場合，金融機関は，場合によっては被害者による不当利得の返還請求または不法行為に基づく損害賠償責任を負う可能性があり，このような金融機関の負うリスクは財産的損害の可能性と見ることができるとして詐欺罪の成立を肯定する見解[22]も見られます。後者のような説明も不可能ではないでしょうが，⑥⑦のような判断がなされる背景には振り込め詐欺やマネーロンダリングの防止という政策的な関心が存在することはほぼ間違いないと思われるところであり[23]，そのような政策的な関心の強さと金融機関が財産的損害を被る可能

---

[21] 高橋・各論349頁，松原・各論295頁など。

[22] 西田・各論226頁。ところで，西田先生は「財産的損害の可能性」があることを理由に詐欺罪の成立を肯定されますが，「財産的損害」と「財産的損害の可能性」とはどのような関係に立つのでしょうか？　交付行為によって直接財産的損害が発生しなくとも，その可能性があれば詐欺罪は成立するということなのでしょうか（なお，松宮孝明『先端刑法各論』[2021年]137頁以下参照）？　あるいは，「財産的損害の可能性」があること自体が経済的に見て「財産的損害」に当たるということなのでしょうか？　皆さんはどう考えるでしょうか？

[23] このような事情を背景として本人確認が厳格に義務付けられるようになった現在では，本人確認がなされた者に預金通帳を交付することが，金融機関の目的になっていると解することができ，その目的が達成できないことを理由として詐欺罪の成立を認める見解も見られます（山口・前掲新判例276頁以下）。しかし，このような見方は，社会目的の達成のために詐欺罪の成立を認めることを広い範囲で可能にする恐れがあるように思われます。

性の大きさを比べたとき，果たして後者の方がより本質的な問題だと認識されて
いるのかには，やや疑わしさも感じるところです。

　なお，⑧では，「このように厳重な本人確認が行われていたのは，航空券に氏名
が記載されている乗客以外の者の航空機への搭乗が航空機の運航の安全上重大な
弊害をもたらす危険性を含むものであったことや，本件航空会社がカナダ政府か
ら同国への不法入国を防止するために搭乗券の発券を適切に行うことを義務付け
られていたこと等の点において，当該乗客以外の者を航空機に搭乗させないこと
が本件航空会社の航空運送事業の経営上重要性を有していたからであって，本件
係員らは，上記確認ができない場合には搭乗券を交付することはなかった」とい
うことが指摘されています。ここでは，安全の確保，不法入国の防止といったこ
とから，直接的に「経営上の重要性」が導き出されており，表面的には財産的損
害が明示されているわけではありません。安全運航上の弊害は航空会社の経営に
とって負担となり得ますし，安全管理がずさんであることが航空会社の信用を損
ね業績悪化につながる可能性も軽視できないでしょうから，経済的利益に関する
関心が「経営上の重要性」に含まれていることは確かでしょうが，それでも，こ
こには，経済的利益に還元することのできない要因も含まれていることは否定で
きないでしょう。前回も話題としたことですが，詐欺罪の罪質に関する理解や，
その保護の射程といった問題が，ここにも表れているのです。

　さて，話題を変えて，次に課題判例 44（最決平 15・3・12 刑集 57・3・322）を検討
することにしましょう。これはいわゆる「誤振込」に関するものです。仮に誤振
込の場合には受取人に預金債権は認められないのだとすれば，このケースで詐欺
罪の成立を肯定することに，それほど困難があるとは思われません。受取人に預
金債権がなければ，払戻権限が認められないのですから，払戻権限がないにもか
かわらず払戻しを請求する行為が欺く行為に該当することは明らかでしょう（払
戻権限の有無が，窓口係員が払戻しをするか否かを判断する上で「重要な事項」であること
ははっきりしています）。この場合には，そのような請求をすることが挙動による欺
罔に当たると解されるでしょう（なお，ATM で引き出した場合には，窃盗になります。
東京高判平 6・9・12 判時 1545・113 参照）。

　しかし，民事判例（最判平 8・4・26 民集 50・5・1267）によれば，誤振込の場合で
も受取人の被仕向銀行に対する預金債権は成立するとされています。この判例を
前提にすると，受取人は，預金債権を取得し，従って，払戻権限も認められるこ

152

とになりそうな感じがします。この線で考えていくと，払戻しを受ける金銭に対する銀行の占有は侵害されていないから奪取罪（移転罪）は成立せず，せいぜい占有離脱物横領罪（254条）が成立し得るにとどまるということになりそうです[24]。

　しかし，課題判例44は，そのようには考えていません。本決定は，本件のような誤振込の場合でも，受取人は振込金額相当の普通預金債権を取得するということを前提にしながら，「銀行実務では，振込先の口座を誤って振込依頼をした振込依頼人からの申出があれば，受取人の預金口座への入金処理が完了している場合であっても，受取人の承諾を得て振込依頼前の状態に戻す，組戻しという手続が執られている。また，受取人から誤った振込みがある旨の指摘があった場合にも，自行の入金処理に誤りがなかったかどうかを確認する一方，振込依頼先の銀行及び同銀行を通じて振込依頼人に対し，当該振込みの過誤の有無に関する照会を行うなどの措置が講じられている。これらの措置は，普通預金規定，振込規定等の趣旨に沿った取扱いであり，安全な振込送金制度を維持するために有益なものである上，銀行が振込依頼人と受取人との紛争に巻き込まれないためにも必要なものということができる。また，振込依頼人，受取人等関係者間での無用な紛争の発生を防止するという観点から，社会的にも有意義なものである。したがって，銀行にとって，払戻請求を受けた預金が誤った振込みによるものか否かは，直ちにその支払に応ずるか否かを決する上で重要な事柄であるといわなければならない。これを受取人の立場から見れば，受取人においても，銀行との間で普通預金取引契約に基づき継続的な預金取引を行っている者として，自己の口座に誤った振込みがあることを知った場合には，銀行に上記の措置を講じさせるため，誤った振込みがあった旨を銀行に告知すべき信義則上の義務があると解される」として，誤った振込みがあることを知った受取人が，その情を秘して預金の払戻しを請求して払戻しを受けた場合には，詐欺罪が成立すると判示しました。

---

[24] 占有離脱物横領罪の成立を認めるものとして林・各論281頁。もっとも，この場合には，誤振込にかかる金銭が「他人の物」に当たるかが問題になるでしょう。前掲最判平8・4・26は，振込依頼人による第三者異議の訴えを退け，振込依頼人に，受取人に対する不当利得返還請求権しか認めていません。そうすると，振込金相当額を「振込依頼人の物」と解するには，振込依頼人の権利が弱すぎる感が否めません。この点を重視して物の他人性を否定するならば，結局，犯罪不成立となるでしょう（高橋・各論382頁）。しかし，これは，誤配された郵便物を領得する行為が占有離脱物横領罪に当たる（大判大6・10・15刑録23・1113）ことと比較して，不均衡な感があります。

　本決定は，払戻権限の有無を直接問題とするのではなく，組戻しという実務上の取扱いを根拠にしています。ここでは，誤振込の場合には，銀行側に直ちには払い戻し請求に応じない利益があると見て，それを保護する必要性の観点から，詐欺罪の成立が肯定されているように思われます[25]。もっとも，銀行側の利益にそのような要保護性を肯定するということは，その反面において受取人の払戻権限の行使を制限することになるでしょう。これは，払戻権限はあるけれども行使できない，という領域を認めることになるので，考え方としては分かりにくいところがあります。そこで，更に一歩進めて，このような受取人の払戻し請求は権利の濫用である，とする見方も考えられるところです[26]。この関連では，最判平20・10・10民集62・9・2361が「受取人の普通預金口座への振込みを依頼した振込依頼人と受取人との間に振込みの原因となる法律関係が存在しない場合において，受取人が当該振込みに係る預金の払戻しを請求することについては，<u>払戻しを受けることが当該振込みに係る金員を不正に取得するための行為であって，詐欺罪等の犯行の一環を成す場合であるなど，これを認めることが著しく正義に反するような特段の事情があるときは，権利の濫用に当たるとしても</u>，受取人が振込依頼人に対して不当利得返還義務を負担しているというだけでは，権利の濫用に当たるということはできないものというべきである」と判示している点が注目されます。この下線部に示されているように，払戻請求が例外的に権利濫用に当たると考えられるのであれば，その限りでは受取人に払戻権限がないとすることが可能になるでしょう。このような構成は，形式的には分かりやすいと思います。しかし，問題は，どのような場合が権利濫用に当たるのか，という点なのですが，本判決は，「払戻しを受けることが当該振込みに係る金員を不正に取得するための行為であって，詐欺罪等の犯行の一環を成す場合であるなど」としか述べていません。犯罪に当たる行為が権利の濫用に当たるのは当然であって，刑法理論の観点からすれば，権利濫用になるから詐欺罪が成立すると言って欲しいのですが，どうも民事と刑事でお互いに最終的な判断を押し付けあっているようで，座りが悪い感は否めません。この問題は，民事と刑事の判断の相対性という観点からも非常に興味深いものだと思います[27]。

　さて，課題判例44では，不作為による欺罔行為が肯定されています。払戻請求

---

[25] 松澤伸・百選Ⅱ（第8版）106頁以下。
[26] 佐藤文哉「誤って振り込まれた預金の引き出しと財産犯」佐々木喜寿338頁参照。

行為が，一般に誤振込による入金記録はない旨を表示していると見ることには無理があるでしょうから，挙動による欺罔ではなく，不作為による欺罔を肯定したのは妥当だといえるでしょう（また，払戻請求の段階では誤振込がなされていたので，既に銀行側［窓口係員］は錯誤に陥っていたとみれば，その観点からも，その錯誤を解かない不作為を欺罔行為だと解することができるでしょう）。なお，本決定では，告知義務が問題とされていますが，これが肯定される理由は，結局のところ，直ちには払い戻し請求に応じない銀行側の利益の要保護性に求められるのですから，例えば，ATMで引き出す場合には窃盗罪，ATMで振込送金をした場合には電子計算機使用詐欺罪が成立すると考えることになるでしょう[28]。

なお，本件では，詐取額も問題となります。権利行使と恐喝の問題について，判例は全体を喝取額としていますから（最判昭30・10・14刑集9・11・2173），これと同じように考えて，払戻を受けた全額について詐欺罪が成立するという見方もあり得るでしょうが，本来の預金相当額についての払戻は正当であると思われますので，その価額分は詐取額から控除されるべきではないでしょうか？[29]　皆さんも考えてみてください。

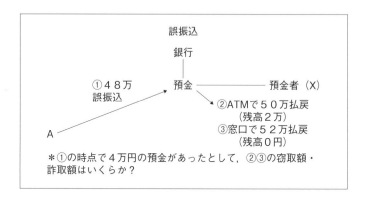

---

[27] 松宮先生は，「民法で『やってよい』とされるものを刑法が犯罪とする」ようなことをすると，行為規範の間に矛盾が生じ，市民は何をしたらいいのかわからなくなってしまうであろう，とされています（松宮・各論190頁）。さて，判例が誤振込の場合に詐欺罪の成立を認めたことによって，市民の間に混乱が生じたでしょうか？　皆さんはどう思われるでしょうか？
[28] 西田・各論255頁，橋爪・法教440号108頁。
[29] 宮崎英一・最判解平成15年度142頁以下参照。

さて，誤振込のケースでは，受取人に預金の占有は認められないという前提で，話が進められていました。預金に関連する財産犯の擬律は，非常に分かりにくいので，ここで簡単に整理しておきたいと思います。

まず，通常の預金に関する占有の所在について考えてみます。

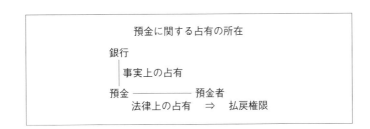

銀行にある預金に対する事実上の支配という意味での占有は銀行（の支店長など。以下，これは省略します）にあります。他方，預金者は，預金契約に基づいて払戻権限を有していますので，これに基づいた払戻請求を銀行側が拒否することはできません（拒否されたら大変です）。従って，この場合，預金の払戻しを受ける行為は，銀行の占有を侵害するものではありませんから，当然，銀行に対する関係で財産犯は成立しません。このように銀行に対して払戻権限を有している場合，預金者には，法律上の支配という意味において預金の占有を肯定することができます。

これに対して，通帳と印鑑を盗んだ窃盗犯人が，それを用いて窓口で払戻しを受けた場合には，この窃盗犯人に払戻権限はありません。

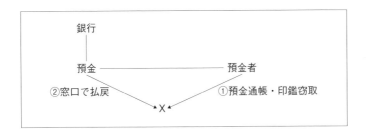

従って，このケースでは詐欺罪が成立することになります。窃取したキャッ

シュカードを使って ATM で引き出せば窃盗罪になりますし，ATM で振込送金をすれば電子計算機使用詐欺罪になります。

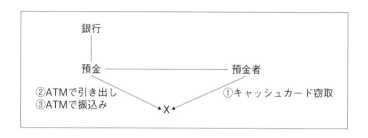

ここで，重要なのは，預金の占有を基礎づけるのは，預金の払戻しを受けることができる状態にあるという事実ではなく，法律上の払戻権限であるということです[30]。

ここで，確認しておきたいのが，他人から預かった金員を預金の形で保管している場合の取扱いです。

この場合，金員の受託者である預金者は，銀行に対する関係で払戻権限を有していると解されるので，預金の占有が肯定されることになります。そのように考えると，この預金を委託の任務に背いて勝手に処分した場合，銀行に対する関係では財産犯は成立しませんが，委託者との関係では横領罪が成立するということになります。このような取扱いに対しては，預金は消費寄託であって預金者は銀行に対して債権を有しているにすぎず，銀行が預金総額の現金を保管しているわ

---

[30] 山口・各論 295 頁参照。

けではないから，預金による金銭の占有という概念はフィクションであり，「他人の物」概念を不当に拡張して[31]，実際は金銭債権に対する横領[32] を認めるに等しい，といった批判が向けられています[33]。確かに，この批判にはもっともなところもありますが，現金のまま保管している場合は領得が横領になるのに，預金の形態で保管し，預金のままで処分した場合には背任にしかならないとするのは均衡を失する感がありますので[34]，ここは一般的な理解に従っておきたいと思います。

　次に，預金債権者から預金通帳，印鑑，キャッシュカードなどを預かっている場合が問題となります。

　預かっている者に預金を処分する権限が与えられている場合には，その者に預金に対する占有を認めることができますが，単なる保管者や，単なる使者として一定の金額の払戻しを依頼されたにすぎない者については，預金者から預金を自由に処分する権限を与えられたわけではありません。この場合，これらの者に払戻権限はないと考えれば，依頼に反する処分は全て銀行に対する財産犯を構成します[35]。例えば，預金者からキャッシュカードを預けられ，ATM で 50 万円引き出すことを依頼されたときに，自分で使うつもりで 50 万円を引き出した場合には，銀行に対する窃盗罪が成立することになります[36]。これに対して，50 万の限度では払戻権限が付与されていると見るならば，引き出した 50 万円についての横

---

[31] 肯定説に立った場合，「物」の定義はどうなるでしょうか？
[32] 横領罪は財産上の利益を客体としていません。
[33] 浅田・各論 269 頁以下，松宮・各論 282 頁。
[34] 的場純男「銀行預金をめぐる犯罪」経営刑事法研究会編『事例解説経営刑事法Ⅲ』（1988 年）139 頁。
[35] 的場・前掲 140 頁など。

領罪を認めることになるでしょう[37]。この点に関してどのように考えるとしても，委託された範囲を超える処分をした場合には，払戻権限が認められないので，銀行に対する財産犯が成立します。例えば，預金者からキャッシュカードを預けられ，ATM で 50 万円引き出すことを依頼されたときに，自分の懐に 30 万円入れるつもりで，80 万円引き出した，というような場合には，銀行に対する窃盗罪が成立することになります（窃取額については，80 万円とする見解と 30 万円とする見解があり得ますが，50 万円の引き出しは依頼された通りの内容であるとすれば，その部分については，財産犯は成立しないと見るべきではないかと思います[38]）。

　以上の通説的な理解を前提にすれば，①預金の占有は銀行等に対する関係で払戻権限（処分権限）がある場合にのみ肯定される，②預金の占有が肯定される場合には銀行等に対する関係で窃盗罪等は成立せず，金銭の出捐者＝委託者との関係で横領罪が成立し得るにとどまる，③預金の占有が否定される場合には銀行等に対する関係で窃盗罪等が成立する，ということになります。すなわち，払戻権限の有無により，出捐者＝委託者に対する関係で横領罪が成立する（払戻権限がある＝預金の占有が肯定される場合）か，それとも，銀行等に対する関係で窃盗罪等が成立する（預金の占有が否定される場合＝払戻権限が否定される場合）かが，排他的に区別されていることになるのです[39]。

　最後に，このような理解との関連で，近時議論を呼んでいる，振込め詐欺の例を考えてみましょう。

---

[36] この場合，引出し後に払戻金を私用に費消する行為については別途横領罪が成立し得ると思われますが，先行する窃盗罪との関係では共罰的事後行為になると解するべきでしょう。被害者が異なる点がやや問題となりますが，引出しの時点で預金者の金額所有権も実質的に侵害されていると考えられるので，先行する窃盗罪の処罰により預金者の所有権侵害の点も贖われていると見ることができるでしょう（例えば，A が B の委託により保管している財物を甲が窃取し，後にそれを損壊したという場合でも，先行する窃盗によって B の所有権侵害も考慮されていると考えられるので，後の器物損壊は共罰的事後行為になると思います）。このように解しても，横領罪は犯罪としては成立しているので，例えば，引出しの時点で犯意や不法領得の意思が明確でないような場合には，後の費消行為を横領として起訴し，処罰することは可能です（本江威憙監修・須藤純正著『経済犯罪と民商事法の交錯 I ［横領罪・背任罪編］』［2021 年］98 頁参照）。

[37] 橋爪先生は，その可能性を示唆されています（橋爪・法教 440 号 101 頁）。仮に払戻権限があると考えた場合には，私用に費消する意思で払い戻した時点で既に横領を認めることができることになります。

[38] 橋爪・法教 440 号 101 頁。

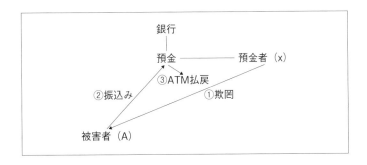

　振込め詐欺においては，指定の預金口座に振り込ませた段階で 1 項詐欺罪の既遂を認めるのが実務の大勢です。これに対しては，振込によって現金の占有移転を認めるのは観念的すぎるとして，預金債権の取得による 2 項詐欺罪の成立を認めるべきだとする見解も有力です[40]。しかし，預金債権を取得したとなると，その被害者は銀行だということになりそうですが，それが実態に合う考え方なのか，疑問がないではありません[41]。振り込まれた段階で預金を自由に処分することができる状態になったという事実に着目すれば，現金の移動と同視することができると思われますので，1 項詐欺罪の成立を認めることは可能でしょう。

　ところで，更に，当該口座から騙取金を引き出す行為についても，銀行等に対する窃盗罪等を構成するとするのが近時の実務の趨勢です（このことは，特にいわゆる「出し子」の罪責を考えるにあたって重要な意味をもちます）。振り込まれた段階で，1 項詐欺罪の成立が認められるとすれば，その段階で預金の占有が肯定されるこ

---

[39] もっとも，これは預金の占有の有無による区別なので，占有の有無が直接関係しない犯罪については，別途検討の余地があると思われます。例えば，預金者からキャッシュカードを預けられ，ATM で 50 万円引き出すことを依頼されたときに，自分の懐に 30 万円入れるつもりで，80 万円引き出したという先の例で，銀行に対する窃盗罪の成立を認めることの他に，預金者に対する関係で背任罪が成立しないかが問題となり得るでしょう。個人的には，前述のように（注36），引出しの段階で預金者の金額所有権も侵害されているがその点は窃盗罪で評価されていると考えるのであれば，引出しの時点で預金者に生ずる財産的損害（の危険）もそこで実質的に評価されているので背任罪は成立しないとみるべきではないかと思っていますが，あまり自信はありません。皆さんはどう考えるでしょうか？
[40] 二本柳誠「振り込め詐欺の法的構成・既遂時期・未遂時期 (1)」名城ロースクール・レヴュー 33 号（2015年）16 頁。なお，橋爪・法教 440 号 109 頁。
[41] 杉本先生は，2 項詐欺罪説に従うと，預金債権の債務者である被仕向銀行が被害者となり（ある種の三角詐欺となって），実態に合わないと指摘されています（杉本一敏「騙し取ったものを騙し取る」前掲『バトルロイヤル』190 頁）。

160

とになるから，その後の引き出し行為について銀行に対する窃盗罪等を肯定することはできないのではないか，という疑問が生じますが，詐欺罪の成立を認めるところで問題としている占有は，交付者から移転することが想定されているものであり，それによって行為者が取得する占有に関して正当な権限の有無は問題とならないのに対し，対銀行との関係では，事実上引き出すことができるという状態では預金の占有を基礎づけることはできないと考えるべきですから，口座からの騙取金の引き出しについて銀行に対する窃盗罪等の成立を肯定する余地はあるというべきでしょう。このことを，払戻権限の有無で説明するか，銀行側の占有に一定範囲で法的な保護を認めることによって説明するかで，議論は複雑な様相を呈しています[42]。

それにしても，振込め詐欺は，刑法理論に関する問題点の宝庫です。

授業後の課題

クレジット会社Aと会員契約を締結していたXは，代金支払の意思も能力もないのに，Aと加盟店契約を結んでいるB店でパソコンを購入した。ところが，Xは，1週間後に，競馬で大穴を当て，偶然にもクレジット代金の決済日に間に合い，競馬で当てたお金を口座に入金したところクレジット代金分の自動引き落としがなされた。Xに詐欺罪は成立するか。

考え方

自己名義のクレジットカードの不正使用に関する問いなので，詐欺罪の成立は否定されるとする見解，加盟店を被欺罔者・交付行為者・被害者とする1項詐欺罪が成立するとする見解，カード会社を被欺罔者・交付行為者・被害者とする2項詐欺罪が成立するとする見解，加盟店を被欺罔者・交付行為者，カード会社を被害者とする詐欺罪（三角詐欺）が成立するとする見解などを参考にしながら，自分の考え方を示せばよいでしょう。詐欺罪成立説を採る場合には，何が欺罔行為か，何が交付行為か，誰が被欺罔者で誰が被害者か，行為者は何を得たのか，といった点に留意して，自分がどのように考えているのかが読む側に分かるように論ずることが大切でしょう。

なお，偶然，引き落としに間に合ったという事情をどのように考えるべきかということですが，商品購入の時点で詐欺罪は既遂となるという一般的な理解に従えば，理論的には既遂後の事情なので罪責には影響しないということになるでしょう。この点を理由にして未遂にとどまると構成するためには，カード会員の口座から指定日に引き落としができなかったことをもって既遂になると構成しなければなりませんが，その場合，行為者は何を得たことになるのかについての説明が難しくなると思われます（口座からの引き落とし以前に，立替払

---

[42] 橋爪・法教440号110頁参照。

いは終わっているのですから，遅くとも立替払いの時点では既遂になっていると考えるべきでしょう）。偶然ではあれ引き落としができたのですから，問題が発覚することはないでしょうが，発覚しなければ犯罪にはならないというわけではないことは当然です。

▸第**24**回◂

横領罪・背任罪

基本事項の確認

□横領罪の成立要件を確認しなさい

□背任罪の成立要件を確認しなさい

課題判例45

横領被告事件

福岡高等裁判所昭和 47 年（う）第 385 号

昭和 47 年 11 月 22 日第 2 刑事部判決

　　　　　　　主　　　文

　本件控訴を棄却する。

　　　　　　　理　　　由

　本件控訴の趣意は，弁護人 M 提出の控訴趣意書に記載のとおりであるから，これを引用する。

　同控訴趣意について。

　所論は，要するに，本件はいわゆる不動産の二重譲渡の事案であるが，買受人である被告人は，原判示の山林（以下，本件山林という）の所有権が，売主である原審相被告人 B にあると信じていたのであるから，被告人に横領の犯意はない。仮りに被告人において，本件山林の所有権が C にあることを認識していたものとしても，被告人は，いわゆる背信的悪意者ではなく，最高裁判所昭和 29 年（あ）第 1,447 号昭和 31 年 6 月 26 日第三小法廷判決の趣旨に徴しても，被告人の本件所為は横領罪の共犯となるものではない。したがって被告人に対し横領罪の共同正犯の成立を認めた原判決には，事実の誤認または刑法の解釈，適用を誤った違法がある，というのである。

　そこで，所論に鑑み本件記録および原裁判所において取調べた証拠を調査し，当審における事実取調べの結果をも併せて考察するに，原判示事実は，原判決挙示の証拠によりこれを優に認めることができる。

　すなわち，特に所論の被告人の犯意の点については，本件山林は，原判示のとおりもと原審相被告人Bの先代亡Dの所有であったが，同人が大正5年2月18日ころ亡Eから金35円85銭を借受け，その担保として本件山林に同人のため抵当権を設定し，その旨の登記を経由していたが，昭和6年12月28日ころ右Eに対し右貸金債務の代物弁済として本件山林の所有権を移転すると共にこれを引渡し，その後右山林の所有権等は，いずれも相続により同人から亡Fを経てCに移転したが，登記簿上は依然前記Dの所有名義のままになっていたこと，しかして被告人は，昭和45年7月ころGの依頼により本件山林を含む熊本県荒尾市金山字杉谷の山林約10町歩を買収するに当り，かつて同地区の行政協力員等をしていたことのある知人Hから，同人保管にかかる右杉谷山の字図写を借受け，右図面に本件山林の所有者がFと記載されていることを知り，またそのころ本件山林を右C方で現実に占有管理していることをも知るに至ったが，その後土地家屋調査士Jに依頼して本件山林の登記簿等を調査したところ，登記簿上の所有名義人が前記のとおりDであって，Eを権利者とする抵当権設定登記のあることが判ったので，前記Fが存命中の同年10月ころ，権利関係を確め，併せて買入れの交渉をするべく，右Jと共にFに対し本件山林の売却方を交渉したが，にべなく断られ，その際同人から本件山林は先代の時にBから貸金のかたに買取ったものである旨告げられたこと，被告人は，右Fが難しい人物であることを聞知していたので，同人から本件山林を買収することは至難であると思い，一旦は諦めていたが，本件山林を除く前記杉谷山の買収が終り，その宅地造成工事を進めるに当り，本件山林が右工事の邪魔になるため右Gから是非とも買収してくれと依頼されたことから，本件山林の登記簿上の所有名義がDにあることを利用して，同人の相続人である前記Bから本件山林を取得しようと企て，前記Fに含むところのある前記Hと共に，或は単身で，同年12月ころから再三に亘り右B方を訪れ，同人および家族の者らに対し本件山林の売渡方を申入れ，同人が本件山林は父の代に借金のかたにCにやったものであるから売ることはできない旨述べて拒絶したのにもかかわらず，法的知識に疎く，経済的にも困っていた同人に対し，「あの山はあなたの名義になっているし，借金はもう50年以上たっているから担保も時効になっている。」「Cの方には米の相場で計算して10倍も金を払えば，何も言わない。」「このことで裁判になっても，自分が引受けてやるから心配はいらない。」等と執拗に，且つ言葉巧みに申し向け，昭和46年3月下旬ころ遂に同人をして本件山林を売却しても裁判沙汰になるようなことはなく，万一そのようなことになっても被告人が引受けてくれるものと誤信させて本件山林を被告人に売却することを承諾させ，そのころ原判示の如く同人から本件山林を代金10万円で買受けたうえ，これを直ちに前記Gの長男Kに代金28万4,000円で転売し，中間省略の方法により同人名義に所有権移転登記を経由したものであることが認められ，右認定の諸事実に徴すると，被告人が本件山林を買受ける当時，その所有権が前記Cに移転していることを認識していたことは明らかであって，原審証人H，同Jの各供述，被告人の司法巡査および検察官に対する各供述調書，ならび

に被告人の原審および当審公判廷における各供述中右認定に反する部分はその余の証拠と対比して信用し難く，他に右認定を左右するに足る証拠はない。

しかして，右の如き不動産の二重譲渡の場合，売主である前記Bの所為が横領罪を構成することは明らかであるが，その買主については，単に二重譲渡であることを知りつつこれを買受けることは，民法第177条の法意に照らし，経済取引上許された行為であって，刑法上も違法性を有しないものと解すべきことは，所論のとおりである。しかしながら本件においては，買主たる被告人は，所有者Cから買取ることが困難であるため名義人Bから買入れようと企て，前叙のとおり単に二重譲渡になることの認識を有していたのに止まらず，二重譲渡になることを知りつつ敢て前記Bに対し本件山林の売却方を申入れ，同人が二重譲渡になることを理由に右申入れを拒絶したのにもかかわらず，法的知識の乏しい同人に対し，二重譲渡の決意を生ぜしめるべく，借金はもう50年以上たっているから担保も時効になっている，裁判になっても自分が引受けるから心配は要らない等と執拗且つ積極的に働きかけ，その結果遂に同人をして被告人に本件山林を二重譲渡することを承諾させて被告人と売買契約を締結するに至らしめたのであるから，被告人の本件所為は，もはや経済取引上許容されうる範囲，手段を逸脱した刑法上違法な所為というべく，右Bを唆かし，更にすすんで自己の利益をも図るため同人と共謀のうえ本件横領行為に及んだものとして，横領罪の共同正犯としての刑責を免れないものというべきである。もし所論のように，このような場合にも買主に横領罪の共犯が成立しないものとすれば，買主の積極的な働きかけによって遂に横領の犯意を生じた売主のみが一人横領罪として処罰されることとなり，刑法的評価のうえで余りにも衡平を失することとなるのであって，所論引用の最高裁判所昭和29年（あ）第1,447号昭和31年6月26日第三小法廷判決は，本件と事案を異にし，本件に適切ではない。

したがって，被告人に対し横領罪の共同正犯の成立を認めた原判決は正当であって，原判決には所論のような事実誤認も，法令の解釈，適用を誤った違法も存しない。論旨は理由がない。

よって，刑事訴訟法第396条に則り本件控訴を棄却することとし，主文のとおり判決する。

（裁判官　木下春雄　松本敏男　吉田修）

チェック

□不動産の二重売買に関し，譲渡人に横領罪は成立するか？　また，詐欺罪は成立するか？

□本判決が買主に横領罪の共犯の成立を認めているのは，どのような考え方に基づくものか？

課題判例㊻

商法違反被告事件

最高裁判所第一小法廷平成 18 年（あ）第 2030 号

平成 20 年 5 月 19 日決定

主　　文

本件上告を棄却する。

理　　由

弁護人 K，同 L の上告趣意のうち，判例違反をいう点は，事案を異にする判例を引用するものであって，本件に適切でなく，その余は，事実誤認の主張であって，刑訴法 405 条の上告理由に当たらない。

所論にかんがみ，被告人に対する特別背任罪の共同正犯の成否について，職権により判断する。

1　原判決及びその是認する第 1 審判決の認定並びに記録によれば，本件の事実関係は，次のとおりである。

(1) 本件融資

株式会社 B 銀行（以下「B 銀行」という。）は，平成 12 年 9 月 22 日，株式会社 C（以下「C」という。）に対し，57 億円を貸し付けた（以下「本件融資」という。）。本件融資の担保としては，千葉県木更津市内の C が所有するゴルフ場（以下「本件ゴルフ場」という。）に係る極度額 32 億円の第 1 順位の根抵当権，極度額 36 億 4000 万円の第 3 順位の根抵当権，被告人らによる連帯保証があった。

(2) 関係者の概況

ア　本件当時，D が代表取締役頭取を務めていた B 銀行の財務状態は芳しくなく，平成 12 年 3 月期には 100 億円以上の損失を出していた。また，大蔵省等による検査，日本銀行の考査で，財務状況の悪化や審査管理の不十分さが度々指摘され，平成 12 年 3 月 17 日，金融監督庁は業務改善命令を発出した。

イ　E 株式会社（以下「E」という。）は，被告人が設立した会社であり，本件当時，被告人が代表取締役会長であった。被告人は，会社を次々と設立，買収するなどし，その結果，E を中心とする十数社から成る A グループと呼ばれる企業集団が形成されていた。C は，平成 12 年 4 月，本件ゴルフ場の譲渡先となる会社として被告人が設立した会社であり，本件当時，被告人が実質的な経営者であった。

(3) B 銀行と E との関係等

B 銀行は A グループの企業に多額の融資をしていたが，同グループの融資先企業は，E を含め経営不振に陥り，元本はおろか利息の支払も満足にできず，慢性的な資金難状態で実質的に破たんしていた。B 銀行は，このような状況の下，返済期限の延長や利息

の追い貸し，利払資金のう回融資等に及び，不良債権であることの表面化を先送りしてきた。その一方，Ａグループの企業を他の不良債権の付け替え先として利用していた。このようにして，Ａグループの企業に対する貸出金残高は，平成12年3月時点で200億円近くに上っていた。

(4) 本件ゴルフ場等

Ｅは，Ｆ銀行やＢ銀行等から百数十億円の融資を受けて，本件ゴルフ場の開発を行ったが，会員権の販売が低迷したため，造成工事を受注したＧ社に工事代金を一部しか支払えないまま，平成9年9月，本件ゴルフ場を開場した。

しかし，会員権の販売状況は，計画を大幅に下回り，正会員権の価格を当初の約3分の1にまで引き下げるなどしたものの，販売は伸びず，平成11年8月から平成12年5月までの10か月間の実績は，約8293万円，年間換算で約9952万円にとどまった。一方，平成12年9月時点で，会員数は約850名であり，償還を要する預託金額は約41億円に達し，その償還開始時期も平成14年3月に迫っていた。

また，Ｅのゴルフ場部門の経営状態も，赤字続きで，平成12年3月期には数千万円の損失を出していたが，Ｅの資産としては，本件ゴルフ場以外にはＢ銀行の債権の回収に充てられる見込みのものはなかった。

(5) 本件融資に至る経緯等

ア　前記(4)のとおり本件ゴルフ場の開発に関してＥに融資していたＦ銀行とＢ銀行以外の金融機関は，平成11年3月ころ，Ｅに対する約100億円の債権を不良債権として処理すべく，これを極めて低額で外資系の会社に譲渡したことから，被告人は，株式会社Ｈ（以下「Ｈ」という。）を経営するＩに依頼し，同社を介してＡグループの企業に，Ｂ銀行からの融資金で，同債権を低額で買い取らせた。

被告人は，Ｇ社にも同種の方法により債権譲渡を働きかけようと考え，自己の支配する企業が，Ｂ銀行から融資を受けてＥから本件ゴルフ場を買い取った上，Ｇ社に相当額を支払ってＥに対する債権を譲り受ける形を取るなどして，Ｅの債務圧縮を実現する案（以下「再生スキーム」という。）をＤ及びＢ銀行の担当者（以下「Ｄら」という。）に提案するとともに，ＩにＧ社との交渉を依頼した。この再生スキームは，Ｂ銀行が，平成12年9月末を基準として行うこととされていた次回の金融庁検査に対応する上でも，利点のあるものであった。

イ　被告人は，Ｉから，本件ゴルフ場の評価額を60億円から70億円とする不動産鑑定評価書を入手することができれば，Ｇ社に対する交渉材料として利用できる旨言われ，評価額が上記金額となる不動産鑑定評価書を作成させることとし，その旨不動産鑑定士に依頼した。不動産鑑定士は，求めに応じて本件ゴルフ場の価格を67億5273万円とする不動産鑑定評価書を作成し，Ｅに提出した。同鑑定評価書は，Ｉに提供され，さらに，本件融資の決定に当たってはＢ銀行にも提供された。しかし，本件当時の本件ゴルフ場の客観的な担保価値は，十数億円程度にすぎないものであった。

ウ　被告人とＤらとの間での話合いの結果，本件ゴルフ場の売買代金の支払名目でなされる本件融資金のうち，約25億円をＡグループの企業のＢ銀行に対する債務の返済に，約17億円をＥのＧ社に対する債務の返済に，約５億円をＨへの手数料等の支払に，約４億5000万円をＡグループがＢ銀行の増資を引き受けた見返りに行われた融資の返済に，約２億円をＣの運転資金及びホテルＪに対するＢ銀行からのう回融資の返済等に，約３億円をその他諸経費の支払にそれぞれ充てることとし，本件融資金額を57億円とすることが決まった。その結果，平成12年９月５日，ＥとＣとの間で，Ｃが約41億円の預託金返還債務を引き継いだ上，本件ゴルフ場を譲り受けるとの売買契約が締結された。また，同月11日，Ｅ，Ｇ社及びＨの間で，〔1〕Ｅは，Ｇ社に対する合計約156億円の債務のうち，17億円を支払う，〔2〕Ｇ社は，Ｈに，Ｅに対する上記債権の残額を300万円で譲渡する，〔3〕Ｇ社は，本件ゴルフ場における自社の担保権の抹消に同意するなどの合意が成立した。

エ　本件融資については前記 (1) のとおり被告人らによる連帯保証があったものの，これらの連帯保証人に本件融資金を返済する能力はなく，また，Ｃ，更にはＥにも，本件ゴルフ場以外には本件融資金の返済に充てられるべき資産はなかったところ，本件当時の本件ゴルフ場の客観的な担保価値は前記イのとおりであって，本件融資は担保価値の乏しい不動産を担保に徴求するなどしただけのものであった。本件当時のＥの経営状態は前記 (3) のとおり実質的に破たん状態であったところ，本件ゴルフ場の会員権の販売状況，経営状態も，前記 (4) のとおり劣悪な状況にあり，会員権の販売や営業収入の増加により本件融資金の返済が可能であったとは到底いえない。本件融資は，借り主であるＣ，更にはＥが貸付金の返済能力を有さず，その回収が著しく困難であったものである。

　そうすると，Ｂ銀行における資金の貸付け並びに債権の保全及び回収等の業務を担当していたＤらは，同銀行の資産内容を悪化させることのないよう，貸付けに当たっては，回収の見込みを十分に吟味し，回収が危ぶまれる貸付けを厳に差し控え，かつ，十分な担保を徴求するなどして債権の保全及び回収を確実にするとの任務を有していたところ，本件融資の実行は，同任務に違背するものであった。

(6) 関係者の認識等

ア　ＤらＢ銀行の担当者の認識

　Ｄらは，本件融資について，借り主であるＣ，更にはＥが貸付金の返済能力を有さず，その回収が著しく困難であり，前記の67億余円という不動産鑑定評価額が大幅な水増しで，本件ゴルフ場の担保価値が乏しく，本件融資の焦げ付きが必至のものであると認識していた。しかし，本件融資を実行しない場合，Ｅは早晩経営が破たんし，そうなれば，Ｅ等とＢ銀行との間の長年にわたる不正常な取引関係が明るみに出て，Ｄらは経営責任を追及されるであろうし，前記のＥのＧ社に対する債務の処理ができなければ，金融庁からの更に厳しい是正措置の発出も必至の状況にあったから，Ｄらは経営責任を

追及される状況にあったものというべく，本件融資はＤらの自己保身のためであるとともに，Ｅの利益を図る目的も有していた。

イ　被告人の認識

　被告人は，本件融資について，その返済が著しく困難であり，本件ゴルフ場の担保価値が乏しく，本件融資の焦げ付きが必至のものであることを認識しており，本件融資の実行がＤらの任務に違背するものであること，その実行がＢ銀行に財産上の損害を加えるものであることを十分に認識していた。

　そして，被告人の経営するＥ等はＢ銀行との間で長年にわたって不正常な取引関係を続けてきたものであるところ，本件融資の実行はＥの経営破たんを当面回避させるものであり，それはＤらが経営責任を追及される事態の発生を回避させるというＤらの自己保身につながる状況にあったもので，被告人はＤらが自己の利益を図る目的も有していたことを認識していた。

2　以上の事実関係のとおり，被告人は，特別背任罪の行為主体の身分を有していないが，上記認識の下，単に本件融資の申込みをしたにとどまらず，本件融資の前提となる再生スキームをＤらに提案し，Ｇ社との債権譲渡の交渉を進めさせ，不動産鑑定士にいわば指し値で本件ゴルフ場の担保価値を大幅に水増しする不動産鑑定評価書を作らせ，本件ゴルフ場の譲渡先となるＣを新たに設立した上，Ｄらと融資の条件について協議するなど，本件融資の実現に積極的に加担したものである。このような事実からすれば，被告人はＤらの特別背任行為について共同加功したものと評価することができるのであって，被告人に特別背任罪の共同正犯の成立を認めた原判断は相当である。

　よって，刑訴法414条，386条1項3号により，裁判官全員一致の意見で，主文のとおり決定する。

（裁判長裁判官　才口千晴　裁判官　横尾和子　裁判官　甲斐中辰夫　裁判官　泉徳治　裁判官　涌井紀夫）

チェック
□不正融資の借り手側に背任罪の共犯が成立するかどうかということが特に議論を要する問題とされているのはなぜか？
□本決定が特別背任罪の共同正犯を認めているのは，どのような点を重視したからだと考えられるか？
□借り手側に背任罪の教唆犯や幇助犯が成立する場合はあるか？

授業

　今回のテーマは，「横領罪・背任罪」です。もっとも，背任罪については，若干

のトピックを取り上げるにとどまります。まず横領罪の基本事項を確認することから始めましょう。

　横領罪の保護法益は所有権ですが，委託物横領罪[1] に関しては委託関係も保護法益に含まれると解するべきでしょう。単純横領罪（252条）・業務上横領罪（253条）・占有離脱物横領罪（254条）の関係については，単純横領罪と業務上横領罪は，他人との信頼関係に違背して物を領得する犯罪であるところに背信性が認められる点で占有離脱物横領罪とは性質を異にし，むしろ背任罪と共通する性質をもつとするのが通説です。これに対して，占有離脱物横領罪が基本類型であり，これに委託関係の侵害が加わることによって加重された類型が委託物横領罪である，とする見解もありますが，単純横領罪が最初に規定されている現行法の配列を考えると，通説の理解に分があるように思います。なお，いずれにせよ，業務上横領罪は単純横領罪の加重類型になります。ここでは触れませんが，共犯と身分の関係で厄介な問題が生ずるところなので，注意しておいてください[2]。

　以下では，単純横領罪を念頭において，その成立要件を概観してみましょう。

　主体は，委託に基づき他人の物を占有する者です（真正身分犯です。なお，252条2項にも注意してください）。

　客体は，自己の（委託関係に基づいて）占有する他人の物です。「物」は，「財物」と同義ですが，245条は準用されていないので電気は財物とはみなされません（この点が「財物」ではなく「物」と表現されている理由の1つではないかと思われます）。不動産も含まれます。利益横領は不可罰であることに注意しましょう（背任罪の成立可能性はあります）。他人の物の占有は委託に基づくこと（委託関係）が必要です。

　占有には，事実的支配だけでなく法律的支配も含まれます。横領罪においては，委託された物を処分する可能性（濫用のおそれのある支配力）があることが重要なので，法律的支配も含まれるのです。窃盗罪において侵害の対象となる占有とは，その意義が異なる点に注意してください。不動産については，所有権の登記名義

---

[1] 委託物横領罪という言葉は，単純横領罪（252条）と互換的に用いられることもあれば，単純横領罪と業務上横領罪（253条）を総称して委託物横領罪と呼ぶこともあります。
[2] 判例は，非占有者が業務上横領に加功した場合，非占有者は65条1項により業務上横領罪の共同正犯となるが，65条2項により単純横領罪の刑を科すべきであるとします（最判昭32・11・19刑集11・12・3073）。罪名と科刑を分離する点で学説の批判が強いところです。なお，近時，このような場合の非占有者たる共犯者の時効期間を判断するに当たって，業務上横領罪を基準にすべき（東京高判令3・5・21公刊物未搭載）か，単純横領罪を基準にすべき（松原・各論350頁）かということが問題とされています。

人に占有があります。不動産の賃借人のように不動産を事実上支配している者には，占有は認められません。登記名義人ではないが，所有権移転や抵当権設定の登記に必要な一切の書類（権利証，白紙委任状等）を所持している者も占有者であるとされますが（福岡高判昭53・4・24判時905・123），登記名義人も依然として保証書方式により移転登記が可能であることを理由にこれを疑問視する見解もあります[3]。未登記不動産については，事実上の支配を有する者に占有があります。

　占有の関係では，預金による金銭の占有が重要です。まず，他人の金銭を委託に基づいて保管する者が，保管の手段として預金をする場合があります。例えば，Xが，Aから委託を受けて預かっていた金銭を，銀行の自己の口座に預け入れていたとしましょう。この預金を，Xが，①自己の遊興費に使用するために勝手に引き出して，費消したというケースと，②自己の借金の返済にあてるためにATM機で振込送金をしたというケースを考えてみましょう。判例・通説は，預金による金銭の占有を肯定しますので，①②共に横領罪が成立することになります。これに対して，預金による金銭の占有を否定すると，①では，引き出した現金を費消した点について横領罪の成立を認めることができますが，②では横領罪は成立せず，背任罪の成否が問題になるにとどまります。否定説は，預金は消費寄託であって預金者は銀行に対して債権を有しているにすぎず，銀行が預金総額の現金を保管しているわけではないから，預金による金銭の占有という概念はフィクションであり，「他人の物」概念を不当に拡張して，実際は金銭債権に対する横領を認めるに等しい，として肯定説を批判します。確かに，この批判にはもっともなところがありますが，現金のまま保管している場合は領得が横領になるのに，預金の形態で保管し預金のままで処分した場合には背任にしかならないのは均衡を失するでしょうし，預金者は，預金額の限度で，銀行が事実上支配する金銭について法律的支配を有すると解することができると思いますので，預金による金銭の占有は肯定できるでしょう。預金による金銭の占有は，この他にも，誤振込や振込め詐欺などに関連して問題となりますが，その点については前回の授業で触れましたので，ここでは省略いたします。

　横領罪の客体は，他人の所有に属する物です。この関連では様々な問題がありますが，ここでは，寄託された金銭，不法原因給付，盗品について検討してみま

---

[3] 山口・各論294頁。

しょう。

　金銭については，民事法上，占有と所有が一致すると考えられていますが，この考え方を徹底すれば，寄託された金銭については受託者に所有権があり，横領罪は一切成立しないことになります。しかし，刑法では必ずしもそのように考えられてはいません。まず，封金として寄託された金銭については，その金銭は特定物として寄託されたものであるから，その所有権は寄託者にあると解されています。なお，受託者がその金銭を不法に処分した場合の処理は，封緘物の占有に関する理解によって変わってくることにも注意しましょう（内容物についての占有は寄託者にあるとすれば窃盗罪，受託者にあるとすれば横領罪が成立することになります）。

　金銭が消費寄託として，費消を許す趣旨で寄託された場合には，金銭の所有権は受託者に移転するので，受託者がこれを処分しても横領罪は成立しません。これに対して，使途を定めて金銭が寄託された場合については問題があります。金銭については占有と所有は一致するという民事法の考え方を，この場合も徹底するのであれば，所有権は受託者にあるので横領罪は成立しないことになりますが，民法でそのように考えられているのは，金銭の流通に関する取引の安全（動的安全）を保護するためであるのに対し，刑法では寄託者と受託者との間の内部的な所有関係の保護（静的安全の保護）が問題になるので，金銭の所有権は寄託者にあり，従って，受託者の不法な処分は横領罪に当たると解するのが妥当でしょう[4]。もっとも，この場合，寄託された金銭の特定性には意味がないとして，特定物としての金銭についての所有権ではなく，不特定物としての金額所有権を認めるべきであるとする見解が有力です[5]。この考え方によれば，寄託された金銭を両替する行為はもとより，同額の金銭を所持している（あるいは同額の銀行預金がある）といった場合には，一時流用しても（不法領得の意思が欠ける，あるいは，客観的に所有権侵害がない［横領行為に当たらない］といった理由で）横領罪は成立しないとされます[6]。

　民法 708 条は，「不法な原因のために給付をした者は，その給付したものの返還を請求することができない」と規定しています。そこで，不法な原因に基づいて委託された物を領得した場合に，横領罪が成立するかが問題となります。最判昭

---

[4] 最判昭 26・5・25 刑集 5・6・1186 など。
[5] 藤木・各論 332 頁，大谷・各論 315 頁，西田・各論 257 頁など。
[6] 西田・各論 257 頁，山口・各論 302 頁など。

23・6・5刑集2・7・641 は,「不法原因の為め給付をした者はその給付したもの
の返還を請求することができないことは民法第708条の規定するところであるが
刑法第252条第1項の横領罪の目的物は単に犯人の占有する他人の物であること
を要件としているのであって必ずしも物の給付者において民法上その返還を請求
し得べきものであることを要件としていない」として,贈賄のために預かった資
金を領得した行為について横領罪の成立を認めています。もっとも,この判例は,
不法原因給付物も「他人の物」であるとしていますが,その後の民事判例（最判
昭45・10・21民集24・11・1560）が,不法原因給付の場合は,給付者が給付した物
の返還を請求できなくなったときは,その反射的効果として,目的物の所有権は
被給付者に帰属する,と判示して以降,不法原因給付物について横領罪の成立を
認めた判例はないようなので,前掲最判昭23・6・5の判例としての価値にはやや
疑問が残ります[7]。

　学説では,返還請求権はないが所有権はあるとして横領罪の成立を肯定する見
解[8] も主張されていますが,この理由付けは現在の民事判例の立場ではないよう
ですし,民事法上保護されない利益を刑法では保護することを認めるのは法秩序
の統一性という観点からも疑問でしょう。従って,民法上,不法原因給付物につ
いて所有権は受給者にあるというのであれば,受給者にとってそれは「他人の物」
ではないから横領罪は成立しない,とする見解[9] が妥当であるように思われます。

　なお,学説では,不法原因給付は終局的な利益を移転させることに限定され,
不法な原因に基づいて物を寄託する不法原因寄託は給付には当たらず,従って,
所有権は寄託者側にあるので,横領罪が成立し得る,とする見解[10] も有力です。
これは,民法と刑法の調和という観点からは注目すべき見解ですが,このような
区別は民法ではとられていないようであるというところに問題を残しているとい
えるでしょう[11]（例えば,東京地判昭56・12・10判タ455・91は,裏口入学の目的で金員
を仲介者に委託した場合でも,民法708条の不法原因給付に当たるとして,寄託者の返還請
求権を否定しています）。

---

[7] 佐伯・法教375号133頁。
[8] 藤木・各論340頁。なお,前田・各論266頁。
[9] 佐伯・法教375号133頁以下など。このような見解に対する批判として,塩見・道しるべ
189頁以下参照。
[10] 林・各論151頁以下,西田・各論262頁,大谷・各論319頁など。
[11] 佐伯仁志＝道垣内弘人『刑法と民法の対話』（2001年）48頁参照。

　次に盗品等の処分についてですが，学説では，窃盗犯人の所持する盗品を奪う行為も窃盗罪とする以上，窃盗犯人等との間の委託信任関係も保護に値するとする見解[12]があります。しかし，盗品等の保管は盗品等関与罪（256 条 2 項）に当たる違法行為である以上，そのような委託まで保護に値するとはいえないでしょう。この場合には，窃盗罪等の被害者との関係で占有離脱物横領罪が成立し得るのですが，被害者の所有権と追求権は，実質的には同一の法益だと解されるので，盗品等関与罪が成立する場合には占有離脱物横領罪は共罰的事後行為だと解するべきでしょう。なお，窃盗犯人から盗品を預かった者が，盗品の認識なく不法に処分した事案について横領罪の成立を認めた裁判例（東京高判昭 24・10・22 高刑集 2・2・203）がありますが，盗品の認識の有無によって保護に値する委託関係の有無が変わるわけではないでしょうから，この場合には盗品の認識がないので盗品等関与罪は成立せず，占有離脱物横領罪が成立するということになるでしょう（横領の未遂は考え得るところですが，現行法上は不可罰です）[13]。

　更に，盗品等の処分の委託を受けた者が，盗品等の売却代金を着服した場合の横領罪の成否も問題となります。判例は，このような場合について横領罪の成立を肯定していますが（最判昭 36・10・10 刑集 15・9・1580），盗品等の処分は盗品等有償処分あっせん罪（256 条 2 項）に当たる違法行為であり，そのような違法な行為の委託は保護に値しないと解するべきでしょう。従って，この場合も，盗品等有償処分あっせん罪と占有離脱物横領罪の成立可能性がありますが，前者が成立する場合，後者は共罰的事後行為と解されるということになるでしょう[14]。

　客体の問題はこれぐらいにして，次に，課題判例 45（福岡高判昭 47・11・22 判タ 289・292）について検討してみることにしましょう。これは不動産の二重譲渡の事例です。

---

[12]　前田・各論 267 頁以下。
[13]　山口・各論 304 頁。
[14]　山口・各論 304 頁以下。

二重売買

例：Ｘは，自己の所有する土地をＡに売却したが，所有権移転登記
　　手続が未了のため，まだ登記簿上は自分の名義になっているのを
　　奇貨として，該土地をＹに売却し，Ｙに対する所有権移転登記手
　　続をした。
・横領罪は成立するか？
・売却後に抵当権設定登記を了する行為はどのように評価される
　か？
・既遂時期はいつか？
・第２譲受人の刑事責任はどうなるか？
・詐欺罪は成立するか？

　民法の意思主義（民176条）によれば，売買契約の成立によって所有権は売主か
ら買主に移転します。従って，このような二重売買（売却後に抵当権設定登記を了す
る行為もこれに準ずるでしょう）の場合，売主には委託物横領罪が成立し得ることに
なります（大判明30・10・29刑録3・139［動産］，最判昭30・12・26刑集9・14・3053
［不動産］。なお，売主は登記移転などの対抗要件付与に協力する義務を負うので，売主の占
有は買主との間の委託関係に基づくものと解されます）。ただし，第１譲受人には保護
に値するだけの所有権の実質が備わっていなければならないと思いますので，売
主に横領罪が成立するためには，代金の完済あるいは大部分の支払いが済んでい
ることが必要だと解するべきでしょう[15]。

　横領罪が成立する場合，その既遂時期に関しては，動産では売却の意思表示の
時点，不動産では第２譲受人に対抗要件である登記が備わった時点で既遂になる
とされます（そのため，第２譲受人には，動産の場合は，盗品等有償譲受け罪が成立する
のに対し[16]，不動産の場合には，横領罪の共犯が成立する可能性があります）。不動産の処
分においては登記が決定的な意味をもつことが考慮されているのでしょう。あえ
て異を唱えるものではありませんが，動産と不動産で取り扱いが違うことに合理
的な理由があるのかは疑問なしとしません。動産の場合には事実上の処分でも横

---

[15] 西田・各論258頁など。もっとも，当事者間の契約により，所有権の移転時期について特
約がある場合には，それに従うべきでしょう（山口・各論298頁）。
[16] 動産の場合であっても，第２譲受人が当初から積極的に働きかけて売却の意思表示をさせ
たような場合には，横領罪の共犯が成立する可能性はあるでしょう。なお，売却の意思表示
の時点で既遂になるとしても，その後の売却も横領には当たり得るので，その点に関して第
２譲受人は横領の共犯になり得ると思われますが，盗品等有償譲受け罪に包括される（包括
一罪）ことになるでしょう。

領になり得るので，既遂時期が早まることはあるとしても，拐帯・着服などとは異なり他者への譲渡を目的とする場合には単なる意思表示では足りないと解する余地はあるように思われます。

　さて，課題判例 45 では，二重売買における第 2 譲受人の刑事責任が問題になっています。第 2 譲受人が単純悪意にとどまる場合には，民法 177 条によって有効に所有権を取得することになるので横領罪の共犯は成立しません（最判昭 31・6・26 刑集 10・6・874）。これに対して，第 2 譲受人が背信的悪意者である場合には民法 177 条の「第三者」には当たらないから横領罪の共犯は成立し得る，とされます。では，課題判例 45 の場合は，背信的悪意者に当たるのでしょうか？　確かに，第 2 譲受人がこの山林を買い受けることによって第 1 譲受人は損害を被るでしょうが，その点は単純悪意の場合でも同様でしょう。本判決は，第 2 譲受人に横領罪の共同正犯を認めるに当たって，「単に二重譲渡になることの認識を有していたのに止まらず，二重譲渡になることを知りつつ敢て前記 B に対し本件山林の売却方を申入れ，同人が二重譲渡になることを理由に右申入れを拒絶したのにもかかわらず，法的知識の乏しい同人に対し，二重譲渡の決意を生ぜしめるべく，借金はもう 50 年以上もたっているから担保も時効になっている，裁判になっても自分が引受けるから心配は要らない等と執拗且つ積極的に働きかけ，その結果遂に同人をして被告人に本件山林を二重譲渡することを承諾させて被告人と売買契約を締結するに至らしめた」という点を強調しています。ここでは，第 2 譲受人が第 1 譲受人の登記欠缺を主張することが信義則に反するかどうかという観点よりは，自己の利益のために他人に犯罪を行わせたことが重視されているように思われます。これは，共犯の処罰根拠論における責任共犯論の考え方に通ずるところがありそうです。そのような観点から見ると，本判決を，背信的悪意者の法理に基づいて横領罪の共同正犯を認めたものと断定することには，やや躊躇するところがあります。皆さんも考えてみてほしいところです[17]。

　二重売買に関しては，詐欺罪の成否も問題となり得ます。第 1 譲受人との関係では，当初から二重売買をする意思であった場合には，取得した売買代金について 1 項詐欺罪が成立します。第 2 譲受人との関係では，第 2 譲受人は登記を取得すれば何らの財産的損害も被らないのですから，第 2 譲受人に対する詐欺罪は成

---

[17] 佐伯＝道垣内・前掲 123 頁以下，穴沢大輔・百選 II（第 8 版）133 頁参照。

立しないと考えるべきでしょう。形式的個別財産説に立てば，二重売買であるこ
とを知っていたならば売買には応じなかったといえる限り詐欺罪が成立する，と
いうことになりそうですが，形式的個別財産説の論者もそのようには主張しない
ようです[18]。なお，二重売買であれば売買契約を結ぶことはなかったであろうと
いう特段の事情があるとして１項詐欺罪の成立を認めた裁判例（東京高判昭48・
11・20高刑集26・5・548）がありますが，これは，そのような特段の事情がある場
合には，それが「取引に関する重要な事項」に当たるとして欺罔行為を認めたも
のであり，常に詐欺罪が成立するという判断をしたものではないでしょう。なお，
第２譲受人には第１譲受人の財産を処分し得る地位・権限はないので，第１譲受
人を被害者とする詐欺罪（三角詐欺）の成立を認めることはできません。

　次に，横領の意義に移ります。横領の意義については，不法領得の意思を実現
する一切の行為が横領であるとする領得行為説が判例・通説です。このように考
える場合には，不法領得の意思の内容をどのように考えるのかが重要になります。

　横領罪における不法領得の意思は，判例上，他人の物の占有者が委託の任務に
背いて，その物につき権限がないのに所有者でなければできないような処分をす
る意思（最判昭24・3・8刑集3・3・276）と定義されています。この定義は，窃盗罪
のそれと比較すると，「権利者を排除して」及び「その経済的用法に従い」という
文言がない点に違いがあります。

　横領罪の場合には，占有侵害がないので権利者排除意思は要求されていない
と，一般に説明されています。しかし，横領罪においても，他人の物を委託の趣
旨に反して使用する場合，不可罰な一時使用（使用横領）と横領罪との区別は問題
となります。占有侵害を伴う窃盗の場合でさえ，不可罰な一時使用（使用窃盗）を
認めるのであれば，占有侵害を伴わない横領の場合には，なおさら不可罰な一時
使用が認められるべきです。この点については，権利者が許容しないであろう程
度・態様の使用をする意思があれば不法領得の意思を肯定することができるで
しょう[19]。例えば，自己が保管する会社の機密資料をコピーする目的で，一時的
に社外に持ち出した事案について，業務上横領罪の成立を認めた裁判例（東京地判

---

[18] 大塚・各論298頁。

[19] 西田・各論264頁など。もっとも，ここでは，単に権利者の意思に反する使用法かどうか
ということではなく，それが実質的な所有権の侵害を伴うものかどうかという点の判断が重
要な意味を持つでしょう。

昭 60・2・13 判時 1146・23）などが，参考になるでしょう。

　判例の定義によれば，毀棄・隠匿の意思である場合でも，不法領得の意思は認められそうです。実際，隠匿の事案について横領罪の成立を認めた判例があります（大判大 2・12・16 刑録 19・1440 ［公文書を持ち出し隠匿した事案］）。しかし，横領罪の法定刑が毀棄・隠匿罪よりも重い理由を，その利欲犯的性格に求めるのであれば，利用処分意思・効用享受意思はやはり必要でしょう。専ら毀棄・隠匿の意思である場合には，不法領得の意思は欠けると解するべきだと思います[20]。なお，毀棄の事案で横領罪の成立を認めた判例は見あたらないようです。

　判例は，委託を受けて不特定物を保管する者が，一時流用する場合，後に補塡する意思・能力があっても，横領罪が成立するとしています（最判昭 24・3・8 刑集 3・3・276）。しかし，寄託された金銭のように特定性が問題とならないものについては，他に同等物を所持しているならば，客観的に横領行為に当たらないとすべきであるように思われます。これに対し，今現に同等物を所持しているわけではないが，後日（委託の趣旨に反しない範囲内で）補塡する意思がある場合には，想定された補塡が確実であるとの認識がある限りにおいて不法領得の意思の欠如を肯定する余地があるでしょう。

　判例は，第三者に領得させる意思も不法領得の意思に含まれる，とします（大判大 12・12・1 刑集 2・895 など）。これに対しては，自己と全く無関係の第三者に領得させる行為は，背任罪・毀棄罪にはなり得ても，横領罪には当たらないとする見解[21] も有力です。第三者を含むとしても，それは行為者自身が領得するのと同視し得る場合に限られるべきであるとするのです。横領罪に利欲犯的性格を要求するのであれば，このように考えるのが自然ですが，行為者が，無関係の第三者への寄付や贈与のために保管中の他人の物を処分するような場合も，一旦，まず自分が領得した後で，第三者に寄付・贈与するというプロセスを省略したものとみれば，不法領得の意思を肯定することができるでしょう[22]。

　横領の意義について領得行為説に立つならば，行為者が委託された物を専ら本人（所有者・委託者）のために処分する意思である場合には，不法領得の意思が欠

---

[20] 西田・各論 264 頁など。なお，隠匿については，後に利用・処分する意思が留保されている限りで不法領得の意思を認めることは可能であると思われます（橋爪・法教 439 号 87 頁参照）。

[21] 西田・各論 265 頁。

[22] 橋爪・法教 439 号 91 頁以下参照。

け，横領罪は成立しないという結論に至るはずです。判例も，そのような場合には横領罪は成立しないとしています（最判昭 28・12・25 刑集 7・13・2721 など）。ただ，判例の中には，専ら本人のためにする意思であっても，本人自身にも権限がない行為を行う意思がある場合には，不法領得の意思が認められるとするものがあります（最判昭 34・2・13 刑集 13・2・101）。しかし，本人が行うことのできない処分をすることが，直ちに行為者が自己のために領得する行為を行うことになるわけではないでしょう。例えば，会社経営者が，会社のために会社の金員を賄賂に供した場合，贈賄罪の他に業務上横領罪が成立するという解釈は，一般にとられていません。その意味で，最決平 13・11・5 刑集 55・6・546 が，「その行為が商法その他の法令に違反するという一事から，直ちに行為者の不法領得の意思を認めることはできない」と判示しているのは，妥当であるように思われます。

横領行為は，このような不法領得の意思を実現する一切の行為を指します。具体的には，売買，贈与，質入れ，抵当権の設定，費消，着服（自己の占有に切り替える行為），拐帯（持ち逃げ），抑留（返還しない行為）など様々なものがあります。横領罪には未遂犯処罰規定がないため，既遂時期がやや早めに認められる傾向があります。例えば，動産については，売却の意思表示があれば既遂になるとされるのです。ところで，この場合，後に売却する行為も横領に当たるでしょう。多くの場合，実際に最終的な処分行為が行われた段階で事が発覚するでしょうが，理論的にはそれ以前の段階でも不法領得の意思が外部に現れた段階で横領を認めることは可能です。従って，検察官には，どの行為を切り取って起訴するかについて裁量があると考えられます。なお，このように考えるならば，最終的な処分が「領得」に当たる場合，それ以前でも横領が認められるのですから，不法領得の意思は故意ではなく目的として位置付けられることになるでしょう。

横領罪の話が長くなりすぎました。背任罪についても，簡単に触れておくことにしましょう。背任罪の罪質に関しては，本人から与えられた法的代理権を濫用して財産を侵害する罪であるとする権限濫用説と本人との信任関係に違背して財産を侵害する罪であるとする背信説の対立があります。権限濫用説には，処罰範囲が比較的明確に定まる点にメリットがありますが，事実行為（例えば，財物の保管を委託された者による財物の毀損行為）や権限逸脱行為（例えば，代理権消滅後の行為）によって被害者に損害を与える場合が処罰範囲から除外されてしまう点で適切な処罰範囲を確保できないという問題があります。そこで，従来の多数説は，背信

説に立ってきました。

　しかし，信任違背という点だけが問題だとすると，単なる債務不履行も背任に
なりかねず，処罰範囲が広くなりすぎるおそれがあります。そこで，近時の学説
では，様々な限定の試みがなされていますが，必ずしも成功しているとは思われ
ません。本人によって与えられた法律上あるいは事実上の処分権限の濫用による
財産侵害であるとする見解（背信的権限濫用説）は，事実上の処分権限の内容が明
確ではなく，実際上，背信説と変わらないのではないかと思われることのほかに，
二重抵当のように明らかな権限逸脱の場合でも背任を認めている点で一貫性に欠
ける憾みがあります。権限濫用説を基本としつつ，事務処理者の範囲を本人の財
産処分についての意思内容決定を委託された者と解することにより，直接の権限
はないが意思内容決定過程に関与する者，意思内容決定過程を監督する者にまで
拡張するとする見解（意思内容決定説）は，意思内容の決定過程だけを手厚く保護
する合理的な理由があるか疑問ですし，（例えば，二重抵当は背任にならないなど）適
切な処罰範囲を確保できないという批判も向けられているところです。背信説を
基礎としつつ，その信任関係を内部的なものに限定し，対抗的な取引関係の場合
には背任罪の成立を否定するとする見解（限定背信説）も，内部的な信任関係に限
定することの是非が問題となりそうです（これを一貫すれば，二重抵当の場合には背
任罪は成立しないことになると思われます）。結局，最終的には，罪質に関する抽象論
のレベルでは背信説によりつつ，個々の要件（特に「他人のためその事務を処理する
者」）の解釈を通じて信任関係の限定・明確化を図るのが現実的な見方だというこ
とになるでしょう[23]。

　話が少し横道にそれますが，以前，あるベテランの検事さんから，背任罪は立
証が難しいので他の犯罪で立件できるのであればそちらを優先したいという気持
ちになることがままある，といったお話を聞いたことがあります。このお話には
いろいろなことが含意されていると，私は思いました。まず，そもそも背任罪の
成立要件があまりはっきりしない，ということがあるでしょう。任務違背行為然
り，図利加害目的然り。背任罪の罪質がうるさく議論されるのも，このような曖
昧さが関係しているように思います。次に，事実の問題として，行為者がどのよ
うな任務を果たしており，実際にどのような活動をしていたのか，ということを

---

[23]　なお，橋爪・法教 441 号 77 頁以下参照。

180

示す証拠が，なかなか得られないということがあると思います。この関連では，近時，協議・合意制度が新たに創設され（刑訴法350条の2以下），一定の財政経済犯罪が対象とされていることが注目されます。更に，そもそも経済活動の合法・違法の線をどこで引くのか，ということに大きな難しさがあると思われます。この局面では，現代経済理論や金融理論などの諸理論，そして，それに基づく政策に通じていることが求められるでしょう。司法関係者は，このような問題にも広く関心をもたなければならないのです。基本的な法律の勉強だけでも大変なのに，経済とか金融とか，勘弁してくれと言いたくもなるでしょうが，やはり法曹には必要なことだと思います[24]。

　閑話休題。個別のトピックとして二重抵当の問題に触れておきましょう。

二重抵当

例：Ｘは，Ａから100万円を借り受け，自己の所有にかかる家屋1棟について極度額を100万円とする根抵当権設定契約を締結し，Ａに抵当権設定に必要な書類を交付したが，Ａがまだ登記を完了していないことを知りながら，Ｂから100万円を借り受けるに当たって，同一家屋に極度額を100万円とする第1順位の抵当権設定契約を締結し，第1順位としてその登記を完了した。
・背任罪は成立するか？
・詐欺罪は成立するか？

　判例は，「抵当権設定者はその登記に関し，これを完了するまでは，抵当権者に

---

[24] 一般に，司法は，社会内で解決を見なかった問題が最後に持ち込まれる場です。そこには，どのような問題が持ち込まれるか分かりません。しかし，いかなる問題が持ち込まれても，「専門家ではないので分かりません。解決策を提示できません」とはいえないでしょう。その意味で，司法関係者は，世の出来事に遍く興味と関心をもち，必要であればとことん探究する精神を持ち合わせていなければならないと思います。かつて，J.S. Mill は，そのような人間を「教養ある知識人」とみなし，そのような人間を育てることが大学教育の目標であると述べました（J.S. ミル著［竹内一誠訳］『大学教育について』［2011年]）。丸山眞男は，この Mill を引き合いに出し，「真に教養ある人間とは，すべてについて何事かを知り，何事かについては全てを知る人間だ」と言っています（『『文明論之概略』を読む　上巻』［1986年］44頁）。また，オーケストラの指揮者を例にとって，「指揮者は管弦楽のあらゆる楽器の専門奏者には到底なれないが少なくともそれぞれの性質や奏法を一応全部知っていなければならず，しかも指揮法については徹底的に精通していなければならない」（『社会科学入門』［1956年］27頁以下）とも言っています。これによれば，真に教養のある法曹とは，社会に生ずる出来事全てについては一応全部知っており，法律については徹底的に精通している人である，ということになるでしょう。皆さん，そのような法曹になれるでしょうか？

協力する任務を有することはいうまでもないところであり，右任務は主として他人である抵当権者のために負うものといわなければならない」として背任罪の成立を認めています（最判昭31・12・7刑集10・12・1592）。ところで，背任罪の主体は，「他人のためにその事務を処理する者」です。ここにいう「その事務」とは，「他人＝本人」の事務のことを指します。例えば，契約の当事者が自ら契約上負担する義務を履行することは，相手方（＝他人）のための事務ではありますが，「自己の事務」であって「他人の事務」ではないから，その義務違反は単なる債務不履行であって背任罪には当たらないとされます。そこから，二重抵当の場合，登記協力や担保保全の事務は，本人のための事務ではあっても，本人の事務ではない，として背任罪の成立を否定する見解が有力に主張されています[25]。このような場合に背任罪の成立を認めると，債務不履行一般が背任罪に当たり得ることになってしまうともいわれます。確かに，単なる債務不履行を背任罪から除外するという関心は重要なものですが，不動産の二重売買が横領罪になることとの均衡は無視できないように思いますし，横領罪よりも軽い背任罪の主体を横領罪の主体よりも限定することの妥当性も問題になるでしょう。判例のように設定登記に協力する任務とすると，それは（他人のためではあっても）「自己の事務」とせざるを得ないと思いますが，担保価値を保全する任務と見れば，これは抵当権者の事務を抵当権設定者が分担していると解する余地はあるのではないでしょうか[26]。これが「解釈による立法」[27]であって許されないというのであれば，立法的な解決が図られなければならないと思います。なお，権利移転の対抗要件である登記事務は本人の事務であるが，必要な書類を全て交付した後は，背任罪は成立しないとする見解[28]がありますが，担保価値を保全する任務が問題なのだとすれば，このような限定には理由がないことになるでしょう。

　二重抵当の場合，抵当権の順位が後順位になったことが財産上の損害に当たるとされますが，抵当物件の担保価値が，全ての抵当権の極度額をはるかに上回る場合でも，財産上の損害は肯定されるでしょうか？　背任罪における財産上の損害は経済的見地からの評価を必要とするので，単なる順位の低下だけではなく，

---

[25] 山口・各論323頁以下，松原・各論356頁以下など。
[26] 橋爪・法教441号83頁。
[27] 山口・各論324頁。
[28] 堀内・各論183頁以下。

それによって債権回収が困難となる事態が生ずることが必要だとするのが理論的には正しいでしょう。しかし，不動産の価額は常に変動する可能性をはらんでいますので，低順位になることによって債権回収の見込みに何らの変化も生じないという事態は，実際上はほとんどないと思われます[29]。

二重抵当の場合に詐欺罪が成立するかも問題となります。古い判例では，後の抵当権者を被欺罔者，前の抵当権者を被害者として詐欺罪の成立を肯定したものがありますが（大判大元・11・28 刑録 18・1431），後の抵当権者は前の抵当権者の財産を処分し得る地位・権限を有してはいませんから，詐欺罪の成立を肯定することはできないでしょう。また，後の抵当権者が貸付金を交付したことについて詐欺罪の成立を論ずる余地もありますが，後の抵当権者は 1 番抵当権を得られるのですから財産上の損害があるか疑わしく，翻って，そもそも欺罔行為を認めることができるかも疑問です（形式的個別財産説の論者にも，この場合については詐欺罪の成立を認めない者がいる[30]のは興味深いことです）。

さて，残されたスペースも少なくなってきたので，課題判例 46（最決平 20・5・19 刑集 62・6・1623）を見てみることにしましょう。これは，不正融資の相手方に共犯が成立するかどうかが問題となった事例です。

不正融資の相手方の共犯成立可能性

☞不正融資のケースでは，取引行為が背任罪になるとしても，取引自体は法律上有効であり，借り手の側が自己の利益を追求するのは当然のことであるから，安易に借り手側に背任罪の共犯の成立を認めると，経済活動に対する過度の制約にならないかということが懸念されている
・借り手側に背任罪の共犯が成立するのはどのような場合か？
・借り手側に背任罪の教唆犯や幇助犯が成立する場合はあるのか？
（借り手は常に自己の利益のために関与するのではないか？）

不正融資のケースでは，取引行為が背任罪になるとしても，取引自体は法律上有効であり，借り手の側が自己の利益を追求するのは当然のことであるから，安易に借り手側に背任罪の共犯の成立を認めると，経済活動に対する過度の制約にならないかということが懸念されています。そこから，このようなケースで，借

[29] 橋爪・法教 442 号 93 頁。
[30] 大塚・各論 325 頁。

り手側に背任罪の共犯が成立するためにはどのような要件が必要なのかが，自覚的に問われるようになってきました。

課題判例 46 は，「単に本件融資の申込みをしたにとどまらず，本件融資の前提となる再生スキームを D らに提案し，G 社との債権譲渡の交渉を進めさせ，不動産鑑定士にいわば指し値で本件ゴルフ場の担保価値を大幅に水増しする不動産鑑定評価書を作らせ，本件ゴルフ場の譲渡先となる C を新たに設立した上，D らと融資の条件について協議するなど，本件融資の実現に積極的に加担したものである。このような事実からすれば，被告人は D らの特別背任行為について共同加功したものと評価することができるのであって，被告人に特別背任罪の共同正犯の成立を認めた原判断は相当である」と判示しています。ここでは，「単に本件融資の申込みをしたにとどまらず」，「本件融資の実現に積極的に加担した」という点が強調されています。ここでは，積極的に加担したということが借り手側に共同正犯が成立する上で重要なファクターであったことがうかがわれます。

もっとも，判例の中には，これとは趣が異なるものもあります。例えば，最決平 15・2・18 刑集 57・2・161 では，借り手側が，「融資担当者がその任務に違背するに当たり，支配的な影響力を行使することもなく，また，社会通念上許されないような方法を用いるなどして積極的に働き掛けることもなかったものの」，「本件融資に応じざるを得ない状況にあることを利用しつつ…迂回融資の手順を採ることに協力するなどして，本件融資の実現に加担している」という点を指摘して，共同正犯の成立が認められています。これは融資担当者と借り手側とが癒着していた事案であったため，本件融資を行うことについて双方の利害が一致していたという事情が大きかったといえるでしょう（なお，最決平 17・10・7 刑集 59・8・1108）。

佐伯先生は，このような判例の状況を，「背任行為の相手方が，任務者の行為の任務違背性および図利加害目的の存在を認識していることを前提に，①任務違背行為に積極的に加担した場合，または，②任務者との利害関係が共通化している状況の下で任務違背行為に加担した場合に，共同正犯の成立を肯定するもの」だと分析されています[31]。適切な分析でしょう。ただ，学生さんの中には，これを要件のようにとらえる人がいますが，それは少し違うように思います。あくまで問題になるのは背任罪の共同正犯の成否であり，具体的な事案において①や②の

[31] 佐伯・法教 378 号 109 頁以下。

ような事情があれば共同正犯の成立が肯定されやすくなるということであって，このような事情があれば共同正犯が成立する，逆に，このような事情がなければ共同正犯は成立しないというような規範的な意味をもつものと理解するべきではないでしょう。

　更に，借り手側に狭義の共犯が成立することはあるか，という点も問題になります。不正融資に積極的に加担する場合が共同正犯になることは理解できるとして，そのような積極的な加担がない場合には教唆犯や幇助犯が成立することもあるのでしょうか？　借り手側が自己の利益のために行為することは当然であり，融資を受けるということは不正融資にとって不可欠の要素であるということを考えると，借り手側に共犯の罪責が問われるとすれば，それは共同正犯としての罪責であるように思われます。もっとも，借り手側の人間であるけれども，直接の融資の相手方ではなく，仲介の役を果たしたといったケースであれば，狭義の共犯が成立する可能性はあるでしょう。皆さんも，考えてみてください。

　最後に，横領と背任の区別という問題について簡単に触れておきます。この問題については，様々な議論がなされているところであり，学修上はしっかり勉強してほしいのですが，具体的な事案の処理という観点からすれば，両罪の一般的な区別基準を論ずることにはあまり意味がないと思います。現在の一般的な理解を前提にすれば，横領罪と背任罪の成立要件が共に充たされるケースがあるが，その場合，両罪は法条競合となり，重い横領罪が優先的に適用される，ということになります。従って，具体的な事案の処理としては，まず横領罪の成否を検討し，それが否定された場合に，背任罪の成否を検討するという順で考えていけばよいことになります（もっとも，背任罪の典型例とされるような事例，例えば，典型的な不正融資のような事例では，単に背任罪の成否だけを検討するので足りるでしょう。いろいろ細かいことをダラダラ論じても，結局，背任罪が成立することが明らかなのであれば，直截にそれを論じた方が印象もよいと思います）。特に，事例問題について答えるときに注意してほしいのですが，前提として横領と背任の区別について長大に論じたとしても，結局，最後は，横領罪か，あるいは，背任罪の成立要件が充たされているかどうかを検討しなければなりません。その点を軽視して，一般論を展開しても，高い評価は得られないであろうと思っていただきたいです。

授業後の課題

　A は，B から窃取した宝石の売却を X に依頼した。A は X に対して，該宝石が窃盗で得られたものであることを告げなかったが，X は，それが盗品であると知りつつ買い方を探した。ところが，X は，該宝石を売却したが，その売却代金を A に渡さず，自己の遊興費として費消した。X の罪責はどうなるか。

考え方

　X が，盗品である宝石を売却した行為については，盗品等有償処分あっせん罪（256 条 2 項）が成立するでしょう。A は X に対して盗品であることを告げてはいませんが，盗品関与罪が成立するために本犯者との合意までは不要であると解されます。

　問題は売却代金を自己の遊興費として費消した点をどのように解するかです（盗品等でなければ，物の所有者から，その物の売却を依頼された場合，通常は，その売却代金はその物の所有者に帰属するので委託物横領罪が成立することになります〔最決昭28・4・16刑集7・5・915〕）。盗品の売却代金を着服した事例について，最判昭36・10・10刑集15・9・1580は，「刑法252条1項の横領罪の目的物は，単に犯人の占有する他人の物であることを以て足るのであって，その物の給付者において，民法上犯人に対しその返還を請求し得べきものであることを要件としない…。したがって，所論金員は，窃盗犯人たる T において，牙保者たる被告人に対しその返還を請求し得ないとしても，被告人が自己以外の者のためにこれを占有して居るのであるから，その占有中これを着服した以上，横領の罪責を免れ得ない。」として委託物横領罪の成立を肯定しています。これを是認するためには，本犯者との委託信任関係が刑法上の保護に値することを前提としなければならないでしょう。しかし，授業でも述べたように，盗品の処分に関する委託は違法行為であり，そのような委託信任関係は保護に値しないのではないか，という疑問が呈されているところです。判例の結論を支持するためには，民法上の権利関係とは独立に刑法上の保護の必要性を判断すべきであるというような視点を持ち出すことが有効であるように思われます。

　委託物横領罪の成立を否定した場合には，本犯の被害者に対する占有離脱物横領罪の成立を考えることができますが（なお，金銭に関する所有と占有の関係にも注意），盗品等有償処分あっせん罪が成立するとすれば，これに包括して評価されることになるでしょう（一種の共罰的事後行為と解されます）。

▸第**25**回◂

放 火 罪

基本事項の確認

□放火罪（特に，108条，109条，110条）の成立要件を確認しなさい

課題判例47

窃盗，現住建造物等放火被告事件

福岡地方裁判所平成 13 年（わ）第 362 号，同第 481 号

平成 14 年 1 月 17 日宣告

判　　　決

主　　　文

　被告人を懲役 4 年 6 月に処する。

　未決勾留日数中 190 日をその刑に算入する。

理　　　由

（罪となるべき事実）

　被告人は，株式会社 A の経営する福岡市……所在のホテル B 料飲部宴会予約課に平成 12 年 10 月まで勤務していたものであるが，

第 1　同勤務中の平成 12 年 6 月 25 日午前 9 時 40 分ころ，前記ホテル B725 号室において，C ほか 1 名所有の現金約 48 万円を窃取した。

第 2　前記ホテルを退職後，株式会社 A の代表者に対する憤まん等を晴らすため，国が所有する前記ホテル B の鉄筋コンクリート造平屋建研修棟（床面積約 1334.25 平方メートル）に放火してこれを焼損しようと企て，平成 12 年 12 月 2 日午前 1 時 20 分ころ，同棟研修室において，同所に設置された結婚披露宴用のステージ，ジョーゼット及びじゅうたん等に所携の灯油をまいた上，所携のライターで同ジョーゼットに点火して火を放ち，その火を同ジョーゼットから同室内壁，天井等に燃え移らせ，これらを炎上させ，よって，同室及び同棟廊下を焼損し（焼損面積約 494.67 平方メートル），もって，現に

人が住居に使用せず，かつ，現に人がいない建造物を焼損した。

（証拠の標目）（略）

（判示第 2 の事実認定について）

第 1　争点

　判示第 2 の事実に係る公訴事実は，「被告人は，株式会社 A の経営するホテル B 宴会予約課にかつて勤務していたものであるが，同会社等に対する憤まんを晴らすため，福岡市……に所在し，国が所有する，現に D ら従業員及び宿泊客がいる同ホテルの鉄筋コンクリート造平屋建研修棟（床面積約 1,334.25 平方メートル）に放火してこれを焼損しようと企て，平成 12 年 12 月 2 日午前 1 時 20 分ころ，同棟研修室において，同所に設置された結婚披露宴用のステージ，ジョーゼット及びじゅうたん等に所携の灯油をまいた上，所携のライターで同ジョーゼットに点火して火を放ち，その火を同ジョーゼットから同室内壁，天井等に燃え移らせ，これらを炎上させ，よって，同室及び同棟廊下を焼損し（焼損面積約 494.67 平方メートル），もって，現に人がいる建造物を焼損したものである。」というものであるところ，弁護人は，従業員及び宿泊客が現在した宿泊棟と被告人が火を放った研修棟とは，外観上は 2 棟の建物が 2 本の渡り廊下によって接続された構造となっているが，その構造等からしても宿泊棟と研修棟が物理的に一体とまでは言えない上，被告人には，研修棟内のじゅうたん等を焼損する可能性の認識ないし意図があったに止まり，宿泊棟への延焼可能性についての認識はもとより，研修棟の建物自体に対する延焼可能性についての認識もなかった旨主張して，上記公訴事実を争い，被告人も，当公判廷において，これに沿うような供述をしているので，以下検討する。

第 2　証拠上認められる事実

　関係各証拠によれば，以下の各事実を認めることができる。

1　株式会社 A の経営するホテル B の構造は，別紙見取図第 1 図及び同第 2 図（当裁判所の検証調書添付の別紙見取図第 1 図及び同第 2 図に同じ。以下，別紙見取図第 2 図中の＜A＞等の○付きアルファベットにより指示される部分を，単に「＜A＞」等で表す。）のとおりである。

　鉄筋 8 階建ての宿泊棟は，昭和 62 年に当時の住宅都市整備公団が建設したもので，客室，レストラン等が設けられ，鉄筋コンクリート造平屋建の研修棟は，当時の建設省が建設した研修室等と，平成 8 年に増築されたチャペル，会議室等により構成された建物であるが，建設省と住宅都市整備公団との協議・同意により，宿泊棟のみならず研修棟も住宅都市整備公団が管理運営することとなり，その後，住宅都市整備公団と E 株式会社との間で，宿泊棟等の賃貸借契約が締結され，研修棟についても賃貸借の対象ではないものの，宿泊棟等の賃貸施設と一体的に E 株式会社が管理運営を行うものと同契約により定められ，E 株式会社から業務委託を受けた同社の関連会社である株式会社 A がホテル B を構成する施設として宿泊棟及び研修棟を一体的に運営している。

　研修棟では，各種会議，結婚式，結婚披露宴，宴会等が行われているところ，ホテル

Bの営業の中で，最も売上が多く，最も利益が多いのが結婚披露宴等であり，研修棟で行われる結婚式ないし結婚披露宴のために宿泊棟の客室の一部を着付室などに利用している。

　また，夜間には，宿泊棟で当直勤務についている従業員が，警備の為，宿泊棟のみならず研修棟をも巡回している。

2　平成12年12月2日午前1時20分ころ，被告人は，無人の研修棟に侵入し，同棟研修室に設置された結婚披露宴用のステージ，ジョーゼット及びじゅうたん等に所携の灯油をまいた上，所携のライターで同ジョーゼットに点火して火を放ち，その火を同ジョーゼットから同室内壁，天井等に燃え移らせ，これらを炎上させ，よって，同室及び同棟廊下を焼損した（焼損面積約494.67平方メートル）。

3　前記2記載の日時ころ，宿泊棟において，Dら3名の従業員が勤務についていた他，99名の宿泊客及び2名の従業員が宿泊して，同棟に現在した。

4　研修棟側のロビーと宿泊棟側のレストランとの間には北西側渡り廊下が設けられているが，その長さは約7.5メートルであり，幅が約3.6メートル，高さが約3.1メートルである。

　同渡り廊下の床面は，地表に鉄筋を敷き，その上にコンクリートを流し込んで，厚さ13センチメートルの床にするという基礎工事をした上に，タイルカーペットを張った構造となっている。

　また，同渡り廊下内部の北西側側壁及び南東側側壁は，ほぼ全面にわたってガラス窓となっており，鋼鉄板の防火シャッターはもとより，防火シャッターのレールも金属製であり，窓ガラスの下に設けている鉄筋コンクリートの壁とその窓ガラスを仕切る幅約10センチメートルの額ふちが，同渡り廊下内の部材で唯一の木製の材料である。

　同渡り廊下の天井から屋根にかけては，太さ350ミリメートル×170ミリメートルのH鋼を2本，左右に入れ，その両端をボルトで固定し，鉄製の土台となる梁を取り付け，その梁の上方に亜鉛基合金板の屋根を乗せ，その梁の下方には空間を設け，その下に天井の下地となる軽鉄野縁を取り付け，その下に石膏ボードを張り，その下にロックウール化粧吸音板を張り付けた構造になっている。

　同渡り廊下の研修棟側にはステンレス製の枠にガラスをはめ込んだ両開きの扉が設けられており，同扉は，本件火災当時閉められていた。

5　北西側渡り廊下の宿泊棟側の端に設置されたDの防火シャッターは，同渡り廊下の天井に設置されたEの煙感知器が煙を感知すると自動的に降下するようになっており，同シャッターが完全に降下した場合には，北西側渡り廊下から宿泊棟へのアクセスは空間的には完全に遮断された状態になる。

6　研修棟側のパントリーと宿泊棟側のレストランとの間には南東側渡り廊下が設けられているが，その長さは約7.5メートルであり，幅が約2.25メートル，高さが約3.1メートルである。

同渡り廊下の床面は，地表に鉄筋を敷き，その上にコンクリートを流し込んで，厚さ13センチメートルの床にするという基礎工事をした上に，ビニールシートを張った構造となっている。

同渡り廊下の天井から屋根にかけては，太さ350ミリメートル×170ミリメートルのH鋼を2本，左右に入れ，その両端をボルトで固定し，鉄製の土台となる梁を取り付け，その梁の上方に亜鉛基合金板の屋根を乗せ，その梁の下方には空間を設け，その下に天井の下地となる軽鉄野縁を取り付け，その下に化粧石膏ボードを張り付けた構造になっている。

同渡り廊下の宿泊棟側にはガラス窓付きの金属製扉，研修棟側には鉄製扉がそれぞれ設置されており，防火扉である研修棟側の鉄製扉は，本件火災当時閉められていた。

パントリー北東側の壁及びそれに隣接する機械室の北東側の壁はコンクリート製である。

パントリーと研修棟内の廊下との境であるJの位置にスチール製引き戸が，パントリー内のIの位置にスチール製防火扉がそれぞれ設けられていた。

7　研修棟の屋根組は，切り妻屋根の折り板鉄板葺きであり，また，同棟の宿泊棟側の壁面には，機械室の扉が設けられているだけで，窓はない。

第3　宿泊棟と研修棟との一体性の有無

1　ところで，現に人がいる建物（以下「現在の建物」という。）と，現に人が住居に使用せず，かつ，現に人がいない建物（以下「非現住・非現在の建物」という。）とがある場合，それらが全体として一個の現在建造物と認められるためには，各建物が渡り廊下などの構造物によって相互に連結されていることを前提に，その構造上の接着性の程度，建物相互間の機能的連結性の有無・強弱，相互の連絡，管理方法などに加えて，非現住・非現在の建物の火災が現在の建物に延焼する蓋然性をも考慮要素とし，これらの諸事情を総合考慮して，一個の現在建造物と評価することが社会通念上も相当とみられることが必要と解される。そして，現在建造物放火罪の法定刑が著しく加重されているのは，人の生命・身体に対する危険性に着目したものであるから，その抽象的危険犯としての性格を前提としても，非現住・非現在の建物から現在の建物へ延焼する可能性が全く認められない場合にまで，それら複数の建物を一個の現在建造物と評価することは許されないというべきである。したがって，それら複数の建物が一個の現在建造物と認められるためには，そのような延焼可能性が否定できないという程度の意味において，延焼の蓋然性が認められることが必要と考えるべきである。

2　そこで検討すると，前記のとおり，被告人が放火した研修棟と従業員及び宿泊客が現在した宿泊棟とは，側壁及び天井を有する長さ約7.5メートルの2本の渡り廊下によって構造上連結されている上，住宅都市整備公団とE株式会社の契約で，宿泊棟及び研修棟は一体的に管理運営を行うものとされ，現に同社から委託を受けた株式会社AがホテルBを構成する施設として両建物を管理運営し，研修棟において行われる結婚式な

いし結婚披露宴の為に宿泊棟の客室の一部を着付室などとして利用し、結婚披露宴等によって最も多くの売上を上げ、また、夜間には宿泊棟で当直勤務についている従業員により研修棟への巡回も行われているというのであるから、宿泊棟と研修棟との間には相当に強い機能的連結性が認められる。

しかしながら、前記のとおり、宿泊棟と研修棟とを連結している南東側渡り廊下には、研修棟側入口に防火扉である鉄製扉が設置されている上、宿泊棟側にもガラス窓付きの金属製扉が設けられており、また、同渡り廊下を建築した建築業者の担当者によれば、長さ約7.5メートルの同渡り廊下の屋根から床面に至るまでの部材の中に可燃物は見当たらないというのであって、このような防火設備及び材質等に鑑みると、本件証拠関係の下では、同渡り廊下を経由して研修棟から宿泊棟へ延焼する蓋然性を認めるには合理的疑いが残ると言わざるを得ない。

また、北西側渡り廊下には、宿泊棟側の端に鋼鉄板の防火シャッターが設置されており、同シャッターは同渡り廊下に設置された煙感知器が煙を感知すれば自動的に降下するようになっている上、同渡り廊下の研修棟側にはステンレス製の枠にガラスをはめ込んだ両開きの扉が設けられており、さらに、同渡り廊下を建築した建築業者の担当者によれば、長さ約7.5メートルの同渡り廊下の屋根から床面に至るまでの部材における可燃物としては、床に張っているタイルカーペットと窓ガラスと壁を仕切る木製の額ふちくらいであるというのであるから（なお、タイルカーペットの可燃性に関する客観的証拠は、当公判廷に顕出されていない。）、このような防火設備及び材質等に鑑みると、本件証拠関係の下で、同渡り廊下を経由して研修棟から宿泊棟へ延焼する蓋然性を認めるには合理的疑いが残ると言わざるを得ない。この点、検察官は、前記防火シャッターは、閉鎖された防火扉とは異なり、煙感知器が作動し、これに連動して防火シャッターが完全に降下するまでに一定の時間を要すること、また、煙感知器やそれと連動した防火シャッターの降下装置に不備があった可能性を指摘して、延焼する可能性が認められると主張するが、前記防火シャッターが本件火災の際に現に降下したことが関係証拠から認められる本件において、そのような抽象的な指摘のみで前記防火シャッターの延焼防止装置としての有効性を否定することはできず、前記防火シャッターの存在にもかかわらず延焼する可能性が否定できないというには、前記指摘の諸点について具体的に立証することを要するというべきである。さらに、前記のとおり、鉄筋コンクリート造平屋建である研修棟の屋根組は切り妻屋根の折り板鉄板葺きであり、また、研修棟北東側の宿泊棟に面した壁面には、機械室の扉が設けられているだけで、窓などの開口部がないことが認められる上、研修棟と宿泊棟との距離は約7.5メートルあることからすると、渡り廊下以外の延焼経路により延焼する蓋然性についてもこれを認めるには合理的疑いが残るというべきである。

そうすると、結局、研修棟から宿泊棟へ延焼する蓋然性はこれを認めることができない。

3　従って，研修棟と宿泊棟を一体のものとして，一個の現在建造物ということはできず，研修棟は，宿泊棟とは独立した，非現住・非現在建造物であると認めるのが相当と判断される。

第4　建造物放火の故意について

1　ところで，被告人は，当公判廷において，研修棟内の研修室のじゅうたんが耐火性であることから，例えばキャンプにおいて燃えにくい薪を燃やす為にアルコールを撒くのと同様に，灯油を使用することによって同じゅうたんの表面を焦がそうと思っただけである旨供述し，弁護人も，これに沿って，被告人には建造物放火の故意自体がなかった旨弁論していると解されるが，被告人は，アルコールとは異なって強い燃焼力を持つ灯油を約36リットルも撒布している上，防炎製品であるじゅうたんのみならず，結婚披露宴において高砂席の背後を飾る垂れ幕で，研修室の内壁から5, 6センチメートル程度の位置に，床面から約4メートル弱の高さまで達する形で設営されていたジョーゼットにも，それが防炎製品でないことを知りつつ灯油を撒布しているのであるから，被告人には，研修室の内壁，天井等が独立して燃焼することについての認識，認容があったと認められ，弁護人の主張は採用できない。

2　なお，被告人の検察官調書（乙19）には，宿泊棟への延焼を認識，認容したともみられる供述があるが，前記のとおり，研修棟から宿泊棟への延焼の蓋然性は認められないところ，本件ホテルに勤務していた被告人は，防火設備も含め同ホテルの構造を熟知していたと認められる上，被告人は，結婚披露宴で使用する研修室を使用不能にすることを目的として本件放火の犯行に及んだものとみられるのであって，そのような被告人が，宿泊棟への延焼を認識，認容したとは考えがたく，前記供述調書の内容のみをもって，被告人に，研修棟を媒介物とする宿泊棟への放火の故意があったとみることはできない。

第5　結論

　以上によれば，被告人の放火行為は，刑法108条の現在建造物放火罪に該当するとするには合理的疑いが残るといわざるを得ず，結局，同法109条1項に該当する非現住・非現在建造物放火罪を構成するに止まるとみるのが相当と判断した。

（法令の適用）

罰条

　　第1の事実　刑法235条

　　第2の事実　刑法109条1項

併合罪加重　刑法45条前段，47条本文，10条（重い第2の罪の刑に刑法14条の制限内で法定の加重）

未決勾留日数の算入　刑法21条

（量刑の理由）

1　本件は，判示ホテルの従業員であった被告人が，その勤務中に，同ホテルで前日結婚式を挙げた被害者夫婦から結婚祝儀金等約48万円を窃取し（第1），退職後，同ホテル上層部への憤まん等を晴らすため，同ホテル研修棟の研修室に火を放ち，同室等を焼損させた（第2）という窃盗及び非現住・非現在建造物放火の事案である。

2　まず，第1の窃盗についてみると，被告人は，月額合計約15万円にも及んでいたサラ金等の借金の返済に窮して本件第1の犯行に及んだものであるが，被告人がそのような多額の借金を抱えるに至ったのはパチンコ，競馬，競艇といったギャンブルなどの遊興費に費消した為であり，しかも婚約が破談になった平成6年ころに借金を始めるようになってから，2度にわたって実父の援助を得て借金を清算する機会を与えられていたにもかかわらず，なおも多額の借金を抱える生活を漫然と続けていたものであることからすると，被告人の借金はいわば身から出た錆ともいうべきものであって，その動機に酌量すべき余地など全くない。しかも，被告人は，自ら婚礼予約を担当したことにより面識のあった被害者夫婦に同ホテル内のレストランで会ったことを奇貨として，マスターキーを使って客室内に入り込み，前日結婚式を挙げたばかりの被害者夫婦の結婚祝儀金をそれと知りつつ窃取したもので，ホテルマンとしての立場を悪用した大胆不敵かつ極めて悪質な犯行である。窃取金額も約48万円と少なくない上，結婚祝儀金を窃取されたことにより「人生の出発に汚点をつけられたような気持ち」になった被害者夫婦の精神的苦痛も軽視することはできず，結果も重大である。

3　次に，第2の放火についてみると，被告人は，判示ホテルの上層部に対する憤まん等を晴らすため，同ホテルにおいて結婚披露宴等が行われる研修室を使用不能にすることを企て，同室に火を放ったものであるが，その動機は逆恨みと評すべきものであって，もとより酌量すべき余地など全くない。しかも，被告人は，自らの自動車を使用すれば判示ホテルの元従業員であることなどから自らが放火の犯人と疑われると考え，当時交際していた女性の自動車の鍵を言葉巧みに入手して同車を使用して同ホテルに向かい，灯油を入れる容器の調達，灯油の入手，研修室への侵入などを経て，本件放火を敢行しているのであって，強固な犯罪意思に基づく犯行というべきである。犯行態様も，約36リットルもの多量の灯油を現場に撒布し，ジョーゼットであれば燃えやすいと判断した上でそれに火を放つなどしたものであって，極めて危険かつ悪質なものである。このような被告人の犯行により，判示ホテルが被った経済的損害は総額4億円を超えている上，宿泊棟に宿泊していた観光客4名が精神的な症状により病院に搬送されるなど，宿泊客にも多大な不安感を与えたと認められ，さらに，当日，研修室で結婚披露宴を予定していた夫婦に与えた精神的苦痛も軽視することはできないのであって，結果は極めて重大である。

4　以上に照らせば，被告人の刑事責任は相当に重いというべきである。

5　他方，被告人は，捜査段階から一貫して窃盗の事実を認め，放火の事実についても

自らが研修室に灯油を撒布して火を放ったという客観的な行為自体は一貫して認め，弁護人を介して被害者に対して謝罪の手紙を送るなど，約10か月間にわたる身柄拘束を通じて内省を深めていることが窺われること，窃盗の被害者に対する損害は判示ホテル側により補填されている上，被告人の父から見舞金として10万円が支払われていること，判示ホテル側と被告人との間で和解契約が締結され，窃盗被害者の損害補填分及び放火による損害賠償の趣旨で，被告人の父親の出捐により700万円が支払われており，判示ホテル側からの宥恕文言を含む形での和解契約が成立したものとみられること，窃盗の原因となった被告人の負債については既に整理が行われていること，被告人には前科がないこと，情状証人として出廷した被告人の父親の監督が期待できることなど，被告人のために酌むことのできる事情も認められる。

6　そこで，これら被告人に有利，不利な一切の事情を総合勘案し，主文の刑を量定した。

7　よって，主文のとおり判決する。

（検察官○○○○，私選弁護人△△△各出席）

（求刑−懲役7年）

平成14年1月17日

福岡地方裁判所第1刑事部

裁判長裁判官　谷敏行　裁判官　家令和典　裁判官　古庄研

チェック

□複合建造物の一体性は，どのようにして判断されるのか？

□不燃性・難燃性建造物の一体性は，どのようにして判断されるのか？

□本判決が，研修棟と宿泊棟を一体のものとして，1個の現在建造物とすることを否定した理由は何か？

課題判例48

建造物等以外放火，暴行被告事件

最高裁判所第三小法廷平成13年（あ）第1317号

平成15年4月14日決定

主　　文

本件上告を棄却する。

当審における未決勾留日数中510日を本刑に算入する。

理　由

　弁護人Ｎの上告趣意のうち，判例違反をいう点は，事案を異にする判例を引用するものであって，本件に適切でなく，その余は，単なる法令違反，事実誤認の主張であって，いずれも刑訴法405条の上告理由に当たらない。

　なお，所論にかんがみ，第1審判決の判示第1の事実について，職権により判断する。

1　原判決及びその是認する第1審判決の認定並びに記録によれば，本件に関する事実関係は，以下のとおりである。

(1)　被告人は，妻と共謀の上，長女が通学する小学校の担任教諭の所有に係る自動車（以下「被害車両」という。）に放火しようと企て，本件当日午後9時50分ころ，同小学校教職員用の駐車場に無人でとめられていた被害車両に対し，ガソリン約1.45リットルを車体のほぼ全体にかけた上，これにガスライターで点火して放火した。

(2)　本件駐車場は，市街地にあって，公園及び他の駐車場に隣接し，道路を挟んで前記小学校や農業協同組合の建物に隣接する位置関係にあった。また，本件当時，前部を北向きにしてとめられていた被害車両の近くには，前記教諭以外の者の所有に係る2台の自動車が無人でとめられており，うち1台（以下「第1車両」という。）は被害車両の左側部から西側へ3.8ｍの位置に，他の1台（以下「第2車両」という。）は第1車両の左側部から更に西側へ0.9ｍの位置にあった。そして，被害車両の右側部から東側に3.4ｍの位置には周囲を金属製の網等で囲んだゴミ集積場が設けられており，本件当時，同所に一般家庭等から出された可燃性のゴミ約300ｋｇが置かれていた。

(3)　被害車両には，当時，約55リットルのガソリンが入っていたが，前記放火により被害車両から高さ約20ないし30ｃｍの火が上がっているところを，たまたま付近に来た者が発見し，その通報により消防車が出動し，消火活動により鎮火した。消防隊員が現場に到着したころには，被害車両左後方の炎は，高さ約1ｍ，幅約40ないし50ｃｍに達していた。

(4)　本件火災により，被害車両は，左右前輪タイヤの上部，左右タイヤハウス及びエンジンルーム内の一部配線の絶縁被覆が焼損し，ワイパーブレード及びフロントガラスが焼けてひび割れを生じ，左リアコンビネーションランプ付近が焼損して焼け穴を作り，トランクの内部も一部焼損し，更に第1，第2車両と前記ゴミ集積場に延焼の危険が及んだ。

2　所論は，刑法110条1項にいう「公共の危険」は，同法108条，109条所定の建造物等への延焼のおそれに限られる旨主張する。しかし，同法110条1項にいう「公共の危険」は，必ずしも同法108条及び109条1項に規定する建造物等に対する延焼の危険のみに限られるものではなく，不特定又は多数の人の生命，身体又は前記建造物等以外の財産に対する危険も含まれると解するのが相当である。そして，市街地の駐車場において，被害車両からの出火により，第1，第2車両に延焼の危険が及んだ等の本件事実

関係の下では，同法 110 条 1 項にいう「公共の危険」の発生を肯定することができるというべきである。本件について同項の建造物等以外放火罪の成立を認めた原判決の判断は，正当である。

　よって，刑訴法 414 条，386 条 1 項 3 号，刑法 21 条により，裁判官全員一致の意見で，主文のとおり決定する。

（裁判長裁判官　金谷利廣　裁判官　濱田邦夫　裁判官　上田豊三　裁判官　藤田宙靖）

チェック

□抽象的危険犯と具体的危険犯とはそれぞれどのようなものか？

□本決定の考え方によると，例えば，自動車の横に他人の雑誌があったという場合，その雑誌に延焼する危険があれば 110 条 1 項の罪が成立することになるか？

□仮にこの事案で，最初から 3 台の車全てに放火していたとしたら，結論は異なるか？

□109 条 2 項，110 条の罪が成立するためには，行為者に公共の危険の認識があることが必要か？

授　業

　今回のテーマは「放火罪」です。社会的法益に対する罪の中では重要な犯罪類型なので，しっかり勉強しておく必要があります。

　放火罪は，火力によって，不特定又は多数人の生命，身体，財産に対する危険をもたらす公共危険罪です。主たる保護法益は，不特定又は多数人の生命・身体・財産であり，公共の安全と呼ばれることもあります。これは，誰か特定の個人に帰属する利益というよりは，皆の利益と考えられるものなので，社会的法益として理解されます。

　ところで，個人主義を基調にした場合に，社会的法益や国家的法益をどのように理解するべきなのか，ということは，なかなか難しい問題です。社会的法益や国家的法益と呼ばれるものも，最終的には個人の利益に還元されるべきであるといった類の主張もなされるところですが[1]，誰がその利益を享受するのかという問題と，何が保護に値する利益なのか，という問題は区別して考えるべきでしょう。社会的法益や国家的法益も，それによってもたらされる利益を享受するのは，最終的には一人一人の個人でしょう。しかし，その利益は，特定の個人のものな

のではなく，皆のものだと思います。「誰のものでもない皆のもの」というイメージです。個人が皆充実した人生を送るためには，その基盤として，このような「誰のものでもない皆のもの」を大切にしなければならないと思います。個を重んずるからこそ，全ての個が花開く土壌を守らなければなりません。公と私の関係だとか，公共性だとかという問題は，現代社会のホットイシューのひとつなので，皆さんも考えてみてください[2]。

　さて，話を放火罪に戻しましょう。放火罪の主たる保護法益は不特定又は多数人の生命・身体・財産（あるいは公共の安全）ですが，その他に，個人的法益を保護する側面もあります。108 条が 109 条 1 項よりも法定刑が重くなっているところには，特定の個人の生命・身体を保護する面が表れていますし，目的物が他人所有の場合と自己所有の場合とで区別されているのは，個人の財産侵害の有無を考慮するものだといえるでしょう。このように個人的法益を保護する側面があることから，居住者・現在者の承諾があれば，非現住建造物等放火罪と評価されますし，目的物の所有者の承諾があれば自己所有物への放火とみなされるのです（このあたりは被害者の承諾との関係でよく問われる問題なので注意しておきましょう）。

　放火罪は公共の危険を惹起するところにその主たる処罰根拠があるわけですが，その公共の危険を犯罪成立要件においてどのように位置づけるかによって，抽象的危険犯と具体的危険犯に分けられます。

---

[1] 例えば，内藤先生は，「『社会』は，超個人的・統一的実体であるわけではなく，個々の人間の利益と行動のさまざまな過程ないし作用の総合であり，究極において個々の人間の利益と行動に支えられている」のであり，「『社会的法益』というときも，個々の人間を超えた『社会』の利益ないし価値が問題になるのではないとみるべき」なのであって，「いわゆる公共危険罪における『公共の危険』の概念も，個人を超えた『社会』に対する危険を問題とするのではなく，不特定または多数の『個人』の生命・身体・財産に対する危険を意味するのであって，そこでは，『個人』の集合としての『社会』に対する危険が問題になっているのである」とされています（内藤・総論（上）53 頁）。また，井田先生は，端的に「社会的法益といっても究極的には個人的法益に還元されるはずのものである」とされています（井田・各論 394 頁）。

[2] 興味のある方は，齋藤純一『公共性』（2000 年），安彦一恵・谷本光男編『公共性の哲学を学ぶ人のために』（2004 年）などを読んでみてはいかがでしょうか。なお，保護法益論とはやや文脈が異なりますが，近時，英米では公法（public law）としての刑法の意義を問う議論が自覚的に展開されてきているようです。法律を学ぶ際には，民事と刑事を区別することが一般的ですが，民事と刑事は何が違うのか，なぜ区別されるのか，その区別は今後も維持されるべきなのか，といったことを考えてみるのも有益だと思います。

> 抽象的危険犯と具体的危険犯
>
> 例：X は，人里離れた A の海辺の一軒家に放火し，同家は全焼した。
> 　　X は，一人暮らしの A が外出ししばらく戻ってこないことを確
> 　　認した上で，火を放ったのであった。
> 　　A 説：現住建造物等放火罪が成立する
> 　　B 説：放火罪は成立しない
> 　　　　（建造物損壊罪が成立するにとどまる）

　現住建造物等放火罪（108 条）・非現住建造物等放火罪（109 条 1 項）では，条文上，「公共の危険」の発生が要求されていないのに対し，自己所有非現住建造物等放火罪（109 条 2 項）・建造物等以外放火罪（110 条）では，条文上，「公共の危険」の発生が要求されています。すなわち，前者は抽象的危険犯，後者は具体的危険犯として規定されているのです。抽象的危険犯においては，所定の行為が行われれば公共の危険の発生が擬制されるとするのが従来の通説ですが，抽象的危険犯においても，公共の危険が処罰根拠となっているのだから，その存在を擬制するのは妥当ではなく，公共の危険を全く欠く場合には本罪の成立を否定すべきであるとする見解も有力です[3]。後者の見解によれば，例えば，人里離れた海辺の一軒家に放火したような場合には，公共の危険が認められないために放火罪は成立せず，建造物損壊罪が成立するにとどまるということがあり得ることになります。もっとも，消火に駆け付ける人の生命・身体に対する危険も公共の危険の中に含まれると解する[4]のであれば，何らの公共の危険も発生しないということはほとんど考えられないでしょう。

　現行刑法は，現住建造物等放火罪を非現住建造物等放火罪よりも重く処罰しています。公共の危険の点では両罪に違いがないとすれば，この差は客体の違いに起因するものだと考えなければならないでしょう。この点に関しては，108 条の場合には，建造物内部の人に対する危険（この危険を公共の危険と混同する人が時々いるので注意してください）があるために重くなるのだという説明が有力です。「現に人が住居に使用している」場合は，現にそこに人がいなくとも重く処罰されますが，この点は，住居であれば中に人がいる可能性が類型的に高いから[5]，内部に

---

[3] 高橋・各論 468 頁，松原・各論 417 頁以下，山口・各論 377 頁など。
[4] 例えば，井田良「放火罪をめぐる最近の論点」阿部純二ほか編『刑法基本講座第 6 巻各論の諸問題』（1993 年）184 頁（これに懐疑的な見解として，山口・各論 389 頁）。

いる人に対する危険を肯定することができると説明されます[6]。このような理解によると，現住建造物等放火罪は，公共の危険と建造物内部の人に対する危険という二重の意味での抽象的危険犯であるということになるでしょう[7]。

　このように現住建造物等放火罪が重く処罰されることから，客体が現住建造物・現在建造物に当たるかどうかが重要な問題となります。この関連で難しい問題を提起するのが，外観上複数の建物が廊下等で接続されているような複合建造物の取扱いです。

　このような複合建造物が全体として1個の建造物と評価されると，その一部に現住部分があれば，全体が1個の現住建造物と評価されるため，直接放火し焼損した部分が住居として使用されているわけではなくとも，現住建造物放火罪の既遂となります。これに対して，一体性が否定された場合には，非現住部分に放火したのであれば，非現住建造物放火罪の既遂か，せいぜい現住建造物放火罪の未遂が成立するにとどまる点で違いが生じます。

　このような建造物の一体性を判断する際の視点として持ち出されるのが，物理

---

[5] これとは別に住居であれば来訪者が建造物内に立入る可能性があることも考慮すべきであるとする見解も有力です（井田・各論411頁以下，西田・各論318頁，香城敏麿・最判解平成元年度249頁など）。ただ，居住者を全員殺害した後は，最早現住建造物とはいえないとするのであれば（大判大6・4・13刑録23・312），来訪者が建造物内に立入る可能性は，少なくともそれだけで108条の重罰根拠を基礎づけられる要素ではないと言わざるを得ないでしょう。

[6] 住居に使用されている建造物であるが，内部に人がいないことを確かめた上で放火した場合でも，現住建造物放火罪は成立するでしょうか？　現住建造物が現在建造物とは別に規定されていることからすると，内部に人が現在していなくとも住居として使用されている限りは現住建造物放火罪が成立すると考えられそうですが，このような場合には建造物内部の人に対する危険が認められないとして現住建造物放火罪の成立に疑問を呈する見解もあります（山口・各論379頁以下。これに批判的な見解として，井田・各論411頁，西田・各論319頁）。ここでも抽象的危険犯の意義が問われているといえるでしょう。なお，最決平9・10・21刑集51・9・755は，競売手続の妨害目的で従業員らを交替で泊り込ませていた家屋につき放火前に従業員らを旅行に連れ出していたが，従業員らが旅行から帰れば再び同家屋で宿泊が継続されるものと認識していたという事案において，「本件家屋は，人の起居の場所として日常使用されていたものであり，右沖縄旅行中の本件犯行時においても，その使用形態に変更はなかったものと認められる」として現住建造物に当たるとしています（これに対して，非現住建造物放火とすべきであるとするものとして浅田・各論341頁以下）。

[7] 井田先生は，前者の危険を「外に向けての危険性」，後者の危険を「内に向けての危険性」と呼んでいます（井田・各論409頁）。もっとも，建造物内部に多数の人が現在しているような場合を想定すると，公共の危険は必ずしも建造物の外部でしか発生しないというわけではないでしょう（松原・各論404頁参照）。

複合建造物の一体性

問題の所在：外観上複数の建物が廊下等で接続されているような場合に，どこまで一体性を認めて1個の建造物と評価できるかが問題となる。1個の建造物と評価されると，その一部に現住部分があれば，全体が1個の現住建造物と評価されるため，直接放火し焼損した部分が住居として使用されているわけではなくとも，現住建造物放火罪の既遂となる。これに対して，一体性が否定された場合には，非現住建造物に放火し，それが現住建造物に延焼させる目的であったとしても，現住建造物放火罪の未遂にとどまる点で違いが生ずる。

＊物理的一体性と機能的一体性
　　a）物理的一体性…建物間の構造上の接続性
　　b）機能的一体性…利用上・使用上の一体性

☞物理的一体性と機能的一体性の関係
　　A説：物理的一体性と機能的一体性のいずれかが認められれば建造物の一体性を肯定してよい
　　B説：建造物の一体性が認められるのは物理的一体性が肯定される場合に限られ，機能的一体性は物理的一体性が弱い場合にそれを補充する要素として考慮されるにとどまる

的一体性と機能的一体性です。物理的一体性は，建造物が構造上1個の建造物だとみなしうる性質を有していることを意味し，構造上接続していること，あるいは，連結していることを必要とします。他方で，機能的一体性は，建造物が一体のものとして利用・使用されていることを意味します。この2つの関係については，物理的一体性と機能的一体性のいずれかが認められれば建造物の一体性を肯定してよいとする見解[8]（A説）と，建造物の一体性が認められるのは物理的一体性が肯定される場合に限られ，機能的一体性は物理的一体性が弱い場合にそれを補充する要素として考慮されるにとどまるとする見解[9]（B説）があります。108条の加重根拠が建造物内部にいる人に対する危険に求められるとすれば，物理的一体性がなくとも機能的一体性があれば，内部に人がいる可能性があるのだから，そのような危険を肯定することができるのでA説にも相応の理由はありそうです。しかし，例えば，他に隣接する建造物のない倉庫は，利用者が頻繁にそこを

---

[8] 香城・前掲250頁。なお，大判大3・6・9刑録20・1147は，裁判所庁舎の応接室に放火した事案について，宿直員は庁舎の各部分を巡視するのが通例であるから，宿直室が庁舎と独立した建造物であっても，その庁舎は人の住居に使用する建造物であるとしています。

[9] 井田・各論415頁以下，高橋・各論479頁，西田・各論320頁，中森・各論187頁など。

利用し，また，いつ利用するかが不特定であるとしても，現に人がいない限り 109 条 1 項の客体にとどまると思います。これに対して，利用形態は変わらず，ただその近くに利用者の事務所が隣接していれば全体が 1 個の現在建造物になるというのは奇妙ではないでしょうか。機能的一体性という視点は，特定の人が火の危険に遭遇する危険に着目するものですが，それは 108 条の加重根拠に関係する事柄であり，建造物の個数を直接決定する要因ではないように思われます[10]。やはり建造物の個数自体は，物理的一体性によって決定され，機能的一体性は，物理的一体性が弱く[11]，それだけでは 108 条の加重根拠を十分に根拠づけられないような場合に補充的に考慮される要因と考えるべきではないでしょうか。このような考え方によると，機能的一体性は，現住性・現在性を判断する際の補充的な考慮要因であるとされることになるでしょう。結論的には，B 説が妥当であるように思います。

　ところで，物理的一体性が認められれば，通常は建造物の一体性が肯定されるのはなぜでしょうか？　一般に，それは，物理的一体性が認められれば，ある箇所から他の箇所への類型的な延焼可能性が認められるからだと考えられています。ここで考慮されているのが，単なる延焼可能性ではないことに注意が必要です。例えば，3 戸の家屋が連結している木造アパートは 1 個の現住建造物でしょうが，3 戸の隣接する戸建住宅は 3 戸の現住建造物でしょう。もし単なる延焼可能性で建造物の一体性が判断されることになると，戸建住宅に一人で暮らす者が自宅に火をつけた場合，隣の家に燃え移るかもしれないという未必の故意があれば，自宅を焼損した段階で現住建造物放火罪の既遂になりかねません。ここでも，やはり基本は構造的一体性があることが前提となります。構造的につながっているから他の箇所に火が燃え移る可能性が類型的に認められるという点が重要だと考えるべきでしょう。

　しかし，そうすると，構造的には一体だけれども，ある箇所から他の箇所に容

---

[10] 橋爪・法教 450 号 100 頁以下参照。
[11] 物理的一体性は，最低限，複数の建造物が接続していること，あるいは，連結していることを必要としますが，例えば，中央大学の多摩キャンパスは全館がペデストリアンデッキで繋がっていますけれども，全体を 1 個の建造物だと見る人は誰もいないでしょう。接合部分の空間的な閉鎖性を要求する（松原・各論 408 頁）のは過多のように思いますが，何らかの限定は必要でしょう。橋爪先生は，社会通念上，1 個の建造物と評価可能な構造であることが必要であるとされています（橋爪・法教 450 号 101 頁）。

易には延焼しないというケースはどうなるのか，という問題が出てきます。不燃
性・難燃性建造物の一体性の問題がこれです。

不燃性・難燃性建造物の一体性

問題の所在：不燃性・難燃性建造物であるマンションなどの集合住
宅は，構造的に1個の建物であることは確かであるが，耐火構造を
有するため，ある区画から別の区画に延焼する可能性が低いとい
う点で，それぞれの区画を独立の建造物と見る余地がないかが問
題となる。

例：耐火構造の施されたマンションの空室に放火しその部屋を焼損
した場合，現住建造物放火罪の既遂を認めるべきか？
⇒当該建造物の具体的な耐火構造を前提としつつ，居住部分への類
型的な延焼可能性の有無を基準にして判断すべきである

　この場合には，当該建造物の具体的な耐火構造を基礎にして，放火された区画
から他の区画に延焼する可能性がどの程度認められるかということが判断基準と
なるでしょう。その際，ⓐ行為当時の風向きなど具体的な状況をどの程度考慮す
べきか，ⓑ延焼可能性の具体的な内実としてどのようなものを考慮すべきか，ⓒ
どの程度の延焼可能性で足りると考えるべきか，といったことが問題となります。
　ⓐに関しては，行為当時の状況によって同じ建造物が1個の建造物になったり
数個の建造物になったりするのは奇妙でしょうから，基本的には具体的状況を捨
象したある程度類型的な延焼可能性を考えることになるでしょう。もっとも，火
力次第では，あるいは，風向き次第では，他の区画に延焼する可能性がある，と
いう場合でも延焼可能性は肯定され得るでしょうから，そこで想定される火力や
風向きなどの事情は，かなり広い範囲のものまで含まれるということになると思
われます。
　ⓑに関しては，純粋に火が燃え移るということの他に，有毒ガスや煙などの影
響も考慮すべきかが問題になります。有毒ガスなどの影響は，それだけでは延焼
可能性を基礎づけるものとはいえないでしょうが，最低限，何らかの形で火が燃
え移る可能性があることを前提として，建造物内部にいる人に対する危険を基礎
づける要素として補充的に考慮される要因としてならば意味を持ちうるように思
われます。すなわち，先に見た機能的一体性と似たような形で，現住性・現在性

の判断に関係し得る要因として考慮するということです。

　ⓒについては，「延焼のおそれが絶対にない」といえなければ1個性は認められ
るのか，あるいは，もう少し具体的ないしは高度の延焼の危険性がなければ1個
性は認められないのかが問題となるでしょう[12]（この判断は，前提としてどのような
事情を考慮するのかによって影響を受けますので，ⓐの点と密接に関係することになりま
す）。

　なお，物理的一体性と延焼可能性の関係については，延焼可能性が否定される
場合には物理的一体性が否定されると解する立場と，延焼可能性が否定される場
合には現住性・現在性が否定されるとする立場とがあり得ます。前者であれば，
物理的一体性が建造物の一体性を肯定するための必須要素だと考える限り，機能
的一体性を考慮する余地はないのに対して，後者だと，更に機能的一体性を考慮
して全体を1個の現住・現在建造物だと見る余地があるという点で，違いが出て
くる可能性があります[13]。

　ここで課題判例47（福岡地判平14・1・17判タ1097・305）を見てみましょう。こ
の事案では，それぞれ独立に見ると，現在部分であるホテルの宿泊棟と，非現
住・非現在部分である研修棟の関係が問題となっています。本判決は，「非現住・
非現在の建物から現在の建物へ延焼する可能性が全く認められない場合にまで，
それら複数の建物を一個の現在建造物と評価することは許され」ず，「それら複数
の建物が一個の現在建造物と認められるためには，そのような延焼可能性が否定
できないという程度の意味において，延焼の蓋然性が認められることが必要と考
えるべきである」という前提の下で，宿泊棟と研修棟は「2本の渡り廊下によっ
て構造上連結されている」ことに加えて，「相当に強い機能的連結性が認められ
る」としながらも，「渡り廊下を経由して研修棟から宿泊棟へ延焼する蓋然性」に
ついても「渡り廊下以外の延焼経路により延焼する蓋然性」についてもこれを認
めるには合理的疑いが残るので，「結局，研修棟から宿泊棟へ延焼する蓋然性はこ
れを認めることができない」から，「研修棟と宿泊棟を一体のものとして，一個の

---

[12] 仙台地判昭58・3・28刑月15・3・279は，「一般的には他区画へは容易に延焼しないすぐ
れた防火構造を有する建物である」という点を指摘して独立した建造物であるとしたのに対
し，東京高判昭58・6・20判時1105・153は，「耐火構造といっても，各室間の延焼が容易
ではないというだけで，状況によっては，火勢が他の部屋に及ぶおそれが絶対にないとはい
えない」として全体を1個の建造物としています。
[13] 塩見・道しるべ206頁以下参照。

現在建造物ということはできず，研修棟は，宿泊棟とは独立した，非現住・非現在建造物であると認めるのが相当と判断される」としています。ここでは，「延焼可能性が否定できない」ことと「延焼の蓋然性が認められること」が同視されており，具体的にどの程度の延焼可能性が問題とされているのかが必ずしも判然としない感がありますが，結論において，延焼可能性を否定することから 1 個の現在建造物とはいえないとしている点が注目されます。この事案では，機能的一体性は肯定する余地がありそうですが，延焼可能性を否定することから直ちに建造物の一体性を否定している点で，延焼可能性が否定される場合には物理的一体性が否定され，物理的一体性は建造物の一体性を肯定するための必須の要素であるという考え方に親和性のある判断であるように思われます。

　次に焼損の意義に移りましょう。焼損の意義については，火が媒介物を離れて，目的物が独立に燃焼を継続する状態に達すれば足りるとする「独立燃焼説」，火力により目的物の重要部分が焼失して，その本来の効用を失ったことを要するとする「効用喪失説」，目的物が「燃え上がったこと」，すなわち，その重要部分が燃焼を始め容易に消し難い状態に達したことを要するとする「重要部分燃焼開始説・燃え上がり説」，火力により目的物が毀棄罪にいう「損壊」の程度に達したことを要するとする「毀棄説」が主張されています。判例は一貫して独立燃焼説を採用しており，例えば，天井板約一尺四方を焼損しただけでも放火既遂になるとされています（最判昭 23・11・2 刑集 2・12・1443）。

　これに対して，他説は，独立燃焼説では既遂時期が早すぎ中止犯の成立可能性が狭められるなどといったことから主張された見解ですが，いずれも問題があるように思われます。効用喪失説は，建造物としての効用が害されなければ既遂にならないとすると，放火罪が公共危険罪であるということにそぐわない感があります。効用喪失に至る前に公共の危険が発生するような場合（木造建築の建物では容易に想定し得るでしょう）に，既遂を認めないのは妥当ではないでしょう。他方で，効用喪失を，客体の本来の効用が失われる以前の段階で肯定するとすれば，それをどの段階において，いかなる理由で認めるのかが，問題となりますが，その点について明確な基準を提示することは困難だと思われます。重要部分燃焼開始説は，何が重要部分かが明確ではありません。毀棄説は，毀棄を効用喪失と理解すれば効用喪失説と同様の問題がありますし，物理的損壊の場合には効用侵害の有無を特に問題にしない傾向がある毀棄罪における毀棄概念を前提にすると，

204

独立燃焼説と結論においてほとんど変わりがないように思われます。目的物が独立燃焼すれば，特に依然として木造建築の多いわが国では，通常は公共の危険が発生するものと想定するのは合理的であると思われますので，基本的には独立燃焼説が支持されるべきでしょう。

更に，近時は，一旦は独立燃焼したものの，いずれ程なく自然鎮火することが確実であるような場合でも焼損を認めるのは妥当ではないという関心から，通常ならば公共の危険が発生するものと想定するのが合理的かどうかという観点を加味して考え，目的物に火が付いた（着火・燃焼）というだけではなく，ある程度燃焼を継続する可能性が認められることを要求すべきであるとする見解が有力になっています[14]。結論としては妥当な考え方だと思われますが，焼損と公共の危険の関係をどのように理解するかという点には，やや不明確な点がないではありません[15]。

不燃性・難燃性建造物の焼損に関しては，放火により，建造物本体が独立に燃焼することがなかったとしても，媒介物の火力によって建造物が効用を失うに至った場合には既遂を認めるべきであるとする「新効用喪失説」も主張されています[16]。実質論としては新効用喪失説の主張にももっともなところがありますが，「焼損」という概念は「燃焼」作用を必須の要素とすると解さざるを得ないと思われますので，燃えなくとも焼損したと言うことにはやはり無理があると言わざるを得ないのではないでしょうか（判例は，不燃性・難燃性建造物に関しても独立燃焼説を維持しています［東京地判昭59・6・22刑月16・5＝6・467など]）。また，媒介物の火力，有毒ガスや煙の影響などによっても公共の危険は生ずる可能性がありますが，放火罪はあくまで客体が「焼損」することを結果として要求しているのですから，公共の危険が発生したことだけで焼損を肯定することはできないでしょう。有毒ガスの影響なども，あくまで目的物の燃焼によって生じたものである場合に，公共の危険の内容をなすものとして考慮され得るにとどまると解さざるを

---

[14] 西田・各論323頁，山口・各論385頁など。
[15] 例えば，110条1項においては，焼損したけれども公共の危険は発生しなかったというケースがあり得ることが前提になっていますが，ある程度燃焼を継続する可能性が認められることが必要だとする見解によると，この場合の焼損と公共の危険とはどのように判断されることになるのでしょうか？　皆さんも考えてみてください。
[16] 先駆的な主張として，河上和雄「放火罪に関する若干の問題について」捜査研究26巻3号（1977年）42頁以下。

得ないでしょう。

　次に公共の危険の問題を取り上げましょう。

公共の危険の意義

☞109 条 2 項・110 条で要求されている公共の危険の内容はどのようなものか？
　A 説：108 条，109 条 1 項の物件に延焼する危険に限られる（限定説）
　B 説：不特定又は多数の人の生命，身体，財産に対する危険を含む（無限定説）
＊最決平 15・4・14 刑集 57・4・445（刑法 110 条 1 項にいう「公共の危険」は，同法 108 条及び 109 条 1 項に規定する建造物等に対する延焼の危険に限られるものではなく，不特定又は多数の人の生命，身体又は前記建造物等以外の財産に対する危険も含まれる，とした事例）

---

　109 条 2 項及び 110 条においては，公共の危険の発生が明文で要求されています。この公共の危険の内容に関しては，108 条・109 条 1 項の物件に延焼する危険に限られるとする限定説と，不特定又は多数の人の生命，身体，財産に対する危険を含むとする非限定説が主張されています。限定説[17] は，公共危険罪としての放火罪の処罰根拠は建造物への延焼を介して火が燃え広がることによって不特定または多数人の生命・身体・財産に被害を及ぼすところに求めるべきであること，延焼罪（111 条）が 109 条 2 項・110 条 2 項の結果的加重犯として 108 条・109条 1 項物件への延焼を処罰していることなどを論拠とします。しかし，最終的に不特定又は多数人の生命・身体・財産に被害が及ぶことが問題なのだとすると，そのような被害が生ずる経路には多様なものが考えられるのですから，それを108 条・109 条 1 項物件への延焼を介した場合に限定すべき根拠は薄弱であるように思われます。例えば，限定説をとると人の現在するバスなどに放火した場合，108 条の罪が成立しないのはもとより建造物への延焼の危険がなければ 110 条 1項の罪も成立しないことになり，妥当ではないように思われます[18]（なお東京地判昭 59・4・24 判時 1119・40 参照）。また，結果的加重犯における基本犯は，加重結果

---

[17] 西田・各論 327 頁など。
[18] 限定説を支持される西田先生は，このような場合については，生命・身体に対する罪を別途認めることで対応するべきだとされます（西田・各論 331 頁）。

が発生する危険性がなくとも成立し得る（例えば，監禁致傷罪は監禁罪の結果的加重犯ですが，傷害の結果発生の危険性がなくとも監禁罪は成立し得る）のですから，111 条の存在が限定説の論拠になるとまではいえないでしょう。

　課題判例 48（最決平 15・4・14 刑集 57・4・445）は，「同法 110 条 1 項にいう『公共の危険』は，必ずしも同法 108 条及び 109 条 1 項に規定する建造物等に対する延焼の危険のみに限られるものではなく，不特定又は多数の人の生命，身体又は前記建造物等以外の財産[19] に対する危険も含まれると解するのが相当である」として，非限定説を採用することを明らかにしています。本件においては，「市街地の駐車場において，被害車両からの出火により，第 1，第 2 車両に延焼の危険が及んだ等の本件事実関係の下では，同法 110 条 1 項にいう『公共の危険』の発生を肯定することができる」との判示からすると，「第 1，第 2 車両に延焼の危険が及んだ」ことが不特定[20] の人の財産に対する危険に当たると判断されたと読むのが自然でしょう。これに対しては，この場合，もし，3 台をまとめて焼いた場合には他に延焼する危険が認められず器物損壊罪しか成立しないことになり不均衡だという批判が加えられています[21]。しかし，不特定又は多数の人の生命，身体に対する危険の中には，周囲に存在する可能性のある人や消防活動に従事する人などに対する危険も含まれると解するべきではないかと思います[22]。このような危険も含めるとその範囲が不明確になることは避けられませんが，かといってこのような危険を全く考慮しないというのも不合理ではないでしょうか[23]。車 3 台に放火すれば，ガソリンに引火して爆発する可能性もあるのですから，消火活動に当たる人や付近を通過する人に危険が及ぶ可能性はあるといえるでしょう。翻って，課題判例 48 を理解する際にも，「第 1，第 2 車両に延焼の危険が及んだ

---

[19] この「財産」に何らかの限定はあるでしょうか？　例えば，松宮先生は，「車への放火によって，付近にあった他人所有の数冊の書籍に燃え移りそうになった」だけで「公共の危険」があるとは考えられない，とされています（松宮孝明・百選 II［第 8 版］173 頁）。更に，深町先生は，財産は放火罪の保護法益から除外するのが妥当であるとされます（深町晋也・クローズアップ各論 276 頁）。皆さんは，どのように考えますか？

[20] この点に関しては，芹澤政治・最判解平成 15 年度 266 頁以下参照。

[21] 西田・各論 330 頁。

[22] 井田・各論 424 頁。

[23] 野次馬的に集まった人に対する危険は，危険の引き受けにより要保護性が欠けるから除かれるという見解（今井ほか・各論 307 頁［島田聡一郎］）もありますが，火は往々にしてそのように人を集めてしまう力をもっていることに鑑みると，一概に排除することはできないように思われます。

等の本件事実関係の下では」というところで，第 1，第 2 車両に延焼する危険そ
れ自体に加えて，その延焼によって更に不特定又は多数の人の生命，身体，財産
に対する危険が生ずる可能性も考慮する余地があると思われます[24]。

　最後に，公共の危険の認識の要否について検討しましょう。この点に関して，
判例は不要説に立っていますが（最判昭 60・3・28 刑集 39・2・75），通説は必要説を
支持しています。不要説は，かつて，公共の危険の認識を必要とすると，それは
108 条・109 条 1 項物件に延焼する危険の認識を要求することになり，結局 108
条・109 条 1 項の故意が認められることになって，109 条 2 項・110 条が独立に成
立する余地がなくなる，と批判していましたが，既に見たように，公共の危険に
ついて非限定説に立つとすれば，このような批判は必ずしも当てはまりません。
また，仮に 108 条・109 条 1 項物件への延焼の危険に限定したとしても，108 条・
109 条 1 項物件に「延焼するかもしれないが，大丈夫だろう」と思っている場合
には，延焼の危険を認識していても，108 条・109 条 1 項の罪の故意が認められな
い場合はあり得ると思います。

　むしろ，理論的には，不要説の方が難しい問題を抱えています[25]。すなわち，
①自己所有物の焼損（109 条 2 項・110 条 2 項）自体は違法行為ではなく，公共の危
険が発生して初めて犯罪となるのであるから，責任主義及び故意犯処罰の原則の
見地からは公共の危険の認識が必要である（適法行為の認識では故意を基礎づけるこ
とはできない），②110 条 1 項の罪において公共の危険の認識を不要とすれば，その
故意の内容は器物損壊のそれにすぎず，これによって重い放火罪の故意を基礎づ
けることはできない，③不要説によると，例えば，ホテルでタバコに火をつけ，
その不始末でホテルが全焼してしまった場合，失火罪（116 条 1 項）ではなく延焼
罪（111 条 1 項）が成立することになってしまう，といった点が問題となるのです。
これに対して，不要説からは，自己所有物の焼損は，制御が困難な火を用いると
いう点で適法行為ではなく違法行為と解することができる，公共の危険の発生に
ついて過失は必要である，110 条の客体は，当該客体を焼損することがそれ自体
直接的に公共の危険を発生させ得るものに限定される，といった反論がなされて

---

[24] 古川伸彦・ジュリ 1275 号（2004 年）183 頁参照。
[25] 不要説からは，109 条 2 項は客観的処罰条件を定めたものである（前田・各論 336 頁），
110 条は結果的加重犯を定めたものである（前田・各論 339 頁），といった説明がなされてい
ます。

います。ですが，いずれも苦しい説明であることは否めないように思います。

最後の最後に，放火罪について講義をするときに，いつも不思議に思っていることを述べておきます。それは，109条2項，110条1項，110条2項の法定刑の差です[26]。109条2項と110条1項を比較すると，後者の方が，法定刑が重くなっています。これは後者の方が他人の所有権侵害を含んでいるということを考慮したものだと考えれば，とりあえずは了解できるでしょう。他方，109条2項と110条2項を比較すると，前者の方が，法定刑が重く，しかも，後者の法定刑は極端に軽くなっています。両者とも自己所有物に関するものなので，所有権侵害の点は問題とならないのですから，どちらも公共の危険だけが処罰根拠だとすると，この法定刑の差はかなり奇妙ではないでしょうか？ この点を，109条2項と110条2項では公共の危険の程度に差があり，後者の方がその程度は小さいのだという観点から説明すると，110条の1項と2項は客体が他人所有か自己所有かだけが異なり他の要件は共通であるという前提に立つ限り，110条1項は所有権侵害を加重要素として重視し過ぎていることになり，公共危険罪としての性格づけという観点からも疑問が生ずると思います。結局，公共危険罪という観点から見たとき，110条2項の罪だけ法定刑が極端に軽いことに説明が難しくなる原因がありそうです（立法の過誤であるとの見方もあるようです[27]）。皆さんはどう思いますか？

授業後の課題

Xは，深夜，12階建てマンション内のエレベーターのかごにおいて新聞紙に点火して，側壁として使用されている化粧鋼板の表面約0.3平方メートルを燃焼させた。その段階で火は自然に鎮火した。このマンションには多数の居住者がいたが，Xは，火が居住部分に及ぶことはないと考えており，また，深夜なのでエレベーターを利用する者もいないと考えていた。Xの罪責について，簡潔に論じなさい。

考え方

最決平元・7・7判時1326・157は，本問類似の事案について現住建造物放火罪の成立を認

---

[26] 斎藤信治先生は，この点に着目して，109条2項では公共危険の認識が必要だが，110条では「危なっかしい形で火を放つ」事実の認識は必要であるものの公共危険の認識は不要（ただし予見可能性［過失］は必要）である，という主張を展開されています（斎藤・各論228頁）。

[27] 島田聡一郎「放火罪の故意と公共危険の認識」現刑51号（2003年）46頁。なお，深町・前掲289頁以下参照。

めました。エレベーターがマンションという建造物の一部であるといえるかについては，エレベーターはマンションの居住部分と一体として利用されているという機能的一体性だけではなく，エレベーターのかごは容易には取り外せない[28] ものですから物理的一体性も肯定できるという点も併せて指摘しておく方がよいでしょう。

　やや問題なのは他の部分に延焼する可能性がないと見る余地もありそうだという点です。エレベーターは単独で見れば非現住部分だと解し，現住部分への延焼可能性がなければ物理的一体性が否定されるというような考え方をすれば，本問のような場合にもエレベーターのかごの中は非現住建造物にとどまるという結論もあり得るかもしれません。しかし，このようなマンションのエレベーターは，特に上階の居住者にとってみれば居住部分に入るためにほぼ不可避的に通過しなければならないエリアですから，一種の長い玄関のような位置づけだと見ることもできるでしょう（この点で，課題判例 47 のように必要に応じて行き来するというよりも密接な結びつきを認めることができそうです）。そのような視点で見ると，このエレベーターは現住建造物の一部と考えることが十分にできそうです[29]。

　そのように解したとして，次に焼損が認められるかですが，客体が独立に燃焼したかどうかだけを問題にするのであれば，焼損は肯定されるでしょう。ただ，0.3 平方メートルを燃焼させた段階で，火は自然に鎮火したということから，ある程度燃焼を継続する可能性を要求する立場に立つならば，焼損を否定する余地もあると思われます。

　なお，故意に関しては，エレベーターをマンションの居住部分の延長とみて建造物の一体性を肯定するのであれば，エレベーター部分から居住部分への延焼可能性は建築物の一体性を基礎づける要素ではないとみることができるので，居住部分への延焼可能性を認識していなくとも，現住建造物放火罪の故意は認められるということになるのではないかと思われます。

---

[28] 建具などが建造物の一部であるといえるためには，それが毀損しなければ取り外すことができない状態にあることが必要であるとされます（最判昭 25・12・14 刑集 4・12・2548）。しかし，文字通り「毀損しなければ取り外すことができない」ことまで要求するのは行き過ぎでしょう。なお，最決平 19・3・20 刑集 61・2・66 は，建造物に取り付けられた物が建造物損壊罪の客体に当たるか否かは，当該物と建造物との接合の程度のほか，当該物の建造物における機能上の重要性をも総合考慮して決すべきであるとし，住居の玄関ドアについて，外壁と接続し，外界とのしゃ断，防犯，防風，防音等の重要な役割を果たしているから，適切な工具を使用すれば損壊せずに同ドアの取り外しが可能であるとしても建造物損壊罪の客体に当たると判断しています。参考になる判断ですが，建造物損壊罪の場合には建造物の財産的価値に重点が置かれているので，放火罪の場合よりも機能上の重要性の占める比重が高いように思われます。

[29] 一戸建て大豪邸の玄関ドアに放火し，本問と同程度の燃焼後，自然鎮火したという場合，玄関ドアからそれ以外の箇所に延焼する可能性がないから該玄関ドアは建造物の一部ではないとは言わないような気がします。玄関ドアは居住エリアの外縁を画する部分であり，それ自体が居住エリアたる建造物の一部であることは明らかではないでしょうか。本問のようなエレベーターをそのような玄関部分の延長と考えれば，エレベーター部分を居住部分と切り離し独立の区画と見て居住部分への延焼可能性を問題とすること自体が適切ではないということになりそうです。これに対して，マンションの空室に放火したという場合であれば，他の区画に延焼する可能性が問題となるでしょう。

▸第 **26** 回◂

文書偽造罪

基本事項

□文書の意義について確認しなさい
□有形偽造と無形偽造の意義について確認しなさい

課題判例㊾

有印私文書偽造被告事件
最高裁判所第二小法廷平成 14 年（あ）第 1164 号
平成 15 年 10 月 6 日決定

主　　文

本件上告を棄却する。

理　　由

　弁護人 K の上告趣意のうち，憲法違反をいう点は，実質において単なる法令違反の主張であり，判例違反をいう点は，事案を異にする判例を引用するものであって，本件に適切でなく，刑訴法 405 条の上告理由に当たらない。
　なお，所論にかんがみ，職権で判断する。
1　1，2 審判決の認定及び記録によると，本件の事実関係は，次のとおりである。
(1) 被告人は，甲らと共謀の上，国際運転免許証様の文書 1 通（以下「本件文書」という。）を作成した。被告人らは，本件文書のような国際運転免許証様の文書を顧客に販売することを業としており，本件文書も，顧客に交付する目的で作成されたものである。
(2) 1949 年 9 月 19 日にジュネーブで採択された道路交通に関する条約（以下「ジュネーブ条約」という。）は，締約国若しくはその下部機構の権限ある当局又はその当局が正当に権限を与えた団体でなければ，同条約に基づいて国際運転免許証を発給することができない旨規定した上，国際運転免許証の形状，記載内容等の様式を詳細に規定している。我が国はジュネーブ条約の締約国であり，同条約に基づいて発給された国際運転免許証は，我が国において効力を有する。

(3) 本件文書は，その表紙に英語と仏語で「国際自動車交通」，「国際運転免許証」，「1949年 9 月 19 日国際道路交通に関する条約（国際連合）」等と印字されているなど，ジュネーブ条約に基づく正規の国際運転免許証にその形状，記載内容等が酷似している。また，本件文書の表紙に英語で「国際旅行連盟」と刻された印章様のものが印字されていることなどからすると，本件文書には国際旅行連盟なる団体がその発給者として表示されているといえる。このような形状，記載内容等に照らすと，本件文書は，一般人をして，ジュネーブ条約に基づく国際運転免許証の発給権限を有する団体である国際旅行連盟により作成された正規の国際運転免許証であると信用させるに足りるものである。

(4) 国際旅行連盟なる団体がジュネーブ条約に基づきその締約国等から国際運転免許証の発給権限を与えられた事実はなく，被告人もこのことを認識していた。しかし，被告人は，メキシコ合衆国に実在する民間団体である国際旅行連盟から本件文書の作成を委託されていた旨弁解している。

2　私文書偽造の本質は，文書の名義人と作成者との間の人格の同一性を偽る点にあると解される（最高裁昭和 58 年（あ）第 257 号同 59 年 2 月 17 日第二小法廷判決・刑集 38 巻 3 号 336 頁，最高裁平成 5 年（あ）第 135 号同年 10 月 5 日第一小法廷決定・刑集 47 巻 8 号 7 頁参照）。本件についてこれをみるに，上記 1 のような本件文書の記載内容，性質などに照らすと，ジュネーブ条約に基づく国際運転免許証の発給権限を有する団体により作成されているということが，正に本件文書の社会的信用性を基礎付けるものといえるから，本件文書の名義人は，「ジュネーブ条約に基づく国際運転免許証の発給権限を有する団体である国際旅行連盟」であると解すべきである。そうすると，国際旅行連盟が同条約に基づきその締約国等から国際運転免許証の発給権限を与えられた事実はないのであるから，所論のように，国際旅行連盟が実在の団体であり，被告人に本件文書の作成を委託していたとの前提に立ったとしても，被告人が国際旅行連盟の名称を用いて本件文書を作成する行為は，文書の名義人と作成者との間の人格の同一性を偽るものであるといわねばならない。したがって，被告人に対し有印私文書偽造罪の成立を認めた原判決の判断は，正当である。

　よって，刑訴法 414 条，386 条 1 項 3 号により，裁判官全員一致の意見で，主文のとおり決定する。

（裁判長裁判官　福田博　裁判官　北川弘治　裁判官　亀山継夫　裁判官　梶谷玄　裁判官　滝井繁男）

チェック
□本決定は偽造の意義についてどのような考え方に立っているか？
□判例は代理・代表名義の冒用のケースについて，どのような考え方に立っているか？　それと，本決定の考え方とは，整合性があるか？

課題判例50

虚偽公文書作成行使詐欺収賄被告事件

昭和29年（あ）第3851号

同32年10月4日第二小法廷判決

　　　　　　　主　　　文

　本件上告を棄却する。

　　　　　　　理　　　由

弁護人Iの上告趣意について

　刑法156条の虚偽公文書作成罪は，公文書の作成権限者たる公務員を主体とする身分犯ではあるが，作成権限者たる公務員の職務を補佐して公文書の起案を担当する職員が，その地位を利用し行使の目的をもってその職務上起案を担当する文書につき内容虚偽のものを起案し，これを情を知らない右上司に提出し上司をして右起案文書の内容を真実なものと誤信して署名若しくは記名，捺印せしめ，もって内容虚偽の公文書を作らせた場合の如きも，なお，虚偽公文書作成罪の間接正犯の成立あるものと解すべきである。けだし，この場合においては，右職員は，その職務に関し内容虚偽の文書を起案し情を知らない作成権限者たる公務員を利用して虚偽の公文書を完成したものとみるを相当とするからである（昭和10年（れ）第1424号同11年2月14日大審院判決，昭和15年（れ）第63号同年4月2日大審院判決参照）。

　これを本件についてみると，原判決の是認した第1審判決の判示認定事実によれば，被告人は，その第1の（1）及び（2）の犯行当時，宮城県栗原地方事務所において同地方事務所長Sの下にあって同地方事務所の建築係として一般建築に関する建築申請書類の審査，建築物の現場審査並びに住宅金融公庫よりの融資により建築される住宅の建築設計審査，建築進行状況の審査及びこれらに関する文書の起案等の職務を担当していたものであるところ，その地位を利用し行使の目的をもって右第1の（1）及び（2）の判示の如く未だ着工していないGの住宅の現場審査申請書に，建前が完了した旨又は屋根葺，荒壁が完了した旨いずれも虚偽の報告記載をなし，これを右住宅の現場審査合格書の作成権限者たる右地方事務所長に提出し，情を知らない同所長をして真実その報告記載のとおり建築が進行したものと誤信させて所要の記名，捺印をなさしめ，もってそれぞれ内容虚偽の現場審査合格書を作らせたものであるから，被告人の右所為を刑法156条に問擬し，右虚偽の各審査合格書を各関係官庁並びに銀行に提出行使した所為を各同法158条の罪を構成するものと認定した第1審判決を是認した原判決は正当であるといわなければならない。所論引用の当裁判所の判例は，公務員でない者が虚偽の申立をなし情を知らない公務員をして虚偽の文書を作らせた事案に関するものであって，本件に適切でない。論旨は理由がない。

　よつて刑訴 408 条により裁判官全員一致の意見で主文のとおり判決する。
（裁判長裁判官　小谷勝重　裁判官　藤田八郎　裁判官　池田克　裁判官　河村大助
裁判官　奥野健一）

チェック

□この事案で公文書偽造罪が成立しないのはなぜか？

□ 156 条の罪は身分犯か？　身分犯だとすれば，それはどのような身分を必要と
する犯罪か？

□ 156 条の罪について間接正犯の成立を認める場合，作成権限のない公務員と私
人とを区別すべき理由はあるか？

授　業

　今回のテーマは，「文書偽造罪」です。これは理論的に興味深い論点をたくさん
含んでいると共に，実際上も重要な意義を有している犯罪類型です。

　文書偽造罪の客体は，当然のことながら文書です。では，文書とは何でしょう
か？　刑法上の文書は，文字またはこれに代わるべき可視的・可読的符号を用
い，一定期間永続すべき状態において，物体の上に記載された意思または観念の
表示である，と一般に言われています。正確には，更に，名義人の存在と認識可
能性が要件として加わります。また，社会生活上重要な事項に関する証拠となり
得るものであることや，原本であることも，文書の要件であるとされることが多
いです。これらをまとめると，文書の要件に関して問題となる点は，①可視性・
可読性，②永続性，③意思または観念の表示，④名義人の存在と認識可能性，⑤
社会的重要性，⑥原本性に分節することができるでしょう。それぞれにまつわる
個別の問題はここでは取り上げませんので，各自，基本書で確認しておいてください。

文書の意義

意義…文字またはこれに代わるべき可視的・可読的符号を用
　　い，一定期間永続すべき状態において，物体の上に記載
　　された意思または観念の表示

文書の要件
①可視性・可読性
②意思または観念の表示
③永続性
④社会的重要性
⑤名義人の存在と認識可能性
⑥原本性

文書偽造罪の保護法益は，文書に対する公共の信用であるとされます。

保護法益

保護法益…文書に対する公共の信用
→文書は，権利・義務関係や一定の事実を証明する手段とし
て，すなわち，証拠として重要な役割を果たしている。文書
偽造罪は，そのような文書の証拠としての機能を保護法益
としている。

①作成名義が偽られる場合
②内容虚偽の文書が作成される場合
⇒形式主義と実質主義

文書は，権利・義務関係や一定の事実を証明する手段として，すなわち，証拠として重要な役割を果たしています。そうすると，文書偽造罪は，そのような文書の証拠としての機能に対する信用を保護法益としているということができるでしょう[1]。

さて，私たちは，文書のどういったところを信用しているのでしょうか？　例えば，XがAに対して100万円を貸しており，Aが以下のような借用証書を作成して，Xに交付しているとしましょう。

借用書

X　殿

金　壱百萬円也

本日，私は貴殿より上記の金額を確かに借用いたしました。
令和2年10月1日までに返済いたします。

令和2年6月30日
〒162-8473
住所　東京都新宿区…
氏名　A　　㊞

この場合，借用証書に表示されているAがXから100万円を借用したという

---

[1] 川端・各論526頁，山口・各論429頁など。なお，小林・各論246頁以下参照。

内容は真実に合致しています。このように表示された内容が真実に合致していることを実体的真実と呼びます。私たちは，当然，この実体的真実を信用するでしょう。更に，この借用証書の記載から，このような意思を表示している人は A だと理解されるでしょう（このように，その文書から意思等の表示をしている人だと理解される人のことを「作成名義人」と呼びます）。そして，この借用証書を作成している人も確かに A です。このように作成名義人が真に作成した文書であるという文書の成立に関する正しさのことを形式的真正と呼びます。私たちは，この形式的真正についても信用しているでしょう。このように，文書に対する信用には，実体的真実に対する信用と形式的真正に対する信用とがあります。

　文書偽造罪の処罰対象を決定する際に，実体的真実に対する信用の保護を基本にする立場を実質主義と呼び，形式的真正に対する信用の保護を基本にする立場を形式主義と呼びます。平たく言うと，内容が虚偽の文書を作成することを処罰対象にするのが実質主義で，作成名義の偽りを処罰対象にするのが形式主義です。例えば，上の例で，X が借用証書を紛失したので同内容の借用証書を A に無断で作成した，という場合について考えると，実質主義によれば，内容が真実に合致しているのですから処罰の対象としなくともよいということになるでしょうが，形式主義からすれば作成名義を偽っている以上，処罰すべきだということになります。内容が真実に合致しているのですから実害はないようにも思われますが，文書はそのような事実が存在することを証明する証拠として用いられるものなのですから，その内容が真実であることは証明の対象であって，結果として文書の内容が真実に合致していることが判明するにすぎません。他方で，証拠として用いることができるかという観点からすると，作成名義が偽られている文書を証拠として用いるのは不適当でしょう。勝手に作成された借用証書が，債権の存在を証明する証拠として相応しくないものであることは明らかです。また，仮に内容が虚偽であっても，作成名義が偽られていなければ，そのような虚偽文書を作成したことについての責任を追及することは可能ですが，作成名義が偽られると文書作成の責任の所在自体が不明になってしまうので，より強く禁圧する必要がある，という点も考慮に値すると思います。以上のようなことに鑑みると，形式主義を採用することには理由があるといえるでしょう。

　ここで，偽造の概念について，整理しておくことにしましょう。文書偽造罪はテクニカルな話が多いのですが，中でも偽造概念は初学者の躓きの石になること

がままあるようですので，ここはしっかり押さえておくことが大切です。

　まず，講学上，偽造概念は，有形偽造と無形偽造とに分けられます。

偽造の意義

有形偽造…作成権限なく他人名義の文書を作成すること
　　　　→その結果，作成された文書を不真正文書・偽造文書という
無形偽造…作成権限を有する者が内容虚偽の文書を作成すること
　　　　→その結果，作成された文書を虚偽文書という
＊公文書に関しては，有形偽造（154条，155条）・無形偽造（156条）
　の双方を処罰しているが，私文書に関しては，有形偽造の処罰が原
　則であり（159条），無形偽造は例外的に処罰の対象になっている
　（160条）にすぎない。

　有形偽造は，作成権限なく他人の作成名義を冒用して文書を作成することを意味し（有形偽造の意義に関しては，後に詳論します），その結果，作成された文書を不真正文書・偽造文書といいます。これに対して，無形偽造は，作成権限を有する者が内容虚偽の文書を作成することを意味し，その結果，作成された文書を虚偽文書といいます。条文上は，有形偽造のことを「偽造」（155条1項，159条1項），無形偽造のことを「虚偽文書作成」（156条）あるいは「虚偽記載」（160条）と表現しています。このような整理によると，現行法は，公文書については有形偽造も無形偽造も処罰の対象になっているので形式主義と実質主義が併用されていますが，私文書に関しては，有形偽造は処罰されているものの，無形偽造については，診断書等極めて限定された文書についてしか処罰の対象にしていないので[2]，形式主義を基本としていることが明らかです。

　なお，条文では，「偽造」と「変造」が区別されています（例えば，159条1項と2項）。このように区別される場合，「変造」は，既存の真正に成立した文書に変更を加えることを意味し，作成権限のない者が，真正に成立した他人名義の文書に変更を加え，新たな証明力を作り出すことを有形変造といい，作成権限を有する者が，既存の自己名義の文書に変更を加え，新たな証明力を作り出すことを無形変造といいます。現行法は，有形変造は処罰の対象にしていますが（155条2項，

---

[2] 特別法では，私文書の無形偽造を処罰する規定が設けられていることも珍しくありません。

159条2項），無形変造は公文書に関しては処罰しているものの（156条），私文書では処罰の対象にしてはいません（160条には「変造」がありません[3]）。なお，既存の文書の本質的部分に変更を加え，既存の文書との同一性を欠く文書を作出した場合には，変造ではなく，偽造若しくは虚偽作成になります。従って，偽造と変造は，文書の本質的部分に変更を加えたか非本質的部分に変更を加えたかによって区別されることになりますが，その限界線は微妙な場合もあり，いずれであれ法定刑は同一ですので，厳密に区別することにそれほど大きな意義があるわけではありません[4]。

このように偽造概念を整理した場合，最も重要な問題は，有形偽造をどのように理解すべきかという点にあります。なぜならば，私文書に関しては，有形偽造であれば処罰されるのに対し，無形偽造が処罰されるのは極めて例外的な場合に限られているからです。そのため，どのような場合に有形偽造が認められるべきかに関する議論が盛んなのですが，これがまたとても分かりにくく，素人を（否，玄人も）寄せ付けないところがあります。私も，どこまでうまく説明できるか自信がないのですが，何とか理解してもらえるように頑張りたいと思います。

まず，有形偽造の定義が出発点となりますが，これに関しては，①作成権限なく他人名義の文書を作成すること（作成名義の冒用）と，②文書の名義人と作成者との人格の同一性を偽ることという2つの定義が見られます。この2つの定義は，

---

[3] 毀棄罪が成立する可能性はあるでしょう。

[4] 井田・各論 471 頁。もっとも，160 条は無形変造を処罰の対象にしていないとすれば，ここでは無形偽造と無形変造の区別は依然として意味をもっているということになるでしょう。

実質的には同じものであるとされています（最判昭59・2・17刑集38・3・336）が，②の定義の方が，汎用性が高いと見られ，近時は広く用いられるようになってきています[5]。例えば，通称名を使用したような場合は，誰にどのような権限があるのかを問題にするよりは，通称名を使用することで，別の人格を認識させようとしたのかどうかを問題にした方が，判断が明確になるでしょう。2つの定義は同義だというのですから，①の定義で判断しても一向にかまわないのですが，ここでは，②の定義を中心にして検討していきたいと思います[6]。

有形偽造の意義

2つの定義：
①作成権限なく他人名義の文書を作成すること（作成名義の冒用）
②文書の名義人と作成者との人格の同一性を偽ること
⇒この2つの定義は，実質的には同じものである（最判昭59・2・17
　刑集38・3・336）

このように文書の名義人と作成者との人格の同一性を偽ることという定義から出発するならば，有形偽造になるかどうかの判断は，形式的には極めてシンプル

[5] 井田・各論491頁以下，西田・各論380頁，山口・各論435頁など。なお，松原先生は，作成権限に着目する定義は現実に文書を作成した者を作成者と見る事実説を暗黙の前提としているものであるのに対し，人格の同一性を偽ることに着目する定義によるならば作成者の意義について観念説をとるべきだとされます。その上で，前者の定義によれば，作成者と名義人はそれぞれ独立に定義されるのに対し，後者の定義によれば名義人は「文書から看取される作成者」として定義され，作成者の概念が定まれば名義人の概念も定まることになるから，独立変数が削減できるので優れているとされています（松原・各論461頁以下）。
[6] 少し脱線しますが，②の定義を「文書の名義人と作成者の同一性を偽ること」とする表現も時折みられます。別に間違いだとは思いませんが，「人格」という言葉を入れないと，名義人と作成者に当たる2人の人間が存在しないと有形偽造にはならないかのような印象を与えてしまうような感じがして多少気になります。通称名の使用のケースからも明らかであるように，物理的な登場人物は1人であっても，そこで名義人としての人格と作成者としての人格とが分裂することは当然あり得ます。問題となっているのは物理的な存在としての「人」ではなく，意思表示の主体として認識される「人格」であるという点を明確にするためにも，やはり「人格」の語は入れておいた方がよいように個人的には思っています。ちなみに，人格の西欧語であるperson（英），Person（独），personne（仏）は，ラテン語のpersonaに由来するものだと言われていますが，personaには「仮面」という意味があります。ギリシア劇に登場する役者がつける「仮面」のことです。同じ役者が違う「仮面」をつけて登場することもあったでしょう。そもそも，仮面をつけて演ずること自体が別人格になることだともいえそうです。これは，1人の人間に複数の人格を観念することができるということをうまくイメージしているのではないでしょうか。

です。すなわち，名義人とは何か，作成者とは何かを定義し，その定義に基づいて，具体的事案において，名義人は誰で，作成者は誰かを特定し，その人格が一致しているのか一致していないのかを判断する，というのがそれです。従って，ここでは，名義人と作成者をどのように定義するのか，ということが決定的に重要になってきます。

名義人と作成者の意義

名義人…文書の記載内容から理解される意識内容（＝意思または観念）の主体
⇒これは伝統的に名義人の意義に関してとられてきた表現であるが，近時は名義人を「文書から作成者として認識される者」として定義する見解が増えている。どちらによるかでそれほど大きな違いが生ずるわけではないが，前者の定義によると，名義人と作成者はそれぞれ独立に定義されることになるのに対し，後者の定義によると名義人は作成者の概念に依存し，名義人の概念と作成者の概念はいわば連動することになる点で，有形偽造に当たるかどうかを判断する際の思考プロセスが異なってくるであろう。

作成者の意義
Ａ説：現実に文書を物理的に作成した者が作成者である（事実説）
Ｂ説：文書に表示された意思または観念が由来する者（意思説）
Ｂ$^{-1}$説：文書の作成意思の主体が作成者である（事実的意思説）
Ｂ$^{-2}$説：文書の効果が帰属する主体が作成者である（規範的意思説［効果説］）

　まず，名義人については，文書の記載内容から理解される意識内容（＝意思または観念）の主体であると伝統的に表現されてきました。これに対して，近時は名義人を「文書から作成者として認識される者」として定義する見解も増えています。どちらによるかでそれほど大きな違いが生ずるわけではありませんが，伝統的な定義によると，名義人と作成者はそれぞれ独立に定義されることになるのに対し，最近の定義によると名義人は作成者の概念に依存し，名義人の概念と作成者の概念はいわば連動することになる点で，有形偽造に当たるかどうかを判断する際の思考プロセスが異なってくることになるでしょう。

　他方，作成者については，現実に文書を物理的に作成した者が作成者であるとする「事実説」と，文書に表示された意思または観念が由来する者が作成者であるとする「意思説」とがあるとされ，後者は更に，文書の作成意思の主体が作成

者であるとする「事実的意思説」[7]と，文書の効果が帰属する主体が作成者であるとする「規範的意思説［効果説］」[8]に分けられます。

　事実説によると，例えば，秘書が社長に命ぜられて社長名義の文書を作った場合[9]，秘書が作成者となり文書偽造罪が成立しかねませんが，その結論が不合理であることは明らかです。名義人の承諾によって違法性が阻却されるとも言われますが，文書偽造罪の保護法益は文書に対する公共の信用ですから，名義人の承諾によって違法性が阻却されると解することはできないでしょう[10]。

　そのため，意思説が多くの支持を得ることになっていますが，規範的意思説に対しては，①自己名義の文書を作成した場合も，公序良俗違反のために文書内容に対応した法律効果が名義人に帰属しない場合には有形偽造となってしまう，②事実証明に関する文書について文書内容に対応した法律効果の名義人への帰属は問題とならない，③民事法上，善意者が保護され，文書内容に対応した法律効果を追及できる場合（表見代理など）には有形偽造に当たらないことになる，といった批判が向けられています。そのため，規範的意思説に立つとされている見解でも，民事法上の効果とダイレクトに結びつける形で主張されることは稀です[11]。他方で，事実的意思説に対しても，そこにいう意思の内容が不明確であるとか，

---

[7] 林幹人『現代の経済犯罪』（1989年）141頁，伊東研祐「偽造罪」芝原邦爾ほか編『刑法理論の現代的展開　各論』（1996年）317頁など。

[8] 平野龍一・法セ222号（1974年）69頁，町野・現在312頁。

[9] 社長Aの秘書を務めているXが，Aから「私の名義で架空の領収書を作ってくれ」と指示されたので，内容が虚偽であることを知りながら，A名義の領収証を作成したとします。この場合，Xに私文書偽造罪は成立するでしょうか？　意思説の立場からすれば，Aは自分名義の領収証を作成するように命じているのですから，そこに表示されている意思はAの意思だと解されるので，作成者はAだということになるでしょう。従って，名義人と作成者の人格は同一なので（有形）偽造には当たらないということになります。要は，Aが自分で内容虚偽の領収証を作成した場合と同じ（すなわち私文書の無形偽造）なので私文書偽造罪は成立しないということです。このような場合に偽造を認めると，本人が内容虚偽の文書を作成した場合も偽造になってしまいかねません。しかし，名義人自身が内容虚偽の文書を作成することは無形偽造であり私文書の場合は原則として不可罰になっています。このことは，内容が虚偽であっても作成権限は否定されないということを意味します。
　さて，ここで問題です。この事例について，名義人は「真に当該金額を受領したA」であり，作成者は実際には当該金額を受領していない単なる「A」であるから，名義人と作成者の人格の同一性を偽っているので私文書偽造罪が成立するという解答が示されたとします。あなたはこれをどのように評価しますか？

[10] 山口・各論436頁。

[11] 井田先生は，規範的意思説を正当とされつつも，その判断は，私法上の意思表示の有効性と必ずしもリンクするものではないとされています（井田・各論470頁）。

名義人により授与された作成権限を濫用した場合も有形偽造が成立することになるといった批判があり，必ずしもそのままの形で多数の支持を得ているわけではなさそうです。近時では，更に，文書作成についての法的な責任を追及される者が作成者であるとする「責任追及説」[12] や，文書として表示された意思・観念の帰属主体が作成者であるとする「帰属説」[13] といった見解も主張されており，議論はなかなか複雑な様相を呈しています（ここまでくると，学生さんの中には，「どこがどう違うのか，さっぱり分からない。お手上げだ。」と思う人も出てくるのではないでしょうか。それは，全然おかしなことではありません。玄人でも，これらの見解がどのように違うのかを理解するのはかなり難しいのです）。

　事実説を支持できないということになれば，意思表示の主体を作成者と見るという点で，意思説は方向性として基本的に正しいように思われます。問題は，そこにいう意思表示の主体をどのように理解するかという点にありそうです。この意思を，実際に文書に表示されている具体的な意思内容としてとらえると，一方では，作成権限が濫用された場合もそこに表示された意思内容は名義人の意思に基づくものではないことから有形偽造になりかねず，他方では，表示された意思内容が名義人の意思に基づくものである限り，そこに法的にどのような問題があるとしても有形偽造にはならない（例えば，名義人の承諾があれば常に有形偽造にはならない）ということになりそうですが，いずれも極端な結論であると一般には考えられています。ここでは，意思内容を一定程度抽象化すると共に，意思表示の主体について何らかの法的な観点からの制約を設けなければならないということが意識されざるを得ません。そのため，意思内容をどこまで，どのような理由で抽象化すべきなのか，意思表示の主体をどのような観点から制約すべきなのか，という点に関する見方の違いによって，いろいろな説明が登場してくることになるのだと思います[14]。学修に当たっては，とりあえず，意思説の考え方を前提にしながら，具体的な事案について考えるときに，誰が意思表示の主体なのか，理由を付して説明できるようになることが当面の目標になると考えてよいのではないでしょうか。

---

[12]　今井猛嘉「文書偽造罪の一考察（6・完）」法協 116 巻 8 号（1999 年）161 頁。

[13]　山口・各論 437 頁，伊藤ほか・各論 362 頁［成瀬幸典］。

[14]　高橋則夫先生は，「事実的意思説の規範的修正」と「規範的意思説の事実的修正」という分析視覚を示され，前者を支持しておられます（高橋・各論 518 頁以下）。

さて，有形偽造の肯否に関しては，問題となる様々な事例がありますので，それらを概観しておきたいと思います。

有形偽造の諸問題

①代理・代表名義の冒用，②名義人の承諾，③通称名の使用，
④偽名・仮名の使用，⑤資格・肩書の冒用

第1は，代理・代表名義の冒用の場合です。例えば，代理権・代表権のないX
が「Y代理人X」「Y代表者X」名義の文書を作成した，という場合は，有形偽造
に当たるのでしょうか？　この場合，とりあえず作成者はXであるといえそうで
すが，では，名義人は誰でしょうか？　この場合は，代理・代表資格の有無とい
う内容を偽っただけで，X自身の意思が表示されているから名義人はXであると
解すると，無形偽造だということになります。しかし，これによると，不可罰と
なりそうですが，その結論は妥当ではないでしょう。そのため，無形偽造だとす
る論者の中にも，この場合は159条3項により可罰的となるとする者がいるので
すが[15]，そのように解してよい根拠は明らかではありません。そこで，多数説は，
この場合を有形偽造だと考えます。しかし，その理論構成には様々なものがあり
ます。代表的なものとしては，①文書内容の法的効果が本人に帰属するから本人
（Y）が名義人であるとする見解，②文書に表示された意思・観念は代理・代表さ
れる本人に帰属するから名義人は本人（Y）であるとする見解[16]，③代理・代表資
格が当該文書に対する公共の信用を基礎づけている場合には，それは名義人の表
示の一部となっており，その場合には資格と氏名が一体となった者（Y代理人X）
が名義人であるとする見解[17]を挙げることができるでしょう[18]。判例は，文書内
容に基づく効果が本人に帰属するということを理由に本人を名義人としている
（最決昭45・9・4刑集24・10・1319[19]）ので，①説の立場に立っているものと思われ

[15] 木村亀二『刑法各論』（復刊1957年）250頁。これは，結局，実質主義に立つことを意味
するでしょう。
[16] 山口・各論461頁，高橋・各論545頁など。
[17] 西田・各論396頁など。
[18] 松原先生は，本人（Y）も代理人（X）も名義人となるという見解（二重名義説）を主張
されています（松原・各論468頁以下）。

ます。これに対しては，法的効果が誰に帰属するかということと，誰が意思表示の主体として理解されるかということとは別の問題であるという批判がなされています。

　ところで，これとの関連で興味深いのが課題判例 49（最決平 15・10・6 刑集 57・9・987）です。本決定は，「本件文書の記載内容，性質などに照らすと，ジュネーブ条約に基づく国際運転免許証の発給権限を有する団体により作成されているということが，正に本件文書の社会的信用性を基礎付けるものといえるから，本件文書の名義人は，『ジュネーブ条約に基づく国際運転免許証の発給権限を有する団体である国際旅行連盟』であると解すべきである」として，文書の名義人と作成者との間の人格の同一性を偽るものであるから私文書偽造罪が成立するとしています。これは，上述した③説の考え方を採用したように見えます。そのため，本決定と前掲最決昭45・9・4との整合性が問題となり得るところです。③説からは，前掲最決昭45・9・4においても同じように判断されるべきであったと解されるところですが，①②説からは，課題判例 49 の場合は，国際旅行連盟なるものに作成権限があるかどうかが問題となっているのであり，他人からの作成権限の授権が問題となっているのではないから，本人への効果や意思の帰属ということがそもそも問題にならないケースなので，事案が異なると解されることになるでしょう[20]。そして，①②説は，③説によると資格・肩書の冒用が広く私文書偽造罪に当たる恐れがあり妥当ではない，と批判しています。

　第 2 は，名義人の承諾がある場合です。一般に，この場合には有形偽造に当たらないとされています。有形偽造の定義に照らして考えると，本人の承諾があるので作成名義の冒用はないと考えられますし，意思説の立場に立てば，この場合の作成者は，承諾を与えた本人になりますから，名義人と作成者の人格の同一性を偽ってはいないということになるでしょう。しかし，判例では，自己の名義で文書を作成することについて承諾を与えた場合でも，私文書偽造罪の成立を認めているものがあります。最決昭56・4・8刑集35・3・57は，交通事件原票中の供述書は，「文書の性質上，作成名義人以外の者がこれを作成することは法令上許されない」ものであるから，これを他人名義で作成したときは，あらかじめその他

---

[19]　なお，この判例では，理事会を名義人とすることから，理事会の署名・印章の使用がないので無印私文書偽造罪が成立するとされている点にも注意が必要です。
[20]　山口厚『新判例から見た刑法〔第 3 版〕』（2015 年）346 頁。

人から承諾を得ていたとしても，私文書偽造罪が成立するとしています。また，東京地判平 10・8・19 判時 1653・154 は，一般旅券発給申請書は，「性質上名義人たる署名者本人の自署を必要とする」文書であるから，たとえ名義人が自己の名義で一般旅券発給申請書を作成することについて承諾を与えていたとしても，私文書偽造罪が成立するとしました（この事例では，承諾を与えた者も共謀共同正犯としての責任を負うとされています）。このように「文書の性質」に着目するのは基本的に正当であると思われますが[21]，これにどのような内容を盛り込むのかが具体的に問われなければならないことになるでしょう。

　この問題について，学説では，名義人の意思に基づいて文書が作成されている以上，有形偽造ではないから，私文書偽造罪は成立しないという見解も唱えられています[22]。これは，先に見た，事実的意思説の立場を徹底するものですが，多くの見解は結論において判例の処理を是認しています。しかし，その理由付けは様々です。有形偽造の理解が，いかに多様であるのかを示す好例ですので，批判も併せて簡単に紹介しておきましょう。Ⓐ違法な目的のためになされた承諾は無効であり，それによって承諾を得た者に作成権限が生ずるわけではない（批判：違法な目的で承諾が与えられたからといって，直ちに有形偽造が成立すると解するべきではない。例えば，A が A 名義での脅迫文書の作成を承諾し，これに基づいて B が A 名義の脅迫文書を作成したとしても有形偽造を認めるべきではない），Ⓑ文書の性質上自署性が要求される場合には，名義人の承諾があっても有形偽造となる（批判：これによると，負傷などによる代筆も認められなくなる），Ⓒ文書の表示内容についての責任の移転があり得ない場合には，他人名義での文書の作成は責任の所在を偽ることになる（批判：事実証明に関する文書については，そもそも内容に応じた責任を負うことが予定されてはいない。ある事実が存在することを証明する文書を作成したからといって，ある事実が存在したことにすることはできない），Ⓓ法令の趣旨や文書の性質からみて，一定の

---

[21] 前述した，意思表示の主体になり得る者の範囲に法的な制約が課されざるを得ない場合のひとつだと思います。

[22] 林・前掲経済犯罪 141 頁以下，伊東・各論 312 頁。なお，浅田先生は，前掲最決昭 56・4・8 のような事案について，交通反則通告制度に対する違反については道路交通法に制裁規定を置くべきであって，そもそも私文書偽造罪の問題ではないとされています（浅田・各論 402 頁）。また，このような行為は無形偽造であることを前提として，処罰の必要性については関係法令に処罰規定を設けるべきだとする見解として，松原・各論 466 頁，平川・各論 451 頁。

場所的状況において作成されることが当然に予定されている文書の名義人が，そのような属性を備えている者に限定されるので，そのような属性を備えていない者が承諾を与えても有形偽造となる，例えば，交通事件原票は，交通違反の現場で作成されることが予定されているので，名義人は警察官に違反者と認定されたAであり，単なるAではないから，Aが承諾を与えていても，有形偽造となる（批判：名義人限定のために要求される属性をどのように設定するのかが明らかではない。例えば，交通事件原票の場合，どうして実際に違反した者ではなく，違反者として現認された者なのかは問題となり得る），Ⓔ一定の状況を前提として作成される文書については，そうした前提条件を充足しない文書の作成名義人に意思・観念の表示を帰属することが許されない場合には有形偽造となる（批判：いかなる実体的な内容によって帰属を判断するのかが不明確である），Ⓕ承諾者の意思が，単なる名義貸しの意思にすぎず，自己の文書を作成させる意思でない場合には，承諾者は作成者に当たらないので有形偽造となる（批判：文書の作成が承諾者の意思に基づいている限り，承諾者に文書作成の責任を問うことはできる）。たくさんありすぎてため息が出そうですが，当面，学修者に求められているのは，このような多様な学説を網羅的に覚えることではなく，基本事項の正確な理解に基づいて適切な論理的推論を展開することだと思います。ですので，有形偽造の定義に従って，この場合の名義人は誰で，作成者は誰なのか，また，なぜそうなるのか，あるいは，この場合に作成権限はあるのかないのか，また，なぜそうなるのかを一定の立場から論理的に説明することが目標になるでしょう。そのことを念頭に置いて，自分ならばどう説明するかを考えてみてください。

　第3は，通称名を使用する場合です。芸名やペンネームのような通称名を用いて文書を作成する場合であっても，名義人と作成者の人格の同一性に齟齬が生じなければ有形偽造にはなりませんが，人格の同一性に齟齬が生ずる場合には有形偽造となり得ます。問題は，どのような場合がそれに当たるかです。まず，通称名の通用する範囲が限られていれば，その範囲を超えたところでは，通称名によって作成者とは別人格が特定される可能性が生ずることになるので，そのような場合には有形偽造が成立し得るでしょう。これに対して，通称名が広く定着し，他人との混同を生ずるおそれのない高度の特定識別機能を果たす場合（有名人の場合には，本名よりも芸名などの方が当人を識別する機能は高いでしょう）については，通称名を用いても人格の同一性に齟齬は生じないので，有形偽造が否定されること

226

もあると思います。しかし，文書の性質によっては，通称名の定着の程度如何に
かかわらず有形偽造の成立が肯定されなければならない場合があるでしょう。最
判昭59・2・17刑集38・3・336は，「再入国の許可を申請するにあたっては，こ
とがらの性質上，当然に，本名を用いて申請書を作成することが要求されている」
から，通称名（乙）が被告人（甲）を特定するものとしてほぼ完全に定着していた
としても，本件再入国許可申請書に「表示された乙の氏名から認識される人格は，
適法に本邦に在留することを許されている乙であって，密入国をし，なんらの在
留資格をも有しない甲とは別の人格であることが明らかであるから，そこに本件
文書の名義人と作成者との人格の同一性に齟齬を生じているというべきである」
として私文書偽造罪の成立を肯定しました。再入国許可申請は在留資格が存在す
ることを前提としますから，再入国許可申請書が用いられる手続においては「適
法な在留資格を有する乙」が名義人として特定されることになるでしょう。従っ
て，私文書偽造罪の成立は認められると思います[23]。

　第4は，偽名・仮名を使用する場合です。最決平11・12・20刑集53・9・1495
は，甲という偽名を用いて就職しようと考え，虚偽の氏名，生年月日，住所，経
歴等を記載し，自分の顔写真をはり付けた押印のある甲名義の履歴書及び虚偽の
氏名等を記載した押印のある甲名義の雇用契約書等を作成したという事案につい
て，「これらの文書の性質，機能等に照らすと，たとえ被告人の顔写真がはり付け
られ，あるいは被告人が右各文書から生ずる責任を免れようとする意思を有して
いなかったとしても，これらの文書に表示された名義人は，被告人とは別人格の
者であることが明らかであるから，名義人と作成者との人格の同一性にそごを生
じさせたものというべきである」として，私文書偽造罪の成立を認めています。
履歴書は，受取る側の関心からすれば，そこに記載されている経歴などを有する
人物であることを証明する文書として意義を有するから，記載された経歴などを
有する別人格を認識させることになるので有形偽造に当たるとして，判例の立場
を支持する見解が有力です。もっとも，本名を用いていても，虚偽の経歴などを
記載していれば，そのような経歴などを有する別人格が特定される可能性がない
とはいえません[24]。従って，決定的なのは，本名か偽名かという点ではなく，名

<hr/>
[23] これに対して，松宮先生は，文書偽造罪の予定しない行政的利益を保護するために，偽造
概念が不当に拡張されている，と批判されています（松宮・各論386頁）。

義人として別人格を認識させるような文書を作出したかどうかという点にあることになるでしょう。

　最後に，資格・肩書の冒用が問題となります。法学博士や弁護士でない者が，そのような肩書・資格を冒用して私文書を作成しても，通常は有形偽造にはならないとされています（なお，軽犯罪法1条15号参照）。これに対し，特定の資格・肩書をもつ者でなければ作成することができない文書については，資格・肩書を冒用することによって別人格が名義人として特定されてしまう可能性があるので，その場合には，名義人と作成者の人格の同一性に齟齬が生ずることとなり，有形偽造を肯定することが可能でしょう[25]。しかし，それを超えて，例えば，資格・肩書が当該文書の信用性を高める意味をもつといった程度で有形偽造を認めると文書偽造罪の成立範囲が広がりすぎる恐れがあるので，その線引きの判断は慎重になされなければなりません。

　少し，偽造の説明が長くなりすぎました。課題判例50（最判昭32・10・4刑集11・10・2464）も簡単に見ておくことにしましょう。ここでは，虚偽公文書作成罪の間接正犯の成否が問題となっています。

---

[24] ただ，この場合は，資格・肩書の冒用と同じように，別人格を作出したと評価できるケースは例外的なものに限られることになるでしょう。例えば，前科のある者が履歴書の賞罰欄に前科を記載しなかったとしても，そのことをもって直ちに有形偽造を認めるべきではありません。前科の有無は一般的に雇用主にとって重要な関心事でしょうが，たとえ前科の有無によってその人に対する評価や信用が変わることがあるとしても（もっとも，このこと自体犯罪者の更生という点からは問題を孕みます），前科の記載の有無によってその人とは別の人格が特定されるということは通常ないでしょう。

[25] 最決平5・10・5刑集47・8・7は，弁護士でない甲が「弁護士甲」の名義で弁護士報酬請求書等の文書を作成したという事案について，私文書偽造罪の成立を認めました。この事案で問題となった文書は弁護士の資格がなければ作成することができない文書ではありませんが，同姓同名の弁護士に成りすまし，「弁護士甲」という別人格を名義人として特定させるような文書を作成したと見ることができそうですので，私文書偽造罪の成立を認めることができるでしょう。その点で，この事案は，単なる資格・肩書の冒用の事例ではなく，別人格への成りすましが重要な要素になっていたと見ることができそうです。

虚偽公文書作成等罪（156条）の間接正犯

問題の所在…公文書の作成権限を有しない者（私人・作成権限のない
公務員）が，作成権限のある公務員を利用して，間接正犯の形態で
虚偽公文書等作成罪を遂行することはできるか？

⇒本罪は身分犯であること，157条が156条の間接正犯形態の一部を
規定しており，しかも法定刑が軽いこととの関係をどう解するか
といったことなどに留意する必要がある

＊公文書の作成権限ある公務員が欺かれて，文書を作成しているこ
との認識を欠いたり，文書の種類・性質に関する認識を欠いたり
して公文書を作成した場合には，当該公務員を欺いてその文書を
作成させた者には，公文書偽造罪の間接正犯が成立する。それに対
して，ここで問題となるのは，公文書の作成権限ある公務員が，自
らに作成権限のある公文書を作成しているという認識はあるもの
の，その内容が虚偽であることの認識を欠いている場合の擬律で
ある。

　本判決は，文書の起案等の職務を担当する地方事務所建築係が，情を知らない
所長をして，虚偽の記載をなした現場審査申請書に署名・捺印させ，虚偽の現場
審査合格書を作成させた事案において，虚偽公文書作成罪の間接正犯の成立を肯
定しました。ところで，最判昭27・12・25刑集6・12・1387は，虚偽公文書作成
罪の間接正犯の成立を否定しており，弁護人はこれを引用して判例違反を主張し
たのですが，本判決は「所論引用の当裁判所の判例は，公務員でない者が虚偽の
申立をなし情を知らない公務員をして虚偽の文書を作らせた事案に関するもので
あって，本件に適切でない。」としています。ここから，判例は，主体が公務員か
否かによって，虚偽公文書作成罪の間接正犯の成否を分けているように思われま
すが，更に公務員に関しても何らかの限定があるのかは必ずしも明らかではあり
ません。

　この問題に関する学説は，多岐に分かれています[26]。

---

[26] 詳細については，辰井聡子・争点230頁参照。

```
┌─────────────────────────────────────────────────────────┐
│           虚偽公文書作成等罪（156 条）の間接正犯（学説）          │
│                                                           │
│  A 説：公文書の作成権限ある公務員以外の者による間接正犯の成立      │
│        は否定される                                         │
│  B 説：公文書の作成権限ある公務員以外の者による間接正犯を肯定      │
│        するが，157 条に該当する場合には，同条が優先的に適用され    │
│        る（法条競合）                                        │
│  C 説：公文書の作成権限ある公務員以外の者による間接正犯を肯定      │
│        するが，私人による虚偽の申立てという形態を採る場合は，      │
│        157 条に該当する場合を除いて不可罰である                │
│  D 説：公文書の起案を担当する公務員については間接正犯の成立を      │
│        肯定するが，それ以外の者については間接正犯の成立を否定      │
│        する                                               │
└─────────────────────────────────────────────────────────┘
```

　まず，公文書の作成権限ある公務員以外の者による間接正犯の成立は否定されるとする見解（A 説）があります。これは，157 条が一定の公文書について 156 条の間接正犯形態を独立に，かつ，大幅に刑を減軽して処罰している以上，それ以外の公文書について 156 条の間接正犯を認めることは刑の権衡を失し，157 条の存在理由が失われるということ，156 条は身分犯であるから非身分者は間接正犯としてであっても正犯とはなり得ないということを論拠とします。次に，公文書の作成権限ある公務員以外の者による間接正犯を肯定するが，157 条に該当する場合には，同条が優先的に適用される（法条競合）とする見解（B 説）があります。この見解は，非身分者も作成権限者を介して虚偽公文書を作出することは可能であると主張します。更に，公文書の作成権限ある公務員以外の者による間接正犯を肯定するが，私人による虚偽の申立てという形態を採る場合は，157 条に該当する場合を除いて不可罰であるとする見解（C 説）もあります。この見解は，157 条の刑の減軽根拠は，虚偽の申立てという行為態様が極めて日常的であり犯罪を行わせる誘惑的要素をもつことから，責任が減少する点にあると解され，そうだとすれば，そのような虚偽の申立てという手段によらずに，情を知らない作成権限ある公務員を利用して虚偽公文書を作成させる行為は，156 条の間接正犯となり得る，と主張します。最後に，公文書の起案を担当する公務員については間接正犯の成立を肯定するが，それ以外の者については間接正犯の成立は否定されるとする見解（D 説）があります。この見解は，非身分者も作成権限者を介して虚偽公文書を作出することは可能であるが，本罪は身分犯である以上，公務員以外の者が単独正犯として処罰されることはあり得ず，他方で，作成権限を有しない公

務員については,「公務員」という身分は満たされるので,「職務に関し」といい得る限度において本罪の間接正犯を認めることは可能であると主張します。

A説はひとつの理論的に徹底した立場ですが,156条の間接正犯形態で157条に当たらない場合が不可罰となる点で処罰の間隙が生じますし[27],詔書等無形偽造・変造(156条は,詔書などの虚偽作成を処罰の対象としています)の主体が天皇に限定されてしまうことは,いかにも不都合な感じがします。他方,B説によると,公務員に対して虚偽の申立てをして内容虚偽の公文書を作成させた場合,登記簿等の重要な公文書の場合には157条で軽く罰せられ,それ以外の公文書のときは156条の間接正犯で重く罰せられることになり矛盾が生ずるように思われます。そうすると,C説及びD説は,これらの問題を回避しつつ妥当な処罰範囲を確保しようとする試みだとみることができるでしょう。両説の主たる違いは,非身分者による本罪の間接正犯を肯定するか否かという点にあり,D説は私人が本罪の単独正犯となることを否定するのに対し,C説は,私人であっても虚偽の申立て以外の方法による場合には,間接正犯が成立し得ると主張します。例えば,私人が夜間に役所に侵入し,作成権限者の机上にある公文書の中に内容虚偽の文書を紛れ込ませ,情を知らない公務員に署名押印させるような場合がそれに当たるというのです[28]。

C説とD説の対立点は,身分犯の理解にあるようです。D説は,身分犯を法文において主体が限定されている犯罪と理解するのに対し,C説は,その犯罪の法益侵害を惹起できる者が事実上限定されている犯罪というような形で理解するのです。従って,D説によれば,「公務員」でなければ156条の構成要件に該当する可能性はないのに対して,C説によれば,公務員でない者も作成権限ある行為者を利用して公文書の実体的真実の偽りという156条の法益侵害結果を実現することはできる,と解されることになります。個人的には,C説のような理解は,法文で主体が「公務員」と定められていることの意味を軽視するものであって妥当ではないように思います[29]。ここでは,D説が妥当であるということにしておきましょう。

以上,いろいろと述べてきましたが,簡潔でもなければ,分かりやすくもな

---

[27] 公文書の作成権限ある公務員に,自らに作成権限のある公文書を作成しているという認識がある場合なので公文書偽造罪の間接正犯は成立しません。
[28] 西田・各論388頁。

かったようです。やはり，文書偽造罪は鬼門です。

授業後の課題

　宿泊代金を免れるために，宿泊者名簿（宿帳）に虚偽の住所・氏名を記入した。この場合，私文書偽造罪は成立するでしょうか？

考え方

　本名を知られたくないので宿泊者名簿（宿帳）に偽名を記入してホテルに提出したという場合には，一般に有形偽造にはならないと解されています。宿泊という単発的な関係においては，偽名であっても，宿泊者（＝作成者）を特定することができるというところにその理由があるとされているようです。ところで，宿帳は，元々，感染症対策として感染経路の調査などを目的として宿泊者を特定するために記載が求められるものです[30]。昨今の状況を考えると，宿帳に偽名を記載することは，感染症対策との関係で，極めて重大な問題をはらむように思われますが，それでも，おそらくそのような観点から私文書偽造罪の成立を認めることはないでしょう（旅館業法 6 条 2 項，12 条［拘留または科料］参照）。これは，宿帳の本来の利用目的との関連において別人格を認識させる場合であっても，私文書偽造罪は成立しないことを意味するように思われます。そのように解するならば，たとえ最初から無銭宿泊をするつもりで宿帳に偽名を書いたとしても，私文書偽造罪は成立しないと解するべきだと思います。なぜならば，宿帳の本来の利用目的との関連で別人格を作出しても私文書偽造罪にならないのであれば，宿泊代金の請求という本来の用途外の利用目的との関係で別人格を作出しても私文書偽造罪の成立は否定すべきだと思うからです。皆さんは，どのように考えるでしょうか？

---

[29] 松原先生は，非身分者による身分犯の間接正犯を全面的に否定すると，非身分者は，身分犯に弱い形で関与した場合には共犯として 65 条 1 項により処罰されるのに，間接正犯になるような強い関与をした場合には不可罰になるという矛盾をきたすことになる，とされます（松原・各論 480 頁）。しかし，前者の場合は，問題なく身分犯が成立する正犯が存在しているケースであるのに対して，後者の場合は，身分犯の成否それ自体が問題となるケースであり，両者を関与の強弱だけで比較する考え方は，単独犯と共犯に量的な違いしか認めないかのようであり，少し疑問を感じます。

[30] これを知らないと「チコちゃん」に叱られます（NHK2019 年 8 月 2 日放送）。なお，最近ではテロ対策の点も強調されています。

▶第 **27** 回◀

犯人隠避罪・証拠隠滅罪

基本事項の確認

□犯人隠避罪の成立要件を確認しなさい

□証拠隠滅罪の成立要件を確認しなさい

課題判例51

犯人隠避，証拠隠滅被告事件

最高裁判所第二小法廷平成 27 年（あ）第 1266 号

平成 29 年 3 月 27 日決定

主　　文

本件上告を棄却する。

理　　由

弁護人 O，同 S の上告趣意は，判例違反をいう点を含め，実質は単なる法令違反，事実誤認，量刑不当の主張であって，刑訴法 405 条の上告理由に当たらない。

所論に鑑み，本件における刑法（平成 28 年法律第 54 号による改正前のもの。以下同じ。）103 条の罰金以上の刑に当たる罪を犯した者を「隠避させた」罪の成否につき，職権で判断を示す。

1　原判決の認定及び記録によれば，本件犯人隠避の事実関係は，次のとおりである。

(1)　A は，平成 23 年 9 月 18 日午前 3 時 25 分頃，普通自動二輪車（カワサキ ZEPHYR。以下「A 車」という。）を運転し，信号機により交通整理の行われている交差点の対面信号機の赤色表示を認めたにもかかわらず，停止せずに同交差点内に進入した過失により，右方から普通自動二輪車を運転進行してきた B を同車もろとも路上に転倒・滑走させ，同車を A 車に衝突させ，よって B に外傷性脳損傷等の傷害を負わせる交通事故（以下「本件事故」という。）を起こし，その後 B を同傷害により死亡させたのに，所定の救護義務・報告義務を果たさなかった。

(2)　被告人は，自ら率いる不良集団の構成員であった A から同人が本件事故を起こした

ことを聞き，A 車の破損状況から捜査機関が前記道路交通法違反及び自動車運転過失致死の各罪の犯人が A であることを突き止めるものと考え，A の逮捕に先立ち，A との間で，A 車は盗まれたことにする旨の話合いをした。

（3）A は，前記（1）に係る各被疑事実により，平成 24 年 7 月 8 日通常逮捕され，引き続き勾留された。被告人は，その参考人として取調べを受けるに当たり，警察官から，本件事故のことのほか，A が A 車に乗っているかどうか，A 車がどこにあるか知っているかについて質問を受け，A 車が本件事故の加害車両であると特定されていることを認識したが，警察官に対し，「A がゼファーという単車に実際に乗っているのを見たことはない。A はゼファーという単車を盗まれたと言っていた。単車の事故があったことは知らないし，誰が起こした事故なのか知らない。」などのうそを言い，本件事故の当時，A 車が盗難被害を受けていたことなどから前記各罪の犯人は A ではなく別人であるとする虚偽の説明をした。

2　前記の事実関係によれば，被告人は，前記道路交通法違反及び自動車運転過失致死の各罪の犯人が A であると知りながら，同人との間で，A 車が盗まれたことにするという，A を前記各罪の犯人として身柄の拘束を継続することに疑念を生じさせる内容の口裏合わせをした上，参考人として警察官に対して前記口裏合わせに基づいた虚偽の供述をしたものである。このような被告人の行為は，刑法 103 条にいう「罪を犯した者」をして現にされている身柄の拘束を免れさせるような性質の行為と認められるのであって，同条にいう「隠避させた」に当たると解するのが相当である（最高裁昭和 63 年（あ）第 247 号平成元年 5 月 1 日第一小法廷決定・刑集 43 巻 5 号 405 頁参照）。したがって，被告人について，犯人隠避罪の成立を認めた原判断は，是認できる。

よって，刑訴法 414 条，386 条 1 項 3 号により，裁判官全員一致の意見で，主文のとおり決定する。なお，裁判官小貫芳信の補足意見がある。

裁判官小貫芳信の補足意見は，次のとおりである。

私は，法廷意見に賛同するものであるが，本件被告人の行為が隠避に当たると考えた理由について，意見を補足して述べておきたい。

1　隠避行為とは，法廷意見が説示するとおり，「犯人の身柄拘束を免れさせる性質の行為」をいうものと解するのが相当である。そして，虚偽供述がそのような行為に該当するというためには，客観的に刑事司法作用を誤らせる危険性を有するものであること，すなわち，当該虚偽供述が犯人の身柄拘束の継続に疑義を生じさせる性質のものであることを要するというべきである。

2　まず，「犯人の身柄拘束を免れさせる性質の行為」といえるためには，単に身柄拘束の可否を判断することに何らかの関連を有する供述というだけでは広範なものが含まれ，処罰の範囲を画することができないので，その可否判断に直接ないし密接に関連した供述内容でなければならない。このような点から本件供述内容をみると，本件では，事故時に犯人が A 車を使用することが可能であったことが必須の捜査事項であったと

ころ，本件被告人の虚偽供述の内容は，「Ａがゼファーという単車に実際に乗っているのを見たことはない。Ａはゼファーという単車を盗まれたと言っていた。」というものであり，ＡはＡ車を使用することは不可能であり，結局Ａが本件事故車の運転者ではあり得ないことを供述内容とするものであるから，Ａの身柄拘束を免れさせることに直接関わる虚偽供述内容といえよう。

3　次に，本件は，虚偽供述にとどまるものではなく，Ａと口裏合わせをした上で，前記虚偽供述をした事案である。参考人の供述は，関係者の供述や客観的証拠と整合性があるかどうかを確認して信用性判断がされるものであるが，口裏合わせはその有力な確認方法の一つをあらかじめ奪って，信用性チェックを困難にし，場合によっては虚偽供述の真実らしさを増幅させ，捜査の方向を誤らせる可能性もあり，客観的に刑事司法作用を誤らせる危険性を有するものということができる。その程度は，実務上犯人隠避罪に当たるとすることに異論をみない身代わり自白と差がないものと評価できよう。このような意味で，口裏合わせの事実は，虚偽供述が隠避に該当するというための重要な考慮要素というべきである。

4　以上によれば，口裏合わせを伴う本件虚偽供述は，「犯人の身柄の拘束を免れさせる性質の行為」とみることができ，刑法103条の隠避に該当する。本件は，犯人が身柄拘束中に犯人と意思を通じて虚偽供述に及んでいる点で，法廷意見が引用する最高裁平成元年5月1日第一小法廷決定の事案と共通しており，また，口裏合わせを伴う虚偽供述は同決定の身代わり自白と刑事司法作用を害する程度において差はないと思われるので，本件は同決定と類型を同じくする事案ということができよう。

（裁判長裁判官　小貫芳信　裁判官　鬼丸かおる　裁判官　山本庸幸　裁判官　菅野博之）

チェック

□隠避とはどのようなことを指す概念か？

□参考人の虚偽供述が隠避にあたるのはどのような場合か？

課題判例52

詐欺，証拠隠滅被告事件

最高裁判所第一小法廷平成 26 年（あ）第 1857 号

平成 28 年 3 月 31 日決定

主　　　文

本件上告を棄却する。

理　　由

　弁護人 G，同 U，同 S の上告趣意のうち，判例違反をいう点は，事案を異にする判例を引用するものであり，本件に適切でなく，その余は，憲法違反をいう点を含め，実質は事実誤認，単なる法令違反，量刑不当の主張であって，刑訴法 405 条の上告理由に当たらない。

　所論に鑑み，本件における刑法 104 条の証拠を偽造した罪の成否につき，職権で判断する。

1　原判決及びその是認する第 1 審判決並びに記録によれば，本件証拠偽造の事実関係は次のとおりである。

(1) 本件は，被告人が，平成 23 年 12 月 19 日，A と共に警察署を訪れ，同署刑事課組織犯罪対策所属の B 警部補及び C 巡査部長から，暴力団員である知人の D を被疑者とする覚せい剤取締法違反被疑事件について参考人として取り調べられた際，A，B 警部補及び C 巡査部長と共謀の上，C 巡査部長において，「A が，平成 23 年 10 月末の午後 9 時頃に D が覚せい剤を持っているのを見た。D の見せてきたカバンの中身を A がのぞき込むと，中には，ティッシュにくるまれた白色の結晶粉末が入った透明のチャック付きポリ袋 1 袋とオレンジ色のキャップが付いた注射器 1 本があった」などの虚偽の内容が記載された A を供述者とする供述調書 1 通を作成し，もって，他人の刑事事件に関する証拠を偽造した，という事案である。

(2) A は，被告人と相談しながら，D が覚せい剤等を所持している状況を目撃したという虚構の話を作り上げ，二人で警察署へ赴き，B 警部補及び C 巡査部長に対し，D の覚せい剤所持事件の参考人として虚偽の目撃供述をした上，被告人らの説明，態度等からその供述が虚偽であることを認識するに至った B 警部補及び C 巡査部長から，覚せい剤所持の目撃時期が古いと令状請求をすることができないと示唆され，「適当に 2 か月程前に見たことで書いとったらええやん」などと言われると，これに応じて 2 か月前にも D に会ったなどと話を合わせ，具体的な覚せい剤所持の目撃時期，場所につき被告人の作り話に従って虚偽の供述を続けた。C 巡査部長は，A らと相談しながら具体化させるなどした虚偽の供述を，それと知りながら，A を供述者とする供述調書の形にした。A は，その内容を確認し，C 巡査部長から「正直，僕作ったところあるんで」「そこは流してもうて，注射器とか入ってなかっていう話なんすけど，まあ信憑性を高めるために入れてます」などと言われながらも，末尾に署名指印をした。

2　他人の刑事事件に関し，被疑者以外の者が捜査機関から参考人として取調べ（刑訴法 223 条 1 項）を受けた際，虚偽の供述をしたとしても，刑法 104 条の証拠を偽造した罪に当たるものではないと解されるところ（大審院大正 3 年（れ）第 1476 号同年 6 月 23 日判決・刑録 20 輯 1324 頁，大審院昭和 7 年（れ）第 1692 号同 8 年 2 月 14 日判決・刑集 12 巻 1 号 66 頁，大審院昭和 9 年（れ）第 717 号同 8 年 8 月 4 日判決・刑集 13 巻 14

号 1059 頁，最高裁昭和 27 年（あ）第 1976 号同 28 年 10 月 19 日第二小法廷決定・刑集 7 巻 10 号 1945 頁参照），その虚偽の供述内容が供述調書に録取される（刑訴法 223 条 2 項，198 条 3 項ないし 5 項）などして，書面を含む記録媒体上に記録された場合であっても，そのことだけをもって，同罪に当たるということはできない。

しかしながら，本件において作成された書面は，参考人 A の C 巡査部長に対する供述調書という形式をとっているものの，その実質は，被告人，A，B 警部補及び C 巡査部長の 4 名が，D の覚せい剤所持という架空の事実に関する令状請求のための証拠を作り出す意図で，各人が相談しながら虚偽の供述内容を創作，具体化させて書面にしたものである。

このように見ると，本件行為は，単に参考人として捜査官に対して虚偽の供述をし，それが供述調書に録取されたという事案とは異なり，作成名義人である C 巡査部長を含む被告人ら 4 名が共同して虚偽の内容が記載された証拠を新たに作り出したものといえ，刑法 104 条の証拠を偽造した罪に当たる。したがって，被告人について，A，B 警部補及び C 巡査部長との共同正犯が成立するとした原判断は正当である。

よって，刑訴法 414 条，386 条 1 項 3 号により，裁判官全員一致の意見で，主文のとおり決定する。

（裁判長裁判官　池上政幸　裁判官　櫻井龍子　裁判官　山浦善樹　裁判官　大谷直人　裁判官　小池裕）

> **チェック**
>
> □参考人の虚偽供述が証拠偽造罪に当たるかという問題については，どのような見解が主張されているか？
> □本決定が証拠偽造罪の成立を肯定しているのは，どのような理由に基づくと考えられるか？

授　業

今回のテーマは，「犯人隠避罪・証拠隠滅罪」です。国家的法益に対する罪の中では，比較的よく試験にも出るところなので，しっかり勉強しておく必要があります。

犯人蔵匿及び証拠隠滅の罪は，捜査・審判・刑の執行など広義の刑事司法作用を保護法益とするものです（最判昭 24・8・9 刑集 3・9・1440，最決平元・5・1 刑集 43・5・405）。犯人蔵匿等罪（103 条），証拠隠滅等罪（104 条），証人等威迫罪（105 条の 2）の 3 種類の罪が規定されています[1]。これらはいずれも犯人庇護のために犯さ

れることが多いですが（そのため, 親族による犯罪に関する特例［105 条］が規定されて
います）, 無実の者を罪に陥れるために行われる場合もあり得ることに注意しま
しょう。

　最初に犯人蔵匿等罪（103 条）の解釈問題を取り上げましょう。客体は,「罰金
以上の刑に当たる罪を犯した者又は拘禁中に逃走した者」です。この「罪を犯し
た者」は, 真犯人に限られるかという問題があります。この問題に関しては, 真
犯人に限るとする見解[2]（A 説）, 真犯人及び犯罪の嫌疑を受けて捜査の対象となっ
ている者を指すとする見解[3]（B 説）, 真犯人及び客観的かつ合理的な判断によって
真犯人であると強く疑われる者を指すとする見解[4]（C 説）が唱えられています。
A 説は, 法文の理解として自然な解釈である, 真犯人でない場合には刑事司法作
用を侵害する程度が低い（違法性の減少）, 真犯人でない者を匿う行為は期待可能
性が低い（責任の減少）ということを論拠としています。しかし, A 説には, 被疑
者・被告人の蔵匿・隠避に完全に成功すれば本罪での処罰に困難を来たす, 被蔵
匿者が裁判で無罪となれば再審事由となることを認めざるを得ない, 真犯人でな
いと誤信した場合には常に故意が阻却されるといった問題があるように思われま
す。本罪の審理過程で被蔵匿者の真犯人性を正確に認定することには限界がある
と思われますし, 被疑者・被告人を本罪の対象としなければ, その立法趣旨が大
きく損なわれるでしょう。他方, C 説が示す判断基準は, 客体を限定する一般的
な基準としてはやや不明確な感があり, 故意の認定にも問題が生ずるように思わ
れます。真犯人でないことが明らかである場合については, 個別的に期待可能性
の欠如などを考慮することによって対応せざるを得ないでしょう[5]。なお, 真犯人
である場合には, いまだ捜査の対象となっていない段階でも本罪の客体とすべき
でしょう。このように考えると, B 説が妥当であると思います[6]。

　犯人が死亡していた場合についても本罪の成立を肯定した裁判例があります

[1] 証人威迫罪は, 証人保護のために昭和 33 年の改正により新設されたものですが, 証拠隠滅
等罪に類似することから本章に規定されました。なお, 爆発物取締罰則 9 条, 組織犯罪処罰
法 7 条に加重類型があります。
[2] 浅田・各論 541 頁, 大谷・各論 611 頁, 松原・各論 574 頁, 山口・各論 578 頁など。
[3] 井田・各論 599 頁, 高橋・各論 659 頁など。
[4] 大塚・各論 593 頁など。
[5] なお, 捜査機関の重大な過誤（場合によっては故意）によって被疑者・被告人とされ, 身
柄拘束の危険が迫っているような場合には, 可罰的違法性が欠けるとしたり, 事情によって
正当防衛の成立を認めたりすることも考え得るように思われます。

（札幌高判平17・8・18判タ1198・118）。公訴時効が完成した場合などについて訴追・処罰の可能性がないことを理由に本罪の客体から除外するのであれば，死者についても訴追・処罰の可能性がないのであるから（刑訴法339条1項1号，4号参照）客体から除外すべきであるという見方もあり得るところですが，本罪の保護法益である「国の刑事司法作用」の中に，「犯人の発見逮捕」だけでなく「犯人の特定」も含まれると解するのであれば，犯人が死亡していることが事前に判明しているわけではないのですから，犯人の特定の必要性は依然としてあると言わなければならないでしょう。従って，犯人が死亡している場合でも本罪は成立し得ると解されます。

蔵匿・隠避の意義

蔵匿…官憲の逮捕・発見を免れるべき場所を提供して犯人を匿うこと

隠避…蔵匿以外の方法により官憲の逮捕・発見を妨げる一切の行為
[判例で隠避が認められた事例]
①犯人に逃走・隠避するように勧告する行為（大判明44・4・25刑録17・659）
②犯人に金員を供与する行為（東京高判昭37・4・18高刑集5・3・186）
③偽名等を用いて，犯人が宿泊する際に，犯人と共に宿泊する行為（東京高判平17・9・28東時56・1＝12・59）
④犯人の留守宅に訪れた警察官に対し，犯人が自宅内にいるのに，既に他所へ向かって立ち去った旨の虚偽の供述をする行為（大判大8・4・22刑録25・589）
⑤捜査官に対し，犯人の発見・逮捕を妨げるために，積極的に虚偽の供述をする行為（札幌高判昭50・10・14高検速報99・15）
⑥共犯者がいるのに単独犯行である旨申告して自首する行為（東京高判平17・6・22判タ1195・299）
⑦警察官が逮捕した現行犯人をほしいままに放免する行為（大判明44・7・18刑録17・1462）
⑧警察官が犯行を現認し，その犯人を検挙し得たにもかかわらず，故意にその手段を執らない行為（大判大6・9・27刑録23・1027）
　　→不作為による隠避の例（なお，一般人の場合，単なる犯罪の不告知は隠避にあたらない［罰則のある場合として爆発物取締罰則8条]）
⑨犯人の身代わりとして捜査機関に出頭し，自ら犯人である旨虚偽の供述をする行為（大判大4・8・24刑録21・1244）
⑩真犯人の身代わりとなって公訴の提起を受けている被告人の弁護人が，真犯人の自首の決意を阻止するとともに，被告人が自己の犯罪である旨供述するのを黙認して結審させる行為（大判昭5・2・7刑集9・51）

　行為は，蔵匿すること，または，隠避させることです。「蔵匿」は官憲の逮捕・発見を免れるべき場所を提供して犯人を匿うこととされるのに対して，「隠避」は蔵匿以外の方法により官憲の逮捕・発見を妨げる一切の行為をいうとされるため，その内容があまり明確ではありません。そのため，隠避に当たるのかが争われる場合がしばしば生じます。捜査機関に身代わり犯人として出頭する行為も隠避に当たるとされますが（大判大 4・8・24 刑録 21・1244），それでは，犯人が既に逮捕・拘留中に身代わり犯人として出頭する行為は隠避に当たるでしょうか？

犯人が既に逮捕・拘留中に身代わり犯人を自首させる行為

「刑法 103 条は，捜査，審判及び刑の執行等広義における刑事司法の作用を妨害する者を処罰しようとする趣旨の規定であって…，同条にいう『罪ヲ犯シタル者』には，犯人として逮捕勾留されている者も含まれ，かかる者をして現になされている身柄の拘束を免れさせるような性質の行為も同条にいう『隠避』に当たると解すべきである」
（最決平元・5・1 刑集 43・5・405）
＊保護法益（刑事司法作用）の理解
A 説：犯人の身柄の確保（⇒抽象的危険犯？）
B 説：犯人の特定に向けた捜査機関などの活動も含む

　前掲最決平元・5・1 は，「刑法 103 条は，捜査，審判及び刑の執行等広義における刑事司法の作用を妨害する者を処罰しようとする趣旨の規定であって…，同条にいう『罪ヲ犯シタル者』には，犯人として逮捕勾留されている者も含まれ，かかる者をして現になされている身柄の拘束を免れさせるような性質の行為も同条にいう『隠避』に当たると解すべきである」として犯人隠避教唆罪の成立を認めました[7]。この点に関しては，まず，本罪の保護法益である刑事司法作用の内容を犯人の身柄の確保と考える（A 説）か，それよりも広く犯人の特定に向けた捜査機関などの活動も含むと考える（B 説）かが問題となります[8]。B 説に立てばこ

---

[6] 判例は，「刑法第 103 条は司法に関する国権の作用を防害する者を処罰しようとするのであるから，『罪ヲ犯シタル者』は犯罪の嫌疑によって捜査中の者をも含むと解釈しなくては，立法の目的を達し得ない」（最判昭 24・8・9 刑集 3・9・1440）とし，真に罰金以上の刑に当たる罪を犯した者である場合には，「その犯罪がすでに捜査官憲に発覚して捜査が始まっているかどうかに関係なく，犯人蔵匿罪が成立するものと解すべきである」（最判昭 28・10・2 刑集 7・10・1879）としています。
[7] 反対の見解として，浅田・各論 542 頁，日高・各論 681 頁，松原・各論 584 頁以下など。

240

のような場合にも犯人隠避罪が成立することになるでしょう。しかし、このような解釈は、本罪を、捜査妨害行為を包括的に処罰するものに変質させかねず、捜査活動の保護に偏する嫌いがあります[9]。A説のように考えるのが妥当でしょう。A説によった場合には、身柄拘束状態に変化が生じない限り隠避にはあたらないとする見方もありうるところですが、本罪は抽象的危険犯であるとすれば、身柄を解放する一般的な可能性のある行為が行われれば隠避を肯定することは可能でしょう（前掲最決平元・5・1は、そのような考え方に立っていると思われます[10]）。

さて、課題判例51（最決平29・3・27刑集71・3・183）は、犯人と口裏合わせをした上で、参考人として警察官に対して虚偽の供述をした行為について、犯人隠避罪の成立を認めています。

本決定は、「被告人は、前記道路交通法違反及び自動車運転過失致死の各罪の犯人がAであると知りながら、①同人との間で、A車が盗まれたことにするという、Aを前記各罪の犯人として身柄の拘束を継続することに疑念を生じさせる内容の口裏合わせをした上、参考人として警察官に対して前記②口裏合わせに基づいた虚偽の供述をしたものである。このような被告人の行為は、刑法103条にいう『罪を犯した者』をして③現にされている身柄の拘束を免れさせるような性質の行為と認められるのであって、同条にいう『隠避させた』に当たると解するのが相当である」と判示しています。下線部①では虚偽供述の内容が犯人としての身柄拘束の継続に疑念を生じさせるようなものであったことが、下線部②では本件供述が口裏合わせに基づいたものであることが指摘されていますが、これは、単に警察官に対して虚偽の供述をしただけで直ちに犯人隠避罪に当たるわけではないということを示唆するものであるように思われます。下線部③は、本件の虚偽供述が、現になされている身柄拘束が解かれる危険性を有する行為であることを示していますが（前掲最決平元・5・1が引用されていることからもそのように考えるべきでしょう）、まさにそのような危険性があるといえる理由は、犯人との口裏合わ

---

[8] 前掲最決平元・5・1の第1審はA説、控訴審はB説に立っていると見られます。
[9] 山口・各論581頁。
[10] 「身柄の拘束を免れさせるような性質の行為」を問題にしているところからすると、本決定はA説の観点から判断したものだということができるでしょう（原田國男・最判解平成元年度141頁）。もっとも、これは、A説の観点からも説明できるということにとどまり、B説を排斥するという強い意味まで含むものとはいえないかもしれません。なお、本罪を抽象的危険犯だと解したとしても、「隠避させた」に該当する結果の要否については、更に議論の余地があります（東條明徳・百選Ⅱ［第8版］246頁以下）。

せに基づいた[11]，A の身柄拘束の是非に直結する供述だというところに求められるでしょう[12]（なお，この点に関しては小貫裁判官の補足意見が参考になります）。犯人隠避は，成立範囲を限定することがなかなか難しい犯罪類型であることに加え，捜査段階における参考人の虚偽供述の取扱いについては，これを広く処罰の対象にすることは好ましくないという価値判断を前提にしつつ（この点では課題判例 52 が参考人の虚偽供述について証拠偽造罪が成立する範囲を限定的に解していることとの関係も考慮する必要があります[13]），適切な処罰範囲を確保しようとする意図を読み取ることができるように思われます。妥当な判断だといえるでしょう。

　犯人が自ら隠れたり逃走したりする行為（自己蔵匿・隠避）は，構成要件に該当しません。期待可能性がないというのが，その理由です。それでは，犯人が他人に自己の蔵匿・隠避を教唆した場合はどうなるでしょうか？　判例は，犯人蔵匿等罪の教唆犯の成立を肯定しています（最決昭 35・7・18 刑集 14・9・1189，最決昭 40・2・26 刑集 19・1・59，最決令 3・6・9 裁時 1770-24）。これを支持する見解は，他人を教唆してまで自己の防御を図るのは防御権の濫用である，他人に教唆してまで逃走等を図ることは最早定型的に期待可能性がないとはいえない，といったことを論拠としています。これに対して，学説では，否定説も有力です。自分だけで行う分には期待可能性が欠けるが他人を巻き込む場合には期待可能性があるとするのは説得力がない，正犯の場合に期待可能性がないならば共犯の場合はなおさら期待可能性がないと解するべきである，などとして肯定説を批判します。肯定説は，他人を犯罪に陥れることを処罰根拠とする責任共犯論に立脚するものであるという批判も，よくなされるところです[14]。

　犯人自身の自己隠避等が処罰されない理由は，一般に期待可能性の欠如に求められますが，ここで期待可能性がないとされていることの内実は，犯人であれば当然に抱くであろう「捕まりたくない」という心情に鑑みて，身柄の確保を妨げる一切の行為を不問に付すというものではなく，犯人という立場への配慮と国家の刑事司法作用の保護との調整を図るという政策的な考慮を加味して判断されるべきではないかと思います[15]。そのような観点からすると，犯人が単独で逃げ隠

---

[11] 口裏合わせが行われることによって，供述の信用性を吟味することが困難となり，虚偽であることが見破られなくなるおそれがあるでしょう。
[12] 石田寿一・最判解平成 29 年度 88 頁以下，仲道祐樹・百選 II（第 8 版）248 頁以下参照。
[13] 石田・前掲 88 頁，野原俊郎・最判解平成 28 年度 66 頁以下参照。

れする行為や，他者による蔵匿・隠避の申出を単に受諾する行為を処罰の対象と
するのは犯人にとって酷すぎるが，他人に積極的に働きかけてでも逃げようとす
る行為までは宥恕できないとすることは必ずしも理由のないことではないでしょ
う。いずれの場合も「捕まりたくない」という心情は共通しているかもしれませ
んが，犯人が他人に積極的に働きかけ，他人と協力し合うケースでは刑事司法作
用を侵害する危険が類型的に高まるので，この場合には犯人という立場への配慮
よりも刑事司法作用を保護する必要性が上回ると考えることは決しておかしなこ
とではないと思います（他人と協力し合うことに重点があると考えれば，犯人自身による
間接正犯は除外されることになるでしょう）。

　ところで，この問題を考えるときに，いつも疑問に思っているのですが，肯定
説に立つ場合，なぜ教唆犯の成否しか問題とされず，共同正犯の可能性は検討さ
れないのでしょうか？　単独正犯になり得ない者は，共同正犯にもなり得ないと
は，必ずしもいえないように思います。犯人自身は，自分のために他人に隠避を
依頼するのであり，そこで果たす役割も重要（というか，不可欠？）なものなので
すから，当然，正犯意思は認められるはずですが，それなのに教唆犯になるとい
う結論は，何とも腑に落ちないところがあります[16]。また，仮に共同正犯にはな
り得ないとすると，相手方が既に犯人蔵匿等の犯意を生じている場合には，実際

[14] 前掲最決令3・6・9には，否定説に立つ山口裁判官の反対意見が付されています（「正犯
としてではなく，教唆者としては犯人を処罰の対象とし得ると解することは，『正犯として
は処罰できないが，教唆犯としては処罰できる』ことを認めるものであり，この背後には，
『正犯は罪を犯したことを理由として処罰され，教唆犯は犯罪者を生み出したことを理由と
して処罰される。』といういわゆる責任共犯論の考え方が含まれ，犯罪の成否を左右する極
めて重要な意義がそれに与えられているように思われる。このような共犯理解は，他人を巻
き込んだことを独自の犯罪性として捉え，正犯と教唆犯とで犯罪としての性格に重要な差異
を認めるものであり，相当な理解とはいえないであろう。なぜなら，正犯も教唆犯も，犯罪
結果（法益侵害）と因果性を持つがゆえに処罰されるという意味で同質の犯罪であると解さ
れるからである。このような共犯理解によれば，正犯が処罰されないのに，それよりも因果
性が間接的で弱く，それゆえ犯罪性が相対的に軽い関与形態である教唆犯は処罰されると解
するのは背理であるといわざるを得ない。」）。
[15] 政策的な考慮であるとすれば，可罰性判断の線引きに当たっては国家に一定の裁量が認め
られるはずです。例えば，組織犯罪処罰法は犯人が他人に働きかける形での自己庇護行為を
かなり広い範囲で処罰の対象にしています（同法7条の2）が，もし，犯人による自己庇護
行為には期待可能性がないから一切不可罰とするべきだとすれば，このような規定を設ける
ことも許されないことになるでしょう。
[16] 井田先生は，仮に積極説をとるとした場合に犯人自身が共同正犯になる可能性を示唆され
ています（井田・各論608頁以下。なお，松原・各論590頁以下参照）。

の隠避等の方法を教示したり，具体的な指示を与えたりするなど，犯人自身の関
与がどれほど重要な意味をもっていたとしても教唆にはならない以上，不可罰だ
ということになるのでしょうか？　それとも幇助犯が成立する可能性はあるので
しょうか？　皆さんも考えてみてください。

　次に，証拠隠滅等罪（104 条）に移りましょう。本罪の客体は，他人の刑事事件
に関する証拠です。自己の刑事事件に関する証拠が除外されているのは，期待可
能性の欠如を考慮したためだと解されています。それでは，他人の刑事事件に関
する証拠が自己の刑事事件に関する証拠でもある場合は，どのように取り扱われ
るべきでしょうか？　この点に関しては，本罪が成立するとする見解（A 説），本
罪は成立しないとする見解（B 説），専ら他人のために行為した場合には本罪が成
立するとする見解（C 説）が主張されています。自己の刑事事件に関する証拠が，
たまたま他人の刑事事件に関する証拠でもあるというだけで，本罪の成立を認め
るのは妥当ではないでしょうから，A 説は支持できないと思います。特に，共犯
事件の場合には，一般に証拠は各共犯者間に共通のものでしょうから，A 説に立
つと「他人の刑事事件」に限定されていることの意味がほとんど失われてしまう
のではないでしょうか。そうすると，B 説か C 説ということになりますが，ポイ
ントは，期待可能性の欠如という点をどのように理解するかというところにあり
そうです。期待可能性の欠如が実際に考慮されるのは自己の利益のために隠滅等
の行為に出る場合だと考えれば，C 説が妥当だということになるでしょう。これ
に対して，B 説は，主観面で区別することは基準として不明確であり，自己の刑
事事件に関する証拠でもある場合には類型的に期待可能性が欠如すると考えるべ
きだと主張します[17]。しかし，専ら他人のために行為した場合であっても，自己
の刑事事件に関するものである限り一切不問に付するというのは，A 説とは逆の
意味で行き過ぎだと思います。C 説が妥当だというべきでしょう[18]。

　この関連では，共犯者を蔵匿し，あるいは，隠避させる行為の取扱いも問題と
なります。犯人も供述の主体として証拠となり，共犯者は重要な人的証拠ですか
ら，自己の刑事事件に関する証拠に当たります。従って，共犯者を蔵匿等した場
合，証拠隠滅罪は成立しないとしても，犯人蔵匿等罪は成立するのかが問題とな
るのです。この点に関して，旭川地判昭 57・9・29 刑月 14・9・713 は，「被告人

---

[17] 西田・各論 486 頁。
[18] 井田・各論 603 頁以下，山口・各論 584 頁。

244

自身の刑事被告事件の証拠方法となるのみならず，終局的には共犯者である犯人自身の刑事被告事件における刑執行の客体ともなる者自体を蔵匿し，隠避せしめて，当該犯人に対する捜査，審判及び刑の執行を直接阻害する行為は，もはや防禦として放任される範囲を逸脱するものというべきであって，自己の刑事被告事件の証拠湮滅としての側面をも併有することが，一般的に期待可能性を失わせる事由とはなりえない」として，犯人蔵匿等罪の成立を肯定しました。これに対して，犯人蔵匿等罪と証拠隠滅罪とは，法定刑も同一であり，保護法益も同一であることから，期待可能性の判断も同一と解し得ること，重要な証拠を隠滅する行為の法益侵害の度合いは犯人蔵匿等罪と異ならないこと，などを理由として，犯人蔵匿等罪も成立しないとする見解が主張されています[19]。しかし，証拠偽造罪について，期待可能性の欠如という不処罰の理由が専ら他人のために行為した場合には妥当しないと解するのであれば，犯人蔵匿等罪の場合も同様に解するべきではないかと思われます。従って，自己の利益を図った場合には，期待可能性の欠如を理由に犯人蔵匿等罪は成立しないが，専ら共犯者の利益を図る目的で蔵匿等した場合には犯人蔵匿等罪は成立し得ると解するべきでしょう[20]。

　なお，共犯者の蔵匿等は，その共犯者自身の刑事事件との関係では[21]，犯人蔵匿等罪としてしか処罰の対象にならないと解するべきでしょう。そのように解さないと，「罰金以上の刑に当たる罪」ではない罪の犯人を蔵匿等した場合でも，証拠隠滅罪が成立し得ることとなって不都合だからです[22]。

　本罪の行為は，証拠の隠滅，証拠の偽造・変造，偽造・変造された証拠の使用です。この点に関しては，参考人の虚偽供述が証拠偽造に当たるかが問題とされています。この問題に関連する判例・裁判例には，宣誓しない証人が虚偽の陳述をした場合（大判昭9・8・4刑集13・1059），参考人が虚偽の供述をした場合（千葉

---

[19] 西田・各論486頁。
[20] 井田・各論604頁。
[21] 共犯者が犯人ではない他の刑事事件との関係では，証拠隠滅罪が成立する可能性はあります。
[22] 例えば，侮辱罪の犯人を隠避した場合，「罰金以上の刑」に当たる罪を犯した者ではないので犯人隠避罪は成立しないのに，証拠隠滅罪としては処罰できるということになってしまい，犯人隠避罪の対象が限定されていることが無意味になりかねないでしょう（山口厚『問題探究刑法各論』［1999年］293頁参照）。なお，最近，侮辱罪について懲役刑を含む法定刑の引上げが議論されています。そのような改正がなされれば，103条のほかに64条の適用にも影響することになります。

地判平 7・6・2 判時 1535・144）については，証拠偽造罪の成立を否定したものがあるのに対し（なお，宣誓した証人が偽証した場合は，偽証罪が成立し，証拠隠滅罪は成立しません［最決昭 28・10・19 刑集 7・10・1945］），虚偽供述が文書化された場合については，証拠偽造罪の成立を肯定しているものも見られます（大判昭 12・4・7 刑集 16・517［内容虚偽の口頭弁論調書］，東京高判昭 40・3・29 高刑集 18・2・126［内容虚偽の上申書］）。

　他方，学説では様々な見解が提示されています[23]。

参考人の虚偽供述と証拠偽造罪の成否

A 説：（宣誓によらない）証人・参考人の虚偽供述については証拠偽造罪は成立しない（否定説）

B 説：虚偽供述が文書化された場合には証拠偽造罪の成立を認める（書面限定説）

C 説：虚偽供述に止まる場合，供述録取書が作成された場合は証拠偽造罪は成立しないが，自ら内容虚偽の供述書を作成した場合には同罪が成立する（供述書限定説）

D 説：虚偽供述に止まる場合でも証拠偽造罪が成立する（全面肯定説）

＊A 説（否定説）の論拠

①刑法 104 条にいう「証拠」は証拠方法（証人・参考人）であって証拠資料（証言・供述）を含まない

②偽証罪は宣誓した証人による偽証のみを処罰しており，それ以外の虚偽供述は処罰しない趣旨である

③偽証罪には自白による減免規定があるのに（より軽い）証拠偽造罪には減免規定がないことから，宣誓によらない虚偽供述が証拠偽造になると解すると不均衡が生ずる

④虚偽供述の強制が証人威迫罪として証拠偽造罪よりも軽く処罰されるのであれば，強制の要素が加わっていない単なる虚偽供述の依頼は不可罰とすべきである

⑤人の供述には不誠実で移ろいやすい面があり，虚偽供述によって司法作用を侵害する程度は高いものではない

⑥犯人隠避に該当する虚偽供述は犯人の身柄の確保を妨げるなど一定のものに限られるが，証拠偽造罪に当たることになる虚偽供述の範囲は，刑事事件に関する虚偽の供述が捜査・審判機関以外に対してもなされるので，非常に広範囲に及ぶことになる

⑦虚偽供述が証拠偽造罪に当たるとすると，参考人の記憶に反し捜査官に迎合するような供述が導かれるおそれがある

　参考人の虚偽供述については証拠偽造罪は成立しないとする「否定説」，虚偽供

---

[23] 学説の状況については，只木誠・争点 256 頁以下，亀井源太郎・百選 II（第 8 版）240 頁など参照。

述が文書化された場合には証拠偽造罪の成立を認めるとする「書面限定説」，虚偽
供述に止まる場合，供述録取書が作成された場合は証拠偽造罪は成立しないが，
自ら内容虚偽の供述書を作成した場合には同罪が成立するとする「供述書限定
説」，虚偽供述に止まる場合でも証拠偽造罪が成立するとする「全面肯定説」がそ
れです。

　否定説は，①刑法104条にいう「証拠」は証拠方法（証人・参考人）であって証
拠資料（証言・供述）を含まない，②偽証罪は宣誓した証人による偽証のみを処罰
しており，それ以外の虚偽供述は処罰しない趣旨である，③偽証罪には自白によ
る減免規定があるのに（より軽い）証拠偽造罪には減免規定がないことから，宣誓
によらない虚偽供述が証拠偽造になると解すると不均衡が生ずる，④虚偽供述の
強制が証人威迫罪として証拠偽造罪よりも軽く処罰されるのであれば，強制の要
素が加わっていない単なる虚偽供述の依頼は不可罰とすべきである，⑤人の供述
には不誠実で移ろいやすい面があり，虚偽供述によって司法作用を侵害する程度
は高いものではない，⑥犯人隠避に該当する虚偽供述は犯人の身柄の確保を妨げ
るなど一定のものに限られるが，証拠偽造罪に当たることになる虚偽供述の範囲
は，刑事事件に関する虚偽の供述が捜査・審判機関以外に対してもなされるの
で，非常に広範囲に及ぶことになる，⑦虚偽供述が証拠偽造罪に当たるとすると，
参考人の記憶に反し捜査官に迎合するような供述が導かれるおそれがある，と
いったことを理由とします。

　これに対しては，それぞれ，①' 証人・参考人は，その物理的存在ではなく，そ
の記憶そのものが証拠としての価値をもつから，証拠資料についてもその偽造に
よって刑事司法作用は害される，②' 偽証罪は法定刑が重いから，偽証罪に該当し
ない虚偽供述を処罰しない趣旨だとは必ずしもいえない，③' 偽証罪に自白によ
る減免規定があるのは，司法作用における証言の重要性に鑑み，偽証については
法定刑を重くすると同時に政策的に刑の減免規定を設けたとも解し得る，④' 証
人威迫罪は，被告人に不利な証言をしたことに対する「お礼参り」などの行為を
処罰するものであり，その成立に現に証人等の虚偽供述がなされたことを要せ
ず，さらに，行為者自身の刑事事件についても犯罪が成立するなど，証拠偽造罪
とは規定の趣旨を異にする，⑤' 一律に司法作用を侵害する程度が低いとはいえ
ない（少なくとも，虚偽供述が文書化された場合には証拠として否定し難い重要性を獲得す
る），⑥' 犯人隠避などと同程度の法益侵害の危険を必要とすれば足りる，故意で

限定することができる，文書化された場合に限定することも考えられる，⑦′当初から虚偽供述をする準備を整えていたような場合は迎合的供述をするおそれはない，といった反論がなされています。

　これらの反論に理由があると考えた場合には，証拠偽造罪を肯定する範囲が問題となります。書面限定説は，文書化された場合の証拠としての重要性に着目しますが，これに対しては，供述は供述調書にとられるのが通例であるから，供述と供述調書との間に可罰性の線引きをする実質的理由があるかは疑わしいとの批判があります。また，供述書限定説に対しては，供述が書面に録取される場合と，供述書を提出する場合とで，捜査への影響という点から考えても，可罰性の存否について決定的な違いがあるとはいえないといった批判がなされているところです。他方，全面肯定説には，処罰範囲の著しい拡大が懸念されているほか，否定説の論拠⑦に対応しきれない点が問題視されてきました。

　そのような中で，注目すべき判断を示したのが，課題判例 52（最決平 28・3・31 刑集 70・3・406）です。本決定は，「他人の刑事事件に関し，被疑者以外の者が捜査機関から参考人として取調べ（刑訴法 223 条 1 項）を受けた際，虚偽の供述をしたとしても，刑法 104 条の証拠を偽造した罪に当たるものではないと解されるところ……，その虚偽の供述内容が供述調書に録取される（刑訴法 223 条 2 項，198 条 3 項ないし 5 項）などして，書面を含む記録媒体上に記録された場合であっても，そのことだけをもって，同罪に当たるということはできない。」と判示しています。従来から，参考人の虚偽供述自体については，証拠偽造罪は成立しないという否定説が判例・通説でしたが，その供述が文書化された場合については，証拠偽造罪が成立し得るという見解は，学説上かなり有力に唱えられていたところなので，本決定が，文書化された場合であってもそれだけでは証拠偽造罪に当たらないとしたことには，判例上，大きな意義があるといえるでしょう。

　ここでは，捜査段階で参考人に対して刑罰の威嚇の下に真実を供述する義務を課すことの当否が考慮されているものと思われます[24]。捜査段階における参考人の供述は供述調書に録取されるのが通常ですから，虚偽供述に基づいて供述調書が作成されることをもって証拠偽造罪の成立を認めると，参考人に刑罰の威嚇をもって真実を供述する義務を課すに等しいことになるでしょう。しかし，そうな

---

[24]　野原・前掲 56 頁以下。

ると，捜査段階での供述は変遷することが少なくないことに鑑みると，一旦虚偽供述が書面化されたならば，後に真実を話そうと翻意しても，証拠偽造罪に問われることを恐れて以前の供述を翻すことを躊躇する危険があるように思われます。また，虚偽供述が供述調書に録取されると証拠偽造罪が成立するとなると，捜査官が，供述を虚偽だと判断したにもかかわらず，それをそのまま供述調書に録取することは証拠偽造に関与することになってしまうため，捜査官自身が真実だと判断している事実に沿うような迎合的な供述を導いてしまう懸念もありそうです。これらは，いずれも真実の発見という面から見ても不都合なことでしょう。本決定が，前述のような考え方を示した背景には，そのような事情が考慮されているように思われます。

　もっとも，本決定は，当該事案については，証拠偽造罪の成立を肯定しました。「本件において作成された書面は，参考人 A の C 巡査部長に対する供述調書という形式をとっているものの，その実質は，被告人，A，B 警部補及び C 巡査部長の 4 名が，D の覚せい剤所持という架空の事実に関する令状請求のための証拠を作り出す意図で，各人が相談しながら虚偽の供述内容を創作，具体化させて書面にしたものである」から，「本件行為は，単に参考人として捜査官に対して虚偽の供述をし，それが供述調書に録取されたという事案とは異なり，作成名義人である C 巡査部長を含む被告人ら 4 名が共同して虚偽の内容が記載された証拠を新たに作り出したものといえ，刑法 104 条の証拠を偽造した罪に当たる。」と判示しています。これは，本件は，上述したような参考人に真実を供述する義務を課すことによる不都合が問題となるような事案ではない，という認識に基づくものだといえるでしょう。この結論自体は，妥当なものだといえるでしょう。ただ，そうなると，参考人の虚偽供述が証拠偽造罪に当たる場合と当たらない場合があることになりますが，後者の場合は，証拠偽造罪の何の要件が欠けることになるのか，という点が問題となりそうです[25]。この点は，今後検討が必要でしょう。

　最後に，本罪に関する共犯関係の問題を取り上げておきます。

---

[25] 十河太郎・刑ジャ 50 号（2016 年）119 頁。

> 犯人が他人に自己の刑事事件に関する証拠の隠滅等を教唆した場合
> の犯人の罪責
>
> A 説：証拠隠滅等教唆罪が成立する（大判明 45・1・15 刑録 18・1,
> 　　　最判昭 40・9・16 刑集 19・6・679。なお, 最決平 18・11・21 刑集
> 　　　60・9・770 は, 証拠偽造を具体的に提案した者に対し, 犯人がこ
> 　　　れを承諾してその実行を依頼することで提案者に偽造の意思を確
> 　　　定させたときも, 証拠偽造罪の教唆に当たるとする）
> B 説：証拠隠滅等教唆罪は成立しない

　まず, 犯人が, 他人に自己の刑事事件に関する証拠の隠滅等を教唆した場合の
犯人の罪責はどうなるでしょうか？　判例は, 証拠隠滅等教唆罪が成立するとし
ています（大判明 45・1・15 刑録 18・1, 最判昭 40・9・16 刑集 19・6・679）[26]。これを支
持する見解は, 他人を利用してまで証拠隠滅等をする行為は, 被疑者・被告人の
防禦の範囲を超える, 他人を利用する場合には期待可能性がないとはいえない,
といったことを論拠として挙げています。しかし, これに対しては, 自己の刑事
事件に関する証拠の隠滅等が不可罰とされているのは期待可能性の欠如が考慮さ
れているからであり, その趣旨は, 自己が正犯である場合だけではなく, 共犯で
ある場合にも及ぶ, 判例の考え方は, 他人を罪に陥れたことを共犯の処罰根拠と
するもので責任共犯論であり妥当でない, といった批判が向けられています。議
論の様相は, 犯人蔵匿等罪の場合と同様です。

　次に, 他人が, 犯人にその刑事事件に関する証拠の隠滅等を教唆した場合の他
人の罪責はどうなるでしょうか？　犯人自身の証拠隠滅等の行為が不可罰とされ
ている理由は, 期待可能性の欠如という点に求められていますが, これは責任の
欠如を理由とするものですから, 法益侵害性は依然として肯定することが可能で
しょう。従って, その行為は実質的には違法なものと考えられるから, それに関
与する者には共犯が成立し得るという見方もあり得るかもしれません[27]。しかし,
共犯は正犯の存在を前提とする従属的な関与形態であると見るべきですから, 正

---

[26] 最決平 18・11・21 刑集 60・9・770 は, 証拠偽造を具体的に提案した者に対し, 犯人がこ
れを承諾してその実行を依頼することで提案者に偽造の意思を確定させたときも, 証拠偽造
罪の教唆に当たるとします（前田巌・最判解平成 18 年度 446 頁以下参照）。もっとも, これ
については幇助ではないかという疑問も呈されています（浅田・各論 545 頁）。
[27] 山中先生は, 「他人の」という文言を構成要件要素ではなく, 責任要素と解することによっ
て, 教唆犯が成立すると解釈する可能性を示唆されています（山中・各論 807 頁）。

犯に構成要件該当性が備わっていなければ共犯は成立しないと解するべきであると思われます[28]。

授業後の課題

　Xは，Aらと組んで高齢者などを狙った組織的な詐欺行為を繰り返していたが，事件が社会問題化し，捜査機関の手が身近に及びそうになったので，Aらの処罰を免れさせ，同時に自らの犯行も隠蔽するために，Aらに資金を与えて海外に逃亡させた。この場合のXの罪責について簡潔に論じなさい。

考え方

　犯人も供述の主体として証拠となり，共犯者は重要な人的証拠であることから，証拠隠滅罪の関係で見ると，本問は，他人の刑事事件に関する証拠であり，かつ，自己の刑事事件に関する証拠でもあるものを隠滅する行為の擬律という問題のひとつと見ることができます。この点に関しては，授業でも触れたように，証拠隠滅罪が成立するとする見解（A説），証拠隠滅罪は成立しないとする見解（B説），専ら他人のために行為した場合には証拠隠滅罪が成立するとする見解（C説）が唱えられていますが，自己の刑事事件に関する証拠が除外されている理由が期待可能性の欠如にあるとすれば，期待可能性の欠如が実際に考慮されるのは自己の利益のために隠滅等の行為に出る場合だと思われますので，専ら他人のために行為した場合には証拠隠滅罪が成立するというC説が妥当でしょう。その観点から見ると，本問の場合は，自己の利益を図る目的が（も）あるので，証拠隠滅罪の成立は否定されることになります。

　しかし，形式的には犯人を隠避させていることは確かなので，犯人隠避罪の成否はまた別途検討を要します。自己の利益を図る場合に証拠隠滅罪が成立しない理由が期待可能性の欠如に求められるとすれば，その点は犯人を隠避させる場合でも同様だと考えれば，自己の利益を図る場合には犯人隠避罪も成立しないとすることになるでしょう。これに対して，犯人隠避罪の場合には，共犯者に対する国家の刑事司法作用の妨害という点があることは否定できず，これは別個の法益侵害であり，これとの関係では期待可能性がないとは必ずしもいえないという見方もあり得ます。そのように考えるならば，本問の場合にも，犯人隠避罪が成立する余地があるということになるでしょう（なお，前掲旭川地判昭57・9・29）。

---

[28] 西田・各論489頁，山口・各論589頁。ところで，他人と犯人とが共同正犯となることはあり得るでしょうか？　考えてみてください。

▸第**28**回◂

賄賂罪・公務執行妨害罪

基本事項

□収賄罪の種類とそれぞれの成立要件を確認しなさい

□公務執行妨害罪の成立要件を確認しなさい

課題判例53

収賄被告事件

最高裁判所第一小法廷平成15年（あ）第434号

平成17年3月11日決定

主　　　文

本件上告を棄却する。

理　　　由

　弁護人Mの上告趣意は、単なる法令違反、事実誤認の主張であって、刑訴法405条の上告理由に当たらない。

　なお、所論にかんがみ、第1審判決判示第2の1の事実について、職権で判断する。

　原判決及びその是認する第1審判決の認定によれば、被告人は、警視庁警部補として同庁調布警察署地域課に勤務し、犯罪の捜査等の職務に従事していたものであるが、公正証書原本不実記載等の事件につき同庁多摩中央警察署長に対し告発状を提出していた者から、同事件について、告発状の検討、助言、捜査情報の提供、捜査関係者への働き掛けなどの有利かつ便宜な取り計らいを受けたいとの趣旨の下に供与されるものであることを知りながら、現金の供与を受けたというのである。警察法64条等の関係法令によれば、同庁警察官の犯罪捜査に関する職務権限は、同庁の管轄区域である東京都の全域に及ぶと解されることなどに照らすと、被告人が、調布警察署管内の交番に勤務しており、多摩中央警察署刑事課の担当する上記事件の捜査に関与していなかったとしても、被告人の上記行為は、その職務に関し賄賂を収受したものであるというべきである。したがって、被告人につき刑法197条1項前段の収賄罪の成立を認めた原判断は、正当で

ある。

　よって，刑訴法414条，386条1項3号により，裁判官全員一致の意見で，主文のとおり決定する。

（裁判長裁判官　甲斐中辰夫　裁判官　泉徳治　裁判官　島田仁郎　裁判官　才口千晴）

チェック

□一般的職務権限の理論とは何か？

□職務密接関連行為とはどのような概念か？

□本件では，被告人はどのような「職務」に関して賄賂を収受したとされているのか？

課題判例54

公務執行妨害，傷害被告事件

昭和61年（あ）第848号

平成元年3月10日第一小法廷決定

主　　文

本件各上告を棄却する。

理　　由

　弁護人Y，同T，同Uの上告趣意第1点は，憲法31条違反をいうが，実質は単なる法令違反の主張であり，同第2点は，判例違反をいうが，原判決は，共謀共同正犯における共謀の意義について，所論のような趣旨の判示をしたものではないから，前提を欠き，同第3点は，憲法31条違反をいうが，実質は単なる法令違反，事実誤認の主張であり，同第4点は，判例違反をいうが，所論引用の判例は，事案を異にし本件に適切でないから，いずれも刑訴法405条の上告理由に当たらない。

　なお，公務執行妨害罪の成否に関する所論にかんがみ検討すると，原判決の認定によれば，熊本県議会公害対策特別委員会委員長Sは，同委員会の議事を整理し，秩序を保持する職責を有するものであるが，昭和50年9月25日同委員会室で開催された委員会において，水俣病認定申請患者協議会代表者から陳情を受け，その事項に関して同委員会の回答文を取りまとめ，これを朗読したうえ，昼食のための休憩を宣するとともに，右陳情に関する審議の打切りを告げて席を離れ同委員会室西側出入口に向かおうとしたところ，同協議会構成員らが右打切りに抗議し，そのうちの一名が，同委員長を引きとめるべく，その右腕などをつかんで引っ張る暴行を加え，同委員長がこれを振り切って右の出入口から廊下に出ると，右構成員らの一部や室外で待機していた同協議会構成員

らも加わって合計約 2，30 名が，同委員長の退去を阻止すべく，同委員長を取り囲み，同委員会室前廊下などにおいて，同委員長に対し，押す，引くなどしたばかりか，体当たりし，足蹴りにするなどの暴行を加えたというのである。右の事実関係のもとにおいては，S 委員長は，休憩宣言により職務の執行を終えたものではなく，休憩宣言後も，前記職責に基づき，委員会の秩序を保持し，右紛議に対処するための職務を現に執行していたものと認めるのが相当であるから，同委員長に対して加えられた前記暴行が公務執行妨害罪を構成することは明らかであり，これと同旨の原判断は正当である（最高裁昭和 51 年（あ）第 310 号同 53 年 6 月 29 日第一小法廷判決・刑集 32 巻 4 号 816 頁参照）。

　よって，刑訴法 414 条，386 条 1 項 3 号により，裁判官全員一致の意見で，主文のとおり決定する。

（裁判長裁判官　角田禮次郎　裁判官　大内恒夫　裁判官　佐藤哲郎　裁判官　四ツ谷巌　裁判官　大堀誠一）

> **チェック**
> □公務執行妨害罪における「職務」とは何か？
> □「職務を執行するに当たり」とは，どのような状況を指すのか？　その判断基準は何か？
> □本件において，委員長は休憩宣言後にどのような職務を執行していたと考えられるのか？

授 業

　今回のテーマは，「賄賂罪・公務執行妨害罪」です。いずれも興味深い論点がたくさんある犯罪類型ですが，普段の学修ではなかなか手が回らないという人も少なくないでしょう。ここでも，全体をまんべんなく取り上げるということはおよそできませんが，いくつかの重要問題を検討することによって，少しでも皆さんの理解に役立てていただければと思います。

　まず，賄賂罪から行きましょう。賄賂罪の保護法益[1]に関しては，職務の公正さとそれに対する社会の信頼が保護法益だとする信頼保護説が判例（最大判平 7・2・22 刑集 49・2・1）・通説です。これに対して，学説では，職務の公正さが保護法

---

[1] 賄賂罪の保護法益に関する詳細は，斎藤信治「賄賂罪の保護法益（1）（2）（3・完）」法学新報 96 巻 1＝2 号（1989 年）73 頁以下，3＝4 号（1990 年）49 頁以下，5 号（1990 年）1 頁以下参照。

254

益であるとする純粋性説も有力に主張されており，更には，職務の不可買収性が保護法益であるとする不可買収性説も主張されています。現行法に照らすと，①正当な職務であっても，その対価として利益が供与されれば賄賂罪が成立すること，②職務の遂行後，事後的に利益が供与された場合でも賄賂罪が成立することの説明の点で，純粋性説には難があると思われます[2]。純粋性説は，①について，単純収賄罪は職務の公正さに対する危険犯だと解します。理論的には可能な解釈だと思いますが，その理解を徹底するならば，そのような危険がない場合には賄賂罪は成立しないということになるでしょう。そうすると，特に，②の場合，正当な職務がなされた後に利益が提供されても，その職務の公正さが害される可能性はないわけですから，本来，不可罰となるべきでしょう。純粋性説の立場からは，事後的な利益供与を期待して職務の公正さが害される危険性に処罰根拠を求める主張[3]もなされていますが，そのような期待を有することが単純収賄罪の成立要件になっているわけではない以上，現行法の説明として無理があるように思われます。また，不可買収性説は，職務が利益と対価関係に立たないことを強調しますが，これが，職務が利益によって影響される可能性に着目するものであるとすれば，それは純粋性説に帰着するでしょうし，そのような対価関係が認められると職務の公正さに対する信頼が揺らぐという点に着目するものであるとすれば，それは信頼保護説に帰着することになるのではないかと思います。結局，①②の点を比較的無理なく説明できるのは信頼保護説であるということになりそうです。

　もっとも，信頼保護説に対しては，その「信頼」の内容が明らかではなく，職務の公正さに対する社会一般の信頼を引き合いに出しても，何ら実質的な説明にはならない，という批判が向けられています。また，法益と法益が侵害されないことへの信頼とは異なるとして，後者のような信頼は独自の法益ではあり得ない，といった批判もみられるところです[4]。確かに，職務の公正さに対する社会の

---

[2] 伊藤ほか・各論509頁以下［安田拓人］。ちなみに，安田先生は，賄賂罪の学習において石に躓かないためには，純粋性説をスルーすることが最善の策だとされています（安田拓人「賄賂罪における『職務に関し』の意義」法教477号［2020年］31頁）。
[3] 山口・各論612頁。なお，町野先生は，このような期待がないことが明らかなときには，収賄罪の成立を否定するべきであると主張されています（町野朔「収賄罪」芝原邦爾ほか編『刑法理論の現代的展開各論』［1996年］353頁）。このような見解によると収賄罪が成立する範囲はどうなるのか，皆さん，考えてみてください。

信頼の内容を具体的に示すことは困難でしょう。しかし，だからといって，このような批判が妥当なのかというと，個人的には少し釈然としないものを感じます。法益が侵害されないことへの信頼は法益ではないとされますが，その法益が一定の制度を前提とするものである場合には，その制度に対する信頼が確保されないと法益の価値それ自体が損なわれてしまうのではないかという気がします[5]。職務の公正さという概念は，職務の存在を前提としていますが，公務員の職務は公務員制度を前提としたものであり，その制度に対する信頼が掘り崩されたならば職務の円滑な遂行は覚束なくなるのではないでしょうか？　社会一般の信頼を持ち出しても，犯罪の成立要件を明確化したり，限定したりすることは困難であるということは，その通りなのかもしれませんが[6]，それはそもそも法益という概念にどのような機能を期待するか（期待できるのか）という点に関わる問題であり，法益論の限界を示唆するものであるように私には思われます。皆さんはどう思われるでしょうか？

賄賂罪の保護法益

A 説：職務の公正さとそれに対する社会の信頼（信頼保護説）
　　　→判例・通説
B 説：公務の不可買収性（不可買収性説）
C 説：職務の公正ないしは純粋性（純粋性説）

　次に，賄賂罪の解釈で最も問題となる職務関連性の要件について検討することにしましょう。賄賂罪が成立するためには，「職務に関し」賄賂を収受等したこと（職務関連性）が必要です。この点に関しては，①具体的職務権限，②一般的職務権限，③職務密接関連行為が問題となります。

---

[4] 例えば，殺人罪の保護法益は人の生命であり，人の生命が侵害されないことに対する信頼ではない，といったレトリックが用いられたりします（町野・前掲 351 頁）。なお，嘉門優『法益論』（2019 年）102 頁以下。

[5] これに対して，（例えばテロが頻発するなどして）生命が侵害されないことへの信頼が低下しても，それによって生命がもつ価値が減弱するわけではないと思います。

[6] もっとも，純粋性説がいうところの公務の公正さに対する危険の内実が，公務の公正さに対する社会の信頼に比べて明確なのかといえば，必ずしもそうとはいえないでしょう（中森・各論 306 頁参照）。

> **職務関連性の問題点**
> ①具体的職務権限，②一般的職務権限，③職務密接関連行為，
> ④過去の職務，⑤将来の職務

　当該公務員が具体的職務権限に基づいて行う職務に関して賄賂罪が成立することは当然です。問題は，いかなる場合に具体的職務権限が認められるかという点にあります。その範囲は，原則として法令によって決まります。しかし，一般に法令には当該公務員の職務権限が詳細に列挙されているわけではありませんので，当然のことながら解釈を必要とします。合理的な解釈によって当該公務員の権限に属するべき職務だと判断することができるかによって決する，というのが穏当な考え方だといえるでしょう。もっとも，一般に，上位の公務員であればあるほど，その権限は広い範囲に及ぶ一方で，その内容は包括的・抽象的なものになりがちであることから，具体的にどのような「職務」が認められるのかの判断は，場合によってかなり難しいものになります。例えば，最判平7・2・22刑集49・2・1は，「行政機関は，その任務ないし所掌事務の範囲内において，一定の行政目的を実現するため，特定の者に一定の作為又は不作為を求める指導，勧告，助言等をすることができ，このような行政指導は公務員の職務権限に基づく職務行為であ」り，航空法の認可権限に基づき，「運輸大臣は，行政指導として，民間航空会社に対し特定機種の選定購入を勧奨することも許される」から，「特定機種の選定購入の勧奨は，一般的には，運輸大臣の航空運輸行政に関する行政指導として，その職務権限に属する」とし，また，内閣総理大臣は，その憲法上の地位，及び，内閣法上の権限に照らすと，「流動的で多様な行政需要に遅滞なく対応するため，内閣総理大臣は，少なくとも，内閣の明示の意思に反しない限り，行政各部に対し，随時，その所掌事務について一定の方向で処理するよう指導，助言等の指示を与える権限を有する」から，「内閣総理大臣の運輸大臣に対する前記働き掛け〔注：民間航空会社に対し特定機種の選定購入を勧奨するような働きかけ〕は，一般的には，内閣総理大臣の指示として，その職務権限に属する」としています。ここからもうかがわれるように，具体的職務権限の有無は，刑法解釈の問題というよりも，むしろ根拠法令の解釈の問題が中心になるといえるでしょう。

　なお，不正な職務であっても賄賂罪は成立します（このことは加重収賄罪の存在か

ら明らかです）。不正な職務を行う権限があるとするのはおかしい感じがするかも
しれませんが，問題となっているのは権限ではなく，実際に行われた職務の不正
さであるという点に注意が必要でしょう。すなわち，当該違法行為から違法な要
素を取り除いたときに，それが公務員の職務の範囲内にあるといえるかどうかが
問われなければなりません[7]。なお，不作為も職務に含まれるとするのが判例（最
決平 14・10・22 刑集 56・8・690 など）・通説です。

　判例・通説によれば，具体的職務権限に基づいて現に担当する職務ではなくて
も，その者の一般的職務権限に属するものについて賄賂を収受等すれば賄賂罪は
成立するとされています。これを，「一般的職務権限の理論」といいます。なぜこ
のようなことが認められるのかについては，大別して 2 つの見方があるように思
われます[8]。1 つは，現に今その職務を担当していなくとも（具体的職務権限はなく
とも），公務員の地位，担当変更可能性，事務処理の具体的状況からみて，当該公
務員が実際上公務を左右し得る可能性を有しているという点を理由とするもので
す。この見方によれば，単に一般的職務権限があれば足りるというわけではなく，
実際上の担当可能性があることが必要だということになるでしょう。もう 1 つは，
一般的職務権限の範囲内にある職務に関して賄賂を収受等すれば職務の公正さに
対する社会の信頼が害されることを理由とする見方です。この見方によれば，具
体的な担当可能性がなくとも，法的には担当することが可能である職務であれ
ば，賄賂罪は成立し得るということになるでしょう。

　この問題との関連で興味深いのが課題判例 53（最決平 17・3・11 刑集 59・2・1）で
す。本決定は，「警察法 64 条等の関係法令によれば，同庁警察官の犯罪捜査に関
する職務権限は，同庁の管轄区域である東京都の全域に及ぶと解される」として
いますが，これは，警察法 64 条等を根拠に，警視庁警察官の犯罪捜査に関する一
般的職務権限は，警視庁の管轄区域である東京都の全域に及ぶと判断したものだ
と思われます。ここでは，告発状の検討，助言，捜査情報の提供，捜査関係者へ
の働き掛けといった行為を実際に実行することが可能かどうかは問題とされてい
ないように見えます。本決定は，公務の公正とそれに対する社会の信頼を賄賂罪
の保護法益とする立場を前提にして，法令などを根拠にその職務を担当する法的
な可能性があれば，具体的に担当する可能性がなくとも，公務の公正に対する社

---

[7] 山口・各論 615 頁。
[8] 井田・各論 639 頁参照。

会の信頼は害されるという考え方を示したと見るのが，素直な読み方ではないでしょうか[9]。他方，具体的な担当可能性を要求する立場からは，本決定は批判的に評価されることになるでしょうが[10]，具体的な担当可能性といっても結局は程度概念に帰するので，その点に関する考え方次第では本決定の判断を是認することも不可能ではないかもしれません。

　ところで，本件で問題となった行為のうち，告発状の検討，助言は，一般的職務権限に属するものと解されるでしょうが，捜査情報の提供，捜査関係者への働き掛けの職務関連性については，これを一般的職務権限に属するものと見るか，（一般的職務権限に属する）犯罪捜査という職務と密接な関係にある行為（職務密接関連行為）と見るかについては，判断が分かれる可能性がありそうです。捜査情報の提供については，相手方に提供しても差し支えない情報であれば犯罪捜査に関する一般的職務権限に属する行為といえるでしょうが，秘匿すべき情報についてはやや事情が異なります。考え方としては，情報を漏らしてはならないという職務に関する行為として（つまり守秘義務も職務内容のひとつであると考えて）一般的職務権限に属する行為と見ることも，犯罪捜査に関する職務と密接な関係のある職務と見ることもできるでしょう。捜査関係者への働きかけについては，働きかけの相手方となる公務員と一般的職務権限が同じであれば，働き掛け自体を一般的職務権限に属するものと見ることも不可能ではないような気もしますが，他の公務員への働き掛けそのものを本来の職務とみることにはやや違和感があるでしょう。個人的には，職務密接関連行為として理解するのが妥当であると思います[11]。

　そこで，次に職務密接関連行為ですが，判例は古くから本来の職務権限には属さないものでも，その職務権限と密接に関連する行為に関しては賄賂罪の成立を肯定してきました。この職務密接関連行為は，①本来の職務行為から派生した行為，本来の職務ではないが慣行上担当している行為など，事実上職務行為に含めてもあまり違和感のないような行為類型と，②自己の職務に伴う事実上の影響力を利用して行う行為類型に分けられることが一般的になっています[12]。

　①は準職務行為と表現されることもありますが，これについて職務関連性を肯定することにはあまり問題はないでしょう。他方で，②については，私的な立場

---

[9] なお，平木正洋・最判解平成17年度8頁以下参照。

[10] 西田・各論521頁参照。

[11] 平木・前掲17頁。なお，この点については，橋爪・法教449号101頁参照。

における影響力の行使も当然考えられますし，公的な立場における場合であっても「職務に関し」といえるような関係が認められなければ，やはり職務関連性は否定されるべきでしょうが，そのような線引きをどのようにして行うかは，かなりの難問です。例えば，その事実上の影響力が職務権限によって裏付けられていることが必要であるといった見解[13]などが主張されていますが，そういったものを参考にしながら，関連する判例（例えば，最決平18・1・23刑集60・1・67など）を分析してみることが有益だろうと思います。

　最後に，「過去の職務」と「将来の職務」について簡単に触れておきましょう。判例は，公務員が，一般的職務権限を異にする他の職務に転じた後に前の職務に関して賄賂を供与した場合であっても「供与の当時受供与者が公務員である以上，贈賄罪が成立する」としています（最決昭58・3・25刑集37・2・170）。学説では，一般的職務権限が一致する限度で賄賂罪の成立を認めるべきだという見解も有力であり，これによれば，一般的職務権限を異にする他の職務に転じた後に前の職務に関して賄賂を収受した場合には専ら事後収賄罪が問題となることになります[14]。しかし，この見解によると，現在公務員である者を「公務員であった者」（197条の3第3項）と解釈することが不自然であると共に，一般的職務権限が同じ場合ならばどうして過去の職務についても単純・受託収賄罪が成立するのか，その理由が必ずしもはっきりしないように思われます。判例の立場が妥当ではないでしょうか[15]。

　公務員が，将来担当する可能性のある職務について，賄賂を収受等すれば，その段階で賄賂罪が成立します（現に公務員なので，事前収賄罪〔197条2項〕ではないことに注意してください）。ところで，最決昭61・6・27刑集40・4・369は，市の

---

[12] また，①準職務行為（職務権限を定める法令上当然類推されるべき職務行為として，本来の職務行為に準ずる公務的性格を有するもの），②事実上所管する行為（法令上管掌する職務に付随して慣習上もしくは事実上分担する公務的性格をもつ行為），③狭義の職務密接関連行為（本来の職務行為を利用して単発的に行われる行為の類型であって，特に自己の職務に基づく事実上の影響力を利用する場合）に類型化する見方もあります（川端博ほか編『裁判例コンメンタール刑法第2巻』387頁以下［2006年］［小川新二］参照）。

[13] 西田・各論522頁。

[14] 大谷・各論650頁など。

[15] 斎藤・各論295頁以下，川端・各論739頁以下，高橋・各論703頁以下，西田・各論523頁以下，山口・各論618頁以下など。ところで，公務員が，一旦退職後，再度公務員となり，以前の職務に関して賄賂を収受した場合にも，賄賂罪は成立するでしょうか？　考えてみてください（龍岡資晃・最判解昭和58年度50頁参照）。

発注する工事に関し入札参加者の指名及び入札の執行を管理する職務権限をもつ市長が，任期満了の前に，再選された場合に具体的にその職務を執行することが予定されていた市庁舎の建設工事の入札等につき請託を受けて賄賂を収受したという事案について，受託収賄罪の成立を認めています。これに対して，学説では，市長は任期満了によって身分を失うのであるから，賄賂を収受した段階では再選後の職務を担当する法的可能性がないので，事前収賄罪の限度で処罰されるにとどまるとする見解[16] も有力です。しかし，例えば，ほとんど自動的に再任されるような任期付公務員であっても，制度上は任期満了によって身分を失うものと思われますが，このような場合，再任後の職務に関して賄賂を収受すれば，収受した時点で単純収賄罪が成立するのだとすれば，公選制の場合にはどこが違うのかという点についての説明が必要となるでしょう[17]。一般的職務権限に属する職務については，具体的に担当可能性がなくても賄賂罪が成立すると考えるのであれば，前掲最決昭61・6・27の結論は是認されるように思います[18]。

　次に，公務執行妨害罪に移ります。まず，「職務の適法性」について検討しましょう。

職務の適法性

⇒書かれざる構成要件要素
適法性の要件
①抽象的職務権限
②具体的職務権限
③法律上の手続・方式の重要部分の履践
＊適法性の判断基準
　　主観説：当該公務員が適法な職務執行であると信じて行為した場合は適法である
　　折衷説：一般人の見解を基準にして決定すべきである
　　客観説：裁判所が法令の解釈により客観的に判断すべきである
　　　純客観説：裁判時を基準として適法性を判断する
　　　行為時基準説：当該職務行為の時点を基準として適法性を判断する

　条文には明記されていませんが，本罪における「職務」は適法なものであるこ

[16] 松原・各論640頁以下など。なお，現在の職務に対する単純収賄罪を認めるものとして，北野通世・百選Ⅱ（第4版）203頁。
[17] 橋爪・法教449号103頁。
[18] 井田・各論638頁以下。

とが必要だとされています（従って，「職務の適法性」は「書かれざる構成要件要素」で
あると言われます）。違法な公務を保護する必要はないでしょうし，違法な公務に対
しては正当防衛も可能なのですから，職務は適法であることを必要とすべきです。
　職務の適法性は，①職務の執行が当該公務員の抽象的職務権限に属すること，
②当該公務員が当該職務を行う具体的職務権限を有すること，③法律上の手続・
方式の重要部分を履践していることの 3 点によって判断されます。このうち，特
に問題となるのは③であり，何が重要な部分なのかが問われます。学説には，任
意規定や訓示規定違反に限って適法性を認めるものもありますが[19]，国民の利益
保護の見地から見て重大な手続違反かどうかによって判断するのが妥当でしょ
う[20]。例えば，最判昭 42・5・24 刑集 21・4・505 は，地方議会の議長のとった措
置が，かりに「会議規則に違反するものである等法令上の適法要件を完全には満
していなかったとしても」，「刑法上には少なくとも，本件暴行等による妨害から
保護されるに値いする職務行為にほかなら」ないとしています。他方，警察官が
逮捕状を執行する際，これを被疑者に提示しなかった場合（大阪高判昭 32・7・22 高
刑集 10・6・521）や，逮捕状の緊急執行に際して，被疑事実の要旨を告げなかった
場合（東京高判昭 34・4・30 高刑集 12・5・486）などは違法としていますが，逮捕が
相手方の権利・利益に及ぼす不利益の大きさを考えれば妥当な判断だといえるで
しょう。
　適法性の判断基準については，当該公務員が適法な職務執行であると信じて行
為した場合は適法であるとする主観説，一般人の見解を基準にして決定すべきで
あるとする折衷説，裁判所が法令の解釈により客観的に判断すべきであるとする
客観説があり，客観説は更に適法性を判断する時点について，これを裁判時とす
る純客観説と当該職務行為の時点とする行為時基準説とに分けられます。このう
ち，主観説に対しては，これでは適法性を不要とする見解と大差がない，公務員
の信念によって違法な職務執行が適法な職務執行に転化するわけがない，折衷説
に対しては，基準が曖昧である，一般人が適法と判断したからといって客観的に
不適法な職務執行が適法になるわけではない，純客観説に対しては，例えば適法
な逮捕要件を具備した逮捕であっても，裁判で無罪となった場合には当該逮捕行
為は違法となりこれを妨害することも許されるということになって公務の保護を

[19] 曽根・各論 288 頁など。
[20] 井田・各論 578 頁，西田・各論 449 頁以下，山口・各論 545 頁以下。

不当に軽視することになる，行為時基準説に対しては，客観的に適法性の要件を
欠いている強制的な職務執行を国民は甘受する必要はない，行為時の外観を基準
とすることになって折衷説に帰着する，といった批判がそれぞれ向けられていま
す。現在は，行為時基準説[21]が多数説だと思われますが，純客観説[22]も有力です。
両説の対立が顕著に表れるのは，いわゆる誤認逮捕の場合であり，純客観説によ
れば，裁判で無罪となった場合には，逮捕行為は違法だったことになるので公務
執行妨害罪は成立しないことになりますが，これでは刑訴法上の要件を備えた逮
捕行為が刑法で保護されないことになってしまい妥当ではないでしょう。行為時
基準説によるのが妥当だと思います[23]。

公務執行妨害罪における職務執行の範囲

- X は，国鉄 H 駅助役 A が会議室で点呼を終了した後，事務引継ぎ
のために数十メートル離れた助役室へ向かうため会議室を退出し
ようとしたところで暴行を加えた（最判昭 45・12・22 刑集 24・
13・1812）
- 労働組合の執行委員である X は，組合員 A に対する行政処分を不
当として，A が勤務していた電報局に押しかけ，局員の静止も聞か
ずに局長室に闖入した。そのとき，局長 B は，会計書類の決裁等
を行っていたが，突然 X が入ってきて怒号するので，一旦，その
職務を中断して X をなだめようとしたが，X は，B の言い分には全
く耳を貸さず，かえって興奮し果ては B に暴行を加えた（最判昭
53・6・29 刑集 32・4・816）
- X は，税金を滞納したため家財の差押さえを受けたが，その際，差
押さえに来た税務署員 A が差押さえを終え，X に挨拶をして帰り
かけたところを背後から殴った

　本罪が成立するためには，暴行・脅迫が職務を「執行するに当たり」加えられ
なければなりません（この点で業務妨害罪と微妙な違いが生じます）。職務の執行の開
始から終了までが含まれることは当然ですが，例えば，職務執行の準備段階，休
憩中や待機中，職務終了直後の段階などにおいて，本罪が成立する余地はあるで
しょうか？　この点に関して，最判昭 45・12・22 刑集 24・13・1812 は，「ただ漠

---

[21] 井田・各論 579 頁，伊東・各論 378 頁以下，中森・各論 271 頁以下，西田・各論 450 頁，
山口・各論 546 頁など。
[22] 浅田・各論 512 頁以下，曽根・各論 289 頁，高橋・各論 625 頁など。
[23] 照沼亮介「公務執行妨害罪の論点」法教 477 号（2020 年）9 頁。

然と公務員の勤務時間中の行為は，すべて右職務執行に該当し保護の対象となる
ものと解すべきではなく，右のように具体的・個別的に特定された職務の執行を
開始してからこれを終了するまでの時間的範囲およびまさに当該職務の執行を開
始しようとしている場合のように当該職務の執行と時間的に接着しこれと切り離
し得ない一体的関係にあるとみることができる範囲内の職務行為にかぎって，公
務執行妨害罪による保護の対象となるものと解するのが相当である」と判示して
います。本罪は，公務員という人の保護を直接の目的とするものではなく，あく
まで，公務員による公務の円滑な遂行の保護を目的とするものですから，このよ
うな限定的な解釈をすることには理由があるといえるでしょう。

　しかし，このような判断を文字通りに解釈するならば，職務執行の準備段階，
休憩中や待機中，職務終了直後の段階などにおいては，本罪は成立しないという
結論に至りそうですが，そのように一律に判断してよいものかは疑問なしとしま
せん。公務員の職務には多種多様なものがあるのですから，その職務行為の性質
や具体的状況を考慮せずに，形式的に判断することは必ずしも妥当なものとはい
えないでしょう。判例においても，その後，前掲最判昭 45・12・22 を前提としつ
つ，「職務の性質によっては，その内容，職務執行の過程を個別的に分断して部分
的にそれぞれの開始，終了を論ずることが不自然かつ不可能であって，ある程度
継続した一連の職務として把握することが相当と考えられるものがあり，そのよ
うに解しても当該職務行為の具体性・個別性を失うものではない」との判断が示
されているところです（最判昭 53・6・29 刑集 32・4・816）。

　さて，それでは，課題判例 54（最決平元・3・10 刑集 43・3・188）の場合はどうで
しょうか。本件では，県議会委員会委員長が休憩を宣言して退出しようとする際
に暴行が加えられています。「執行するに当たり」という要件は，執行中だけでな
く執行の直前も含まれることにはほぼ異論がありませんが，執行の直後を含むの
かには争いがあります。執行の直後も含まれると解することが不可能だとは思い
ませんが，職務の執行が終わっているのだとすると，いかなる公務を保護してい
ることになるのか説明が困難になるでしょう。本決定も，委員長は「委員会の議
事を整理し，秩序を保持する職責を有する」という理解を前提にして，「休憩宣言
により職務の執行を終えたものではなく，休憩宣言後も，前記職責に基づき，委
員会の秩序を保持し，右紛議に対処するための職務を現に執行していたものと認
めるのが相当である」と判示していますので，あくまで職務を執行中であるとい

264

う構成をとっています。基本的に妥当な考え方だと思います。ただ，このように職務の内容を実質的に拡張していく方向での解釈は，適用の仕方次第でかなり緩やかに用いられる可能性があることには注意が必要でしょう。本件の場合には，実際に議場内が騒然としており委員長として紛議に対処する必要のある状態が続いていたという事情が大きいというべきでしょう[24]。

　ところで，このように考えた場合，委員長は，具体的にどんな職務を行っていたことになるのでしょうか？　委員長の退出行為自体を陳情に関する審議の打切りを維持するという態度表明として，紛議への対処法の1つとみる考え方[25]が示されていますが，皆さんはどう思われるでしょうか？　考えてみてもよいところでしょう[26]。

　最後に，本罪の行為である暴行・脅迫の意義について，簡単に触れておきます。本罪の暴行は，人に対する物理力の行使を意味するが，人の身体に対して直接加えられることは必要ではなく，物に加えられた物理力の影響が他人に対して向けられている場合（間接暴行）を含むとされます（広義の暴行）[27]。判例では，税務署員が差し押さえた密造酒入りの瓶を割って内容物を流出させる行為（最判昭33・10・14刑集12・14・3264），逮捕現場で警察官が押収した覚せい剤注射液入りアンプルを足で踏みつけて破壊する行為（最決昭34・8・27刑集13・10・2769），執行官の補助者として執行官の指示に従い家財道具を屋外に搬出中の者（公務員ではない）に対する暴行（最判昭41・3・24刑集20・3・129）について本罪の成立を認めたものがあります。また，本罪の脅迫も，脅迫罪のそれよりは広く，およそ人を畏怖させるに足りる害悪の告知をすべて含みます。公務員自身に対するものに限られず，第三者に対するものも含まれますが，職務の執行を妨害するに足る程度のものが必要ですから，その関係で第三者の範囲は限定されることになるでしょう。

---

[24] 吉本徹也・最判解平成元年度67頁参照。
[25] 吉本・前掲68頁。
[26] 鈴木優典・百選Ⅱ（第8版）231頁参照。
[27] 学説では，公務員に対して物理的な影響力をもたない場合は本罪の暴行は認めるべきではないとして，間接暴行が認められるのは公務員の面前で行われた場合に限られるべきだとする見解も有力です（高橋・各論627頁，西田・各論451頁）。なお，浅田先生は，間接暴行の一部は，さらに暴行を加えるという脅迫と解することも可能だとされます（浅田・各論516頁）。

授業後の課題

　X は，恐喝の容疑で警察官 A に逮捕されたが，その際，自分は恐喝などやっていないと言い張り抵抗し A に暴行を加えて同人に傷害を負わせた。X を逮捕した時点においては，X が本件恐喝を行ったと疑うに足る相当な理由があり，また，X は定まった住居がなく逃亡のおそれが認められた。更に，法定の逮捕手続も問題なく履践された。しかし，裁判においては，X が本件恐喝を行ったと認定することには合理的な疑いが残るとして無罪となった。この場合の下線部の行為に関する X の罪責について簡潔に論じなさい。

考え方

　職務の適法性の判断基準が主たる問題となります。行為時基準説によれば，A の逮捕は適法であるから，X には公務執行妨害罪と傷害罪が成立し，観念的競合となるでしょう。他方で，純客観説に立った場合には，この逮捕行為は違法と解される可能性があり，そのように解した場合には公務執行妨害罪は成立しないことになります。また，その場合，傷害罪については，違法な逮捕行為に対する正当防衛として正当化される（あるいは相当性が否定されて過剰防衛となる）可能性もあるでしょう。ところで，逮捕時点において刑訴法上の逮捕の要件が備わっているのであれば，事後に真犯人でないことが判明しても，刑訴法上，その逮捕が違法になるわけではないでしょう。そうすると，純客観説の考え方は，刑訴法上は適法な逮捕行為であるとしても，公務執行妨害罪の関係においてはなお違法であるとするものだということになります。このような考え方の基礎には，誤認逮捕の場合，被逮捕者側から見れば，逮捕を甘受すべき理由はなく，不当逮捕であるという発想があると思われます。しかし，逮捕においては，誤認逮捕を完全に排除することは事柄の性質上不可能ですから，その点を踏まえて（すなわち，結果的に無罪となる者を逮捕してしまう可能性があることも考慮・斟酌した上で）公益と人権の衝突を調整する逮捕の要件が法定されているのだとすれば，その要件を満たしている逮捕であってもこれを妨害することが許されるとするのは背理ではないでしょうか？皆さんは，どのように考えるでしょうか？

▶補　講◀

答案の書き方

【課題】

　以下の【設問】に関する【解答①～④】を比較して，それぞれの出来を評価してみてください。

【設問】

　以下の【事例】における甲の罪責について論じなさい。

【事例】

(1) Ａ（男性）は，某日夕刻，公園内に設置されたベンチに自分のポシェット（以下，「本件ポシェット」とする）を置き，同ベンチ上に座ってＢ（男性）と話をするなどした後，同日午後6時20分ころ，Ｂを，Ｈ駅の改札口まで送ろうとして，同ベンチ上に本件ポシェットを置き忘れたまま，Ｂを伴ってその場を離れ，同公園を出て，前記場所から2分位歩いて，約200メートル位離れたＨ駅の改札前付近まで来た際，本件ポシェットを置き忘れたことに気付き，Ｂに，その旨伝えた上，公園まで走って戻ったが，ベンチ上の本件ポシェットは既になくなっていた。

(2) 甲（男性）は，Ａらが，本件ポシェットをベンチの上に置いたまま話し込んでいるのを見かけて，Ａらがこれを置き忘れたら持ち去ろうと，隣のベンチに座り，本を読む振りをしながら，様子をうかがっていたところ，上記のとおり，Ａらが，本件ポシェットをベンチ上に置き忘れたまま，公園を出てＨ駅の方に向かって歩いて行き，ベンチから約27ｍ離れたところで，周囲に人も居なかったことから，本件ポシェットを手にして付近の公衆トイレの中に入り，現金だけを抜き取った。

(3) Ａ及び心配してすぐ後から公園に戻ったＢは，わずか数分で本件ポシェットがなくなるはずがないと判断し，その中にＡの携帯電話が入っていたことから，

6時24分頃，とっさにBの携帯電話でAの携帯電話に架電したところ，近くの公衆トイレの中からAの携帯電話の着信音が聞こえるとともに，同トイレ内から甲が出てくるのを認めた。

(4) Aは，ベンチ上でBと話し合っていた際，隣のベンチに座り，暗がりの中で本を読んでいる金髪の甲に気付いており，すぐさま，トイレ内を探すと，放置されていた本件ポシェットを発見したことから，甲が犯人であると判断し，甲を問い詰めた結果，犯人であることを認めたので，通報により駆けつけた警察官に甲を引渡した。

【解答①】

1　甲が本件ポシェットを持ち去った行為について窃盗罪（235条）の成否を検討する。

2　窃盗罪の客体は「他人の財物」である。これは，他人が所有する財産的価値のある有体物を意味する。本件ポシェットは，Aのものであり，財産的価値を有する有体物であるから「他人の財物」に当たる。

3　窃盗罪の実行行為は「窃取」である。これは，財物に対する占有者の意思に反して，その占有を侵害し，自己または第三者の占有に移すことをいう。本件ポシェットは，Aの占有下にあったものであり，甲は，Aの意思に反してその占有を侵害し，本件ポシェットを自己の占有に移しているから，甲は本件ポシェットを「窃取」したといえる。

4　窃盗罪が成立するには，故意及び不法領得の意思が必要である。甲は，上記2及び3の事実を認識しているから，窃盗の故意がある。不法領得の意思は，権利者を排除して，他人の物を自己の所有物として，その経済的用法に従い，利用し処分する意思を内容とする。甲は，Aを排除して，本件ポシェットを利用処分する意思を有しているから，不法領得の意思も認められる。

5　以上より，甲の行為には窃盗罪が成立する。

【解答②】

1　甲が本件ポシェットを持ち去った行為について窃盗罪（235条）の成否を検討する。主たる問題点は，甲が本件ポシェットを持ち去った時点で，本件ポシェットにAの占有が認められるかどうかである。

2 (1)「窃取」とは，財物に対する占有者の意思に反して，その占有を侵害し，自己または第三者の占有に移すことをいう。従って，財物を領得した時点で，その財物について他者の占有が認められなければ，窃盗罪は成立せず，占有離脱物横領罪（254条）が成立するにとどまる。

(2) 占有は，財物に対する事実上の支配のことをいう。この占有の有無は，財物に対する事実的支配という客観的要素（占有の事実）と支配意思という主観的要素（占有の意思）を総合的に考慮して，社会通念に従って判断される。

(3) 甲が本件ポシェットを持ち去った時点において，Aはベンチから約27 m離れたところにいる。この程度の距離であれば，甲が本件ポシェットを持ち去る時点においてAが置忘れに気づけば，甲がまさに持ち去ろうとしているところが目に入るのであるから，当然，Aは甲の持ち去りを阻止し，本件ポシェットを確保する行動に出るはずである。従って，この時点において，Aは，本件ポシェットに対する甲の侵害を排除し，それに対する自己の現実的支配を維持し，あるいは，回復する可能性が十分にあったということができる。このような事情に鑑みるならば，Aは依然として本件ポシェットに関する事実上の支配を有していたということができるから，Aの占有を肯定することができる。

(4) なお，甲が持ち去る時点においてAは置忘れに気づいていないが，一時的に置き忘れたに過ぎず，置忘れに気づく可能性は常にあるというべきであるから，これをもって占有の意思が否定されると考えるべきではない。

(5) 従って，甲の行為は「窃取」に該当する。

3 以上より，甲の行為には窃盗罪が成立する。

【解答③】

1 甲が本件ポシェットを持ち去った行為について窃盗罪（235条）の成否を検討する。

2 本件ポシェットは，Aのものであるから「他人の財物」に当たる。

3 (1) 本件ポシェットについて，Aの占有は認められるであろうか。この点が，本問では最も重要な問題である。

(2) 占有は，財物に対する事実上の支配のことをいう。この占有の有無は，財物に対する事実的支配という客観的要素（占有の事実）と支配意思という主観的要素（占有の意思）を総合的に考慮して，社会通念に従って判断される。

（3）　本問において，Aは，ベンチから2分位歩いて，約200メートル位離れたところで置忘れに気づいている。また，すぐさま公園に戻り，現実に本件ポシェットを取り戻すことができている。このような事情に鑑みれば，Aは依然として本件ポシェットを事実上支配していたといえるから，これに関する占有を有していたというべきである。

（4）　従って，甲が持ち去った行為は「窃取」に該当する。

5　甲には，窃盗の故意及び不法領得の意思が認められる。もっとも，甲は，現金は欲しいと思っていたが，ポシェットを欲しいと思っていたわけではないことがうかがわれる。従って，ポシェットについては不法領得の意思が否定される可能性がある。仮にポシェットについて不法領得の意思が否定された場合には，これについてせいぜい器物損壊罪（261条）が成立する可能性があるにとどまる。

6　以上より，甲の行為には窃盗罪が成立する。仮にポシェットについて器物損壊罪が成立すると考えた場合には，現金についての窃盗罪と観念的競合（54条1項前段）となる。

【解答④】

1　甲が本件ポシェットを持ち去った行為について窃盗罪（235条）の成否を検討する。

2　（1）　窃盗罪の客体は「他人の財物」である。これは他人の占有する財物を意味する。従って，Aに本件ポシェットの占有が認められなければ窃盗罪は成立しないので，この点を検討しなければならない。

（2）　窃盗罪における占有は，財物に対する事実上の支配を意味する。この占有は，客観的に財物を事実上支配しているか，あるいは，支配を推認させるような客観的状況があること，及び，主観的な占有の意思がある場合に認められるべきである。もっとも，占有の意思は事実上の支配を補充する役割を担うにすぎないと解するべきである。

（3）　甲が本件ポシェットを持ち去った時点において，Aと本件ポシェットは時間的・場所的に近接した位置関係にある。この点から見ると，Aは依然としてポシェットを支配していたといえるようにも思われるが，ベンチに置き忘れられているという客観的な状況からすると，これは忘れ物の外観を呈しており，他者の支配を推認させるような客観的状況があるとは言い難い。従って，Aに本件ポ

シェットの占有は認められず，本件ポシェットは「占有を離れた他人の物」（254条）に当たる。

3　甲は，Aが約27m離れたところで本件ポシェットを持ち去っている。このようにAがまだ近くにいることや，それまでの経過を認識していることなどからすると，甲は本件ポシェットにAの支配が依然として及んでいると思っていたかもしれない。しかし，上述したように客観的に本件ポシェットに対するAの占有は認められないのであるから，仮に甲が本件ポシェットについてAの支配が及んでいると考えていたとしても，それは客観的には占有を基礎づけることができない事実を認識しながら，誤って占有があると評価したに過ぎず，窃盗罪の構成要件該当事実である占有を認識していたとはいえない。従って，甲は，占有離脱物横領罪に当たる事実を認識していたというべきであるから，同罪の故意も認められる。

4　以上より，甲の行為には占有離脱物横領罪が成立する。

【授業】

　学生さんから『答案をどのように書いたらいいですか。』という質問を受けることが多いのですが，おそらく教員の立場からすると，漠然とそのように聞かれても答えようがないと思います。他方，学生の側からすると，あまりに抽象的で，言い方は悪いですが「ありがたいご託宣」のような話は，あまり役に立たないと感じられる人も少なくないようです。そこで，今回は，具体的な設例とそれに対するいくつかの解答例を用意して，どういった解答が評価されるのか（あるいは評価されないのか），その理由はどこにあるのか，といったあたりを考えてみたいと思います。

　さて，用意した設例は，平成16年8月25日の最高裁決定（【課題判例35】），いわゆる「ポシェット事件」と呼ばれている判例の事案を素材としたものです。この設例について解答例を4つ用意しました。それぞれについて，私の感想を述べてみましょう。

　解答①は，窃盗罪の要件を一通り挙げて，あてはめを行う形になっています。一見すると，きちんと書かれているように思われるかもしれませんが，この解答には致命的な欠陥があります。それは，この問題の論点がどこにあるのかということが全く意識されていないということです。

　この問題で最も重要な点は，ポシェットについてＡの占有が認められるのかというところです。誰の目から見てもポシェットについてＡの占有が認められることは明らかであるといえるような事実関係ではないので，少なくともこの点が問題になるということは指摘しなければなりません。解答①では，そのようなことが全く指摘されていませんので，読む側は「この解答者は何が主要な論点なのか全く分かっていないな。」と感じるはずです。

　これと比べると解答②は，この点が問題になることを的確に指摘しています。また，その検討の過程において，占有の有無が問われるのは行為者が財物を領得した時点であることが明記されている点も評価できます。そして，占有の意義・判断基準を示した上で，事実関係を確定してあてはめを行っており，論理の展開にも安定感があります。更に，あてはめの部分では，関連する判例を前提としていることが看取され，その判例の基礎にあると思われる考え方を示しながら結論が導かれています。読む側は，「この解答者は，論点を正確に見抜けているね。占有の意義・判断基準の理解も正確だし，判例の考え方もきちんと理解しているようだ。よくできているね。」と思うでしょう。おそらく，この解答を読む採点者は，一文を読むごとに「ウン，ウン」と頷きながら読み進め，読み終わったところで「ハイ，よくできました。」といった感じになるのではないでしょうか。

　この解答に対して不満をもつ点があるとすれば，主観面，特に故意に関する言及がないことではないかと思われます。客観的にはポシェットについてＡの占有が認められるとして，甲にその認識があったといえるかについても一応言及しておいた方がより丁寧な論述であるといえるでしょう。

　ところで，学生さんの中には，解答②は占有のことしか書いておらず，窃盗罪の成立要件を全て挙げて，それが満たされていることを示していないのに，そんなによい点数がつくのだろうか，といった疑問をもつ人がいるのではないでしょうか？　この疑問は，「犯罪の成否を論ずる場合には，当該犯罪の成立要件を全て検討する必要がある。試験では，その成立要件の全てについて配点があるはずだ。だから，検討されていない要件については減点されるはずである。」といった見方に基づくものだと思われます。ここは実際にどのような基準で採点が行われるかにもよるのですが，結論から言えば，「他の要件について書いていないと減点される可能性はあるかもしれないが，重要性の低い項目について紙幅と時間を割くことで重要な部分の論述が薄くなるのであれば本末転倒である。」といえるでしょ

う。例えば，本問を 10 点満点で採点するとした場合，次のような採点基準が設けられることはあるかもしれません。「他人の財物」に当たるか（1 点），「窃取」に当たるか（7 点）[1]，故意の認定（1 点），不法領得の意思の存否（1 点）。これに従って，解答①と解答②を採点するならば，解答①は全ての項目について 1 点ずつ[2]で合計 4 点，解答②は「窃取」に関する考察について 7 点となりそうです。各項目の配点割合を考えた場合，「窃取」の点について割合を上げる可能性はあっても，その他の項目の配点割合を上げることはほとんど考えられません。結局，重要な部分についての論述が薄ければ最終的な点数は低くなるのです。解答する側は採点基準がどうなっているか分からないので「もしかしたらここにも点数が振られているかもしれない。」と疑心暗鬼になることはあるでしょう。そのような場合には，念のため全ての要件について簡単に言及することはあるかもしれません。しかし，それは重要な部分についての論述が十分になされていることが前提であり，いわば保険あるいは精神安定剤のような位置づけのものだと思います。論述の優先順位を見誤ってはいけないのです[3]。

　解答③は，窃盗罪の成立要件全てについて言及しつつ，占有の有無が最も重要な点であることを指摘しており，一定の評価を与えることができます。ただ，この解答では，占有の有無はどの時点で問題となることなのかが明示されていませんし，摘示されている事実からどうして占有を肯定することができるのかという点についての理由付けが薄いと言わざるを得ません。また，そもそも摘示されている事実が占有を基礎づける事実として適切なものなのかも疑わしいと思われます。この解答を読む側は，「この解答は，占有の有無を具体的にどのような基準で判断しているのかよく分からないな。この点の理解が正確なのか，少し疑わしいな。また，結論を導くための理由付けに関する意識も乏しいようで論理的思考力の点でも少し不安があるな。」というような印象を受けるのではないでしょうか。このあたりを解答②と比べてみてほしいところです。

---

[1] 占有を「窃取」の要件で検討する考え方を前提にしています。

[2] 「窃取」については，論点を把握していないので 0 点という可能性もあると思います。

[3] 以前，強盗と恐喝の区別が主たる論点である問題を出したとき，恐喝罪の成否を検討するという書き出しに続いて，「被害者の A は『人』である」と書いている答案に遭遇しました。確かに，条文の記述には忠実な書き方なのかもしれませんが，もし，皆さんが採点者であるとしたら，どう思われるでしょうか？　よく気づいたということで「おお！」と感嘆の声を上げるでしょうか，それとも，何とも言いようのないやるせない気持ちで「はあ〜っ…」とため息をつくでしょうか？　私がどのように感じたかは言うまでもありません。

　ところで，解答③では，不法領得の意思に関して，やや詳しい考察が加えられています。確かに，甲は，ポシェット自体が欲しかったのではなく，ポシェットの中身が欲しかったということは，事案から見てほぼ明らかだといえるでしょう。このような場合，ポシェットについて不法領得の意思を肯定することができるか，という問題意識には，ある意味で鋭いものがあるといえます。例えば，この事例を素材にしてゼミで議論をしている過程でこのような問題提起がなされたならば，「あっ，その点は面白いね。」と思わせるようなものであると思います。ですので，この部分の論述を評価する採点者もいるでしょう。ただ，理論的には興味深い問題であるものの，実務上大きな問題として意識されているかといえば必ずしもそうとはいえず，少しマニアックなところに関心が向きすぎているという印象を受ける人が多いのではないでしょうか。「この部分の考察は面白いね。でも，少し理論的な分析に傾きすぎかな。どの客体について窃盗罪を認めるかという点で違いは出るにしても，いずれにせよ窃盗罪の成立を肯定するのであれば，事案全体の解決という観点からすると二次的な意味をもつにとどまる感じがするな。それに比べると占有の有無の点は，窃盗罪の成否そのものにかかわるので，こちらの方をもう少しきちんと検討してほしかったな。こちらの方をきちんと検討した上で，更に不法領得の意思についてこのような論述をしていたのであれば，かなりいい評価を与えられたのにな。」といったところが，この解答を読んだ場合の多数派の印象ではないかと思います。

　解答④はどうでしょうか。この解答は，占有の有無に関する特定の立場からそれなりに論理的な論述を展開しており，人によってはよく考えられた解答だと高く評価することもあるかもしれません。しかし，おそらく多くの人は，この解答に思い切って高い評価を与えることは躊躇するのではないかと思います。それはなぜかと言うと，この解答は判例に留意するという姿勢が乏しいからです。無論，判例の考え方に常に従わなければならないわけではありませんが，試験，特に実務家登用試験である司法試験においては，判例を正確に理解しているかどうかという点が，評価する上で重要な視点になるのは当然でしょう。そのような目で見ると，この解答は，簡単に判例を袖にしすぎだといえるでしょう。判例の考え方を正確に示し，その問題点を的確に指摘した上で，この解答のような論述が展開されていたならば十分に高い評価が得られると思います。

　最後に，私の個人的な評価を述べておきましょう。私が採点したならば，②⇒

④⇒③⇒①（②が最高で①が最低）にすると思います。このような評価には異論もあると思いますが，①が最低であるということについてはおそらく大方の意見は一致するでしょう。ここで述べたことが，論述の仕方に悩む学生さんにとって何らかの役に立つようであれば嬉しいです[4]。

---

[4] 事例問題の解き方，答案の書き方に悩んでいる方は，十河太郎『刑法事例演習』（2021 年）や嶋矢貴之＝小池信太郎＝鎮目征樹＝佐藤拓磨「補講座談会―答案攻勢に向けた学習のポイント」法教 486 号（2021 年）104 頁以下などを読んでみてはいかがでしょうか。

期末試験

以下の【事例】について，後掲の【設問】に答えなさい。

解答時間：90分

参照許可物：判例・解説のついていない六法全書のみ

【事例】

1 甲（30歳：女性）は，A（68歳：男性）の一人娘である。甲の母親は甲が高校生のときに亡くなっており，それ以降，甲とAは二人で生活している。Aは，幼いときに親に捨てられ孤児院で育てられるなど苦労したが，中学卒業後，有名日本料理店で板前として修行したところその腕を見込まれて28歳で一店舗を任され，35歳で独立し割烹料理店を開いた。その後，Aはめきめきと経営の才覚を現し，会社を設立して，料理店を全国にチェーン展開するとともに不動産事業などにも乗り出し，大きな成功を収めた。現在，Aは，会社の代表経営権を後進に譲り顧問となっている。

2 この事業の成功によって，Aは，土地，建物，株式，預金など，総額20億円余りの個人資産を所有していた。しかし，Aは，自分の過去の境遇から，いずれこれら資産の大半を恵まれない子供たちへの援助資金として関係団体に寄付するつもりでいた。そこで，ある日，Aは，甲に，「私が死んだら，私の資産は孤児を援助する団体に寄付する。」と言った。それに対して甲は，「そんなことしたら，私はどうなるの。私のことは何も考えていないの。」と問うたが，Aは，「お前は，今まで何不自由なく生きてこれたはずだ。お前には，この家と銀行預金約2000万円をやる。それで十分だろう。世の中には恵まれない人がたくさんいるんだ。あまり楽して生きることを考えてはいけない。」と半ば叱責口調で答えた。それ以降，甲は，Aは自分のことを何も考えてくれていないと思い徐々に憎しみの念を覚えるようになると同時に，20億円は下らないといわれるAの財産をみすみす失うことだけは何としても避けたいと思うようになった。そこで，Aに対する関係で唯一の相続人であった甲は，Aが具体的に何か行動を起こす前に，Aを殺害し，相続によってAの財産を包括的に承継することを考えた。

3 甲は，一人でAを殺害することは困難であると考え，2年前から交際していた乙（32歳：男性）に対してA殺害への協力を求めた。その際，甲は，乙に対し，相続によってAの財産を取得しようとする意図があり，うまくいったら結婚したいと思っていると告げた。これに対し，乙は，突然Aを殺害する話をもちかけられたことに動揺したものの，莫大な財産を手に入れることができれば，結婚後も遊んで暮らせると思い，甲の申し出を了承した。

4 甲と乙は，A殺害の具体的な犯行方法について話し合い，甲がAに睡眠薬を飲ませて眠らせた後，乙がAの車でAをH海岸に運び，そこの岸壁から海中に投棄して，あたかも足を滑らせて落ちたように装い殺害することにした（Aは釣りが趣味で，H海岸にも頻繁に足を運んでおり，次回の夜釣りに備えて下見に行くことなどもよくあったことから，このような犯行計画を立てたものである）。そこで，その計画に基づき，令和2年10月23日午後9時30分ころ，自宅（以下A宅とする。なお，同居人はAと甲だけである）でAが晩酌していた際，甲はAが飲む酒に密かに睡眠薬を投与した。それを飲んだ後，Aは，程なく眠り始め，午後10時50分ころには熟睡した。

5 Aに投与された睡眠薬は，乙が用意したものである。乙は，ここ数ヶ月，睡眠障害で通院しており，睡眠薬を処方されていたので，それを利用した。Aには通常飲む4倍の量の睡眠薬を飲ませたが，たとえ一度に全部飲んだとしても生命に危険が生じない分量の睡眠薬しか医師からは処方されていなかったので，それでAが死ぬ可能性があるとは甲も乙も全く思っていなかった。実際にも，甲がAに投与した睡眠薬は成人男性を数時間昏睡させるには十分な分量であったが，致死量をはるかに下回っており，Aが高齢であることや，アルコールと同時に摂取した場合の相乗作用などを考慮に入れたとしても，特段健康上の問題を抱えていなかったAにとって，それ自体でAを死に至らしめる危険性はなかった。

6 その後，甲は乙に連絡し，乙がA宅にやってきた。甲と乙は，眠っているAを二人でAの車のトランクに押し込んだ。同日午後11時10分ころ，乙は，H海岸に向けてA宅を出発した。なお，Aの死に不審がもたれれば，まず甲に疑惑の目が向けられるであろうから，アリバイ工作のために甲は自宅に居た方がよいであろうということで二人の意見が一致したので，甲は乙に帯同せずA宅に留まった。

7 A宅からH海岸までは約10 kmあり，車で約15分かかるところであった。

乙は，急ぎたい衝動に駆られたが，下手にスピード違反などで捕まってしまったら大変だと思い，努めて慎重に運転した。そのようにして，乙が，A宅を出発して約10分走行し，M交差点に差し掛かったところで，信号が赤だったので停止していると，後続の丙が運転する車両が乙の車に追突した。追突の原因は，丙が運転中に居眠りをしていたため，対面信号機が赤であることに気づかず，また前方に乙車両が停止していることに気づくのが遅れ，直前10メートルくらいのところで乙車両に気づき急制動の措置をとったものの追突を回避することはできなかったことにある。事故当時，M交差点付近では乙車両の進行方向及び交差方向ともに数台の自動車が走行していたが，歩行者は一人もいなかった。なお，該道路の制限速度は時速60kmであり，追突時における急制動前の丙車両の速度は時速約50kmであった。

8　この追突により乙車後部のトランクは，その中央部がへこみ，トランク内に押し込まれていたAは，頭部を強打したことによって生じた脳挫傷のため間もなく死亡した（乙は何らの傷害も負わなかった）。なお，甲がAに投与した睡眠薬は致死量をかなり下回っており，それ自体でAを死に至らしめる危険性はなく，実際にもAの死期に影響を及ぼした形跡は認められない。

9　追突時の状況について，丙は以下のように供述している（この供述内容は信用できるものとする）。

　「私は，現在41歳である。N自動車の製造工場に勤めており，職場には車で通勤している。納期が近かったので，ここ数日忙しく，残業続きで疲れていた。10月23日も，夜11時ころまで仕事をしていた。車で帰宅する際，途中で眠くなりぼうっとすることが何度かあったが，自宅まではもう少しなので大丈夫であろうと思い，運転を続けた。M交差点に近づいたときにも眠くなってしまい，対面信号機が赤であることには全く気づかなかった。前方に車が止まっていることに気づいたのは，追突する直前だった。急いでブレーキを踏んだが，間に合わず，追突してしまった。事故現場では，警察の人から，被害車両を運転している人は大丈夫なようだと聞かされていたのでほっとしたが，後でトランク内に人がいて追突により死亡したということを知り，痛ましいと思う反面，全く予想外のことで非常に困惑もしている。」

【設問 1】

　大学のゼミでこの【事例】を取り上げ，甲及び乙の罪責について議論したところ，ゼミ生である A〜D の 4 名は，それぞれ次のような見解を示した。

A：「両名は強盗殺人罪の共同正犯となる。」

B：「強盗には当たらず，両名は殺人罪の共同正犯となる。」

C：「強盗には当たらず，また，殺人は未遂にとどまるので，両名は殺人未遂罪の共同正犯となる。」

D：「強盗には当たらず，また，殺人は未遂にとどまるので，両名は殺人未遂罪の共同正犯となる。結論は C と同じであるが，その理由づけは C とは異なる。」

　このような見解の相違があることを踏まえつつ，甲及び乙の罪責について論じなさい（特別法違反を除く）。なお，A〜D のいずれとも異なる結論に至ってもよい。

【設問 2】

　丙に過失運転致死罪（自動車運転死傷行為等処罰法 5 条）が成立するかどうかについて論じなさい。なお，自動車運転死傷行為等処罰法における他の罪は成立しないという前提で検討しなさい。

著者紹介

髙 橋 直 哉（たかはし なおや）

1966 年　岩手県に生まれる
1989 年　中央大学法学部卒業
1995 年　中央大学大学院法学研究科博士後期課程満期退学
1995 年　中央大学法学部兼任講師
1999 年　東海大学文明研究所専任講師
2007 年　駿河台大学大学院法務研究科准教授
2013 年　中央大学大学院法務研究科教授（現在に至る）

主要著書

『刑法基礎理論の可能性』（成文堂、2018 年）
『刑法演習サブノート 210 問』（共編著弘文堂、2020 年）
『刑法演習ノート〔第 2 版〕』（共著弘文堂、2017 年）

刑法の授業［下巻］

2022 年 2 月 1 日　初版第 1 刷発行

著　者　髙 橋 直 哉

発 行 者　阿 部 成 一

〒162-0041　東京都新宿区早稲田鶴巻町514番地
発 行 所　株式会社　成 文 堂
電話 03(3203)9201(代)　Fax 03(3203)9206
http://www.seibundoh.co.jp

製版・印刷・製本　三報社印刷　　　　　　　検印省略
ISBN978-4-7923-5349-0　C3032

定価(本体3000円＋税)